영국의 크리에이터에게 묻다
좀 재미있게 살 수 없을까?

- 본문에 표시된 각주는 본문에 활용된 참고도서와 저자 주로, 334쪽에 미주 형태로 달아두었습니다.
- 이 서적 내에 사용된 일부 작품은 SACK를 통해 DACS와 저작권 계약을 맺은 것입니다. 저작권법에 의하여 한국 내에서 보호를 받는 저작물이므로 무단 전재 및 복제를 금합니다.
- 이 서적 내에 사용된 모든 사진은 저작권자와의 협의 하에 실린 것입니다. 저작권자와 열림원의 허가 없이 무단 전재 및 복제를 금합니다.

영국의 크리에이터에게 묻다
좀 재미있게 살 수 없을까?

고성연 지음

열림원

추천의 말

바로 여기,
우리가 나아가야 할 삶이 있다

'창조경제', '창의산업', '창조적 리더'…… 언젠가부터 '창조'가 가장 많이 언급되는 화두로 떠올랐다. 1인당 GDP 1만 5,000달러가 넘으면 경제에서 제조업이 차지하는 비중은 줄어든다. 선진국들의 선험에 비춰볼 때 창조가 화두로 떠오른 건 자연스럽고, 시의적절한 현상이다. 문제는 '창조' 같은 키워드가 추상적이고 헛헛한 느낌이 드는 단어라는 점이다. 이 책에서 다루는 디자이너나 CEO 들을 이르는 '창조계급 creative class'도 마찬가지다. 이 책이 반가운 이유는 바로 이러한 맥락에서다.

저자는 런던을 거점으로 세계 무대를 누비며 활약하는 이 시대 최고의 크리에이티브 리더들을 직접 찾아가 수년에 걸쳐 그 실체를 끄집어냈다. 경제신문 기자 출신으로 분석적인 시각을 갖추고 있을 뿐 아니라 디자인, 예술 등 다양한 문화 콘텐츠에도 지식의 폭과 깊이가 상당한 저자는 크리에이티브 리더들의 본질을 다양한 각도에서 입체적으로 조명한다. 당대 최고의 크리에이티브 리더들이 그려온 삶의 궤적을 세밀히 탐색하고, 이를 기반으로 영국 현지에서 직접 심층적으로 인터뷰하여 진정성 있는 영감과 여과된 통찰력을 제공한다. 자신의 이름을 세계적인 브랜드로 만들어낸 폴 스미스, 날개 없는 선풍기로 우리나라에서도 명성이 자자한 불굴의 혁신가 제임스 다이슨, 가장 혁신적인 컨설팅 기업으로 주목받는 IDEO의 수장 팀 브라운 등 그야말로 기라성 같은 인물들의 성공기와 인생철학을 생생한 인터뷰를 바탕으로 깊이 있게 조명했다. 또 건축계의 여성 파워 어맨다 레베트, 접이식 자전거 스트라이다를 발명한 마크 샌더스, 영국 산업디자인의 거장 케네스 그레인지 등 좀처럼 한국에 소개되지 않았던 이들의 이야기도 자못 흥미롭다.

이 책이 가치 있는 이유는 단지 그들의 창조물에 대해 '썰'을 푸는 게 아니라 크리에이티브 리더들이 지닌 핵심 자산이라고 할 수 있는 창의적인 아이디어와 열정, 비즈니스 감각, 탄탄한 기술적 토대가 성공적으로 조화를 이뤄내는 과정도 담았다는 데 있다. 특히 일찍이 산업혁명을 이끌었고, 20세기 창의적 인재의 집결소와도 같은 런던을 배경으로 한 점도 매력적이다. 영국이 어떤 나라인가? 〈캣츠〉, 〈오페라의 유령〉 등 주옥 같은 뮤지컬의 명제작자 캐머런 매킨토시, 애플사의 디자인을 이끈 조너선 아이브, 지구촌 구석구석 판타지 신드롬을 일으킨 『해리포터』의 저자 J. K. 롤링, 스타 셰프 고든 램지와 제이미 올리버……. 언뜻 떠오르는 '크리에이티브 아이콘'만 해도 이렇듯 압도적이다. 실제로 영국의 창의산업은 GDP의 7~8퍼센트를 차지할 정도로 비중이 제법 크다.

『영국의 크리에이터에게 묻다』는 미래에 나아가야 할 방향을 제시한다. 구체적으로 어떤 사고의 전환을 이뤄내야 할지 훌륭한 단초를 제공해주기 때문이다. 여기 실린 17명의 이야기들은 창조적 삶을 꿈꾸는 이들에게 실천적 사례와 영감 어린 혜안을 선사해줄 것으로 확신한다.

CJ그룹 노혜령 상무

저자의 말

즐거운 삶에 대한
17가지 시선

이 책은 한 톨의 호기심에서 싹텄다. 2006년 봄, 한국경제신문의 기자로 일하던 시절이었다. 덴마크 출장길에 경유지로 들른 런던에 며칠을 더 머물렀는데, 수차례 가본 곳이었는데도 뭔가 참신한 매력이 물씬 풍겨났다. 흔히 알던 보수적이고 활력이 희미한 이미지가 아니었다. 심지어 그토록 악명 높던 음식 맛까지도 긍정적으로 변모했다. 당시 나는 신문에 연재할 디자인 경영에 대한 시리즈를 구상하고 있었는데, 아무래도 '창의산업 creative industries'이라는 각도에서 바라보니 유럽의 '크리에이티브 허브 creative hub'로 꼽히는 도시 런던을 다시 바라보게 된 듯하다. 더 나아가서는 영국이라는 나라가 보유한 풍부하고 다채로운 창조적 자산이 눈에 쏙 들어온 것이었다. 기억을 더듬어보니 영국을 다시 찾은 게 거의 6년 만이었고, 그 전의 방문은 10년도 더 전에 이뤄졌다. 런던의 유서 깊은 디자인 컨설팅 업체 탠저린에서 일하는 주영은 디자이너에게 물었다. "여기가 많이 변한 것인가요? 아니면 그동안 제가 잘 몰랐던 것인가요?" 그녀는 웃으면서 "둘 다"라고 대답했다.

이미 창조적 산업국가였던 영국에 극적인 변화의 움직임이 시작된 것은 토니 블레어 총리 시절부터다. 당시 문화적인 차원에서 '새 입김'을 불어넣기 위한 노력을 다방면으로 기울이면서 런던을 중심으로 영국이라는 나라가 부쩍 젊어지고 혁신의 기운을 강력히 뿜어내게 됐다는 것이다.

이 변화의 핵심에는 '사람'이 있었다. 특히 '창조계급 creative class'이라 불리는 사람들이 궁금해졌다. 도시의 기운을 새롭게 하고 국가 이미지를 바꾸는 '창조계급'의 실체는 과연 무엇일까? 그들은 도대체 어떻게 다를까? 어떤 생각을 품고, 어떤 고민을 보듬으며 살아갈까?

2009년 '늦깎이' 유학을 떠나면서 런던으로 향한 건 내게는 자연스러운 행보였다. 런던은 창조계급에 대한 호기심과 함께 개인적인 관심 분야가 집약되어 있는 곳이었다.

이 책의 모태가 된 심층 인터뷰 시리즈 '디코딩 UK 크리에이티비티 Decoding UK Creativity'는 바로 이런 배경 속에서 탄생했다. 월간 「스타일조선」과 함께 햇수로 3년이 넘는 세월에 걸쳐 진행했던 이 인터뷰 시리즈를 통해 나는 산업디자인, 패션, 건축, 미술, 광고, 엔지니어링 등 다양한 영역에서 발군의 리더십을 보여준 인물들을 직접 만나 궁금증을 해소할 기회를 갖게 됐다.

이 책에 소개된 17명은 문화와 경제 패러다임을 바꿔놓는 데 큰 몫을 담당해온 크리에이티브 리더들이다. 런던을 주 무대로 활동할 뿐 이들의 활동 영역에는 국경이 없다. 범국가적인 영향력을 발휘한다. '창조계급' 중에서도 21세기형 경제를 짊어진 '핵'이라는 의미에서 '슈퍼 크리에이티브 코어 super creative core'로 불리기도 한다.

이들은 인생행로를 독창적으로 개척하고 자신만의 단단한 아성을 구축한 데 그치지 않고 창조적 영역을 끊임없이 유기적으로 확장해나간다. 디자인이나 건축 등 자기 분야에서 시작해 글을 쓰고, 음악을 하고, 학교 강단에서 강의를 하기도 한다. '하이브리드형' 크리에이터로, 심층적이면서도 다면적인 삶을 꾸려나가는 것이다. 전문 분야에서 탁월한 깊이를 갖되 '경계 너머'를 볼 줄 아는 확산적 사고가 요구되는 지금의 흐름에서 빼어난 역량을 발휘하고 있다. 더 놀라운 점은 혁신의 흐름을 이끌며 역동적인 활약을 보여주고 있는 이들이 하나같이 통상적으로 말하는 젊은 나이가 결코 아니라는 것이다.

이들의 세계에서 나이는 '내공'과 정비례한다. 숫자가 더해지면 내실이 더욱 단단해지고 창조적 오라가 뻗칠 수 있는 영역이 넓어진다는 얘기다. 그러다 보니 이들은 노후에도 보헤미안 같은 여유로움과 역동성을 동시에 누리며 살아갈 수 있다. 은퇴 연령으로 치부되는 환갑을 훌쩍 넘겨서도 오히려 더욱 활발하고 진취적인 활동을 전개하기도 한다. 많은 이들이 커리어의 잔여 수명을 고민하기 시작할 무렵인 40~50대를 '청년기' 정도로 가뿐히 수렴해버리는 것이다.

이러한 맥락에서 이 책의 글 싣는 순서는 나이의 역순으로 정리해보았다. 영국이 사랑하는 패션 디자이너이자 기업가인 폴 스미스를 비롯해, 은퇴 연령인 65세를 지난, 흔히 '황혼기'라 불리는 시기에도 여전히 반짝반짝 빛나는 5명의 이야기부터 1부에 소개한 것은 '혁신=젊음'이라는 고정관념에 새로운 시각을 담은 것이다.

요즈음 '크리에이티브'라는 수식어가 범람하고 있다는 느낌마저 들 정도로 이 분야에 대한 관심이 큰 것 같다. 『영국의 크리에이터에게 묻다』는 당대 최고의 크리에이티브 리더들과 가진 생생하고 진솔한 인터뷰를 바탕으로 그들이 어떻게 세상을 바꿔왔는지, 어떤 열정과 태도로 삶을 혁신해왔는지를 보여준다. 여기 담긴 내용이 미래를 만드는 '새로운 계급'으로 부각되고 있는 창조계급의 진면목을 알고 싶은 이들에게 좋은 선물이 될 것으로 믿는다. 또 진로의 방향을 정하는 기로에 서서 스스로 주도하는 삶을 꾸리고 싶은 이들에게, 나의 재능을 벌써 소진한 것은 아닌지 고민하는 수많은 '현역'들에게 이 책을 소개하고 싶다. 작은 호기심에서 출발했던 내가 그러했던 것처럼, 이 책이 인생의 청사진을 새로이 그리는 데 보탬이 되고, 조금이나마 삶의 영감과 통찰력을 줄 수 있기를 바란다.

이 책이 나오기까지 정말로 많은 분들의 도움이 함께했다. 우선 한두 번 스쳐가는 인연일지도 모르는데 흔쾌히 '알토란' 같은 자료 사진을 제공해주고, 추가 질의에 성심성의껏 답해준 17명의 인터뷰이들에게 진심으로 감사드린다. 이건희 삼성그룹 회장이 한눈에 반해 냉장고와 휴대 전화 프로젝트를 맡긴 것으로 알려진 디자이너 재스퍼 모리슨과 먼지 봉투 없는 청소기, 날개 없는 선풍기 등을 만든 영국의 현대판 영웅 제임스 다이슨을 비롯해 이들 중 상당수에게는 내가 현지에서 심층 인터뷰를 가진 최초의 한국 기자였다. 또 먼 곳에서도 배려 담긴 취재 지원을 해주신 「스타일조선」의 김유미 편집장님, 자잘한 생각에도 귀 기울여 세심하게 반영해주신 열림원 출판사 여러분, 그리고 나의 늑장 기질 때문에 수년간 미뤄지던 이 책이 세상의 빛을 볼 수 있도록 채찍질과 격려를 아끼지 않은 모든 친구와 지인 들께 고마운 마음을 전하고 싶다. 마지막으로 사랑하는 우리 가족, 특히 창조적 방랑(?)을 핑계로 한 딸의 기나긴 떠돌이 생활을 견뎌주신 엄마, 그리고 언제나 마음 한편의 그리움으로 자리잡고 있는 아빠께 이 책을 바친다.

2013년, 런던과 같은 변화를 바라며
고성연

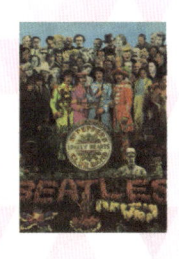

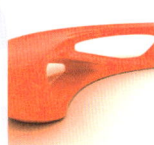

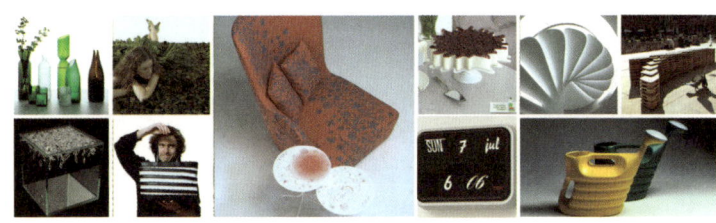

차
/
례
/

추천의 말 004
저자의 말 006

1부 하고 싶은 일을 하고 있는가? 015

폴 스미스 영감의 원천은 어디에나 있다 017
컬럼. 폴 스미스의 열혈 수집벽, 그리고 그를 닮은 팬들 041

케네스 그레인지 새로움은 일상에 있다 045

피터 블레이크 좋아하는 것들을 모으니 팝아트가 되었다 059
컬럼. 피터 블레이크, 예술가로 재조명되다 077

앤서니 카로 끈질기게 영감을 따라가라 081

제임스 다이슨 근거 있는 노력은 결코 배신하지 않는다 099
컬럼. 먼지 봉투 없는 진공청소기, 날개 없는 선풍기 117

2부   자기만의 괴짜스러움을 찾았는가? 121

재스퍼 모리슨   추종자를 만들어라 123
　　　　　　　　　칼럼. 무인양품의 잘 알려지지 않은 뒷이야기 143

로스 러브그로브   장르를 넘나드는 사고가 필요하다 147

어맨다 레베트   가장 나답게 행동하라 163
　　　　　　　　　칼럼. 창조적 영혼들이 춤추는 런던 디자인 페스티벌 179

팀 브라운   나는 손으로 사고한다 183

케빈 로버츠   머리가 아닌 가슴에 호소한다 197
　　　　　　　　칼럼. 나는 모두에게 영감이고 싶다 219

마크 샌더스   취향을 더하면 새로운 영역이 된다 223

3부   재미있고 의미 있는 일은 존재한다 241

토머스 헤더윅   사소한 아이디어는 없다 243
　　　　　　　　　칼럼. 우울한 런던, 창조적 도시로 탈바꿈하다 259

앨러스데어 윌리스   확고한 비전이 브랜드를 만든다 263

토르트 본체   내면의 감성에 집중하라 279
　　　　　　　　칼럼. 창의성의 맥을 잇는 왕립예술학교 아이들 295

조너선 반브룩   모든 디자인은 메시지가 된다 299

더럴 비숍   재미와 의미로 경계를 뛰어넘다 317
& 톰 헐버트   칼럼. 박혜연, 러키바이트의 자유로운 정신을 닮은 한국인 제자 331

　　　　　　　　주 334

　　　　　　　　참고문헌 335

폴 스미스 파격의 황금률을 정복한 사나이
케네스 그레인지 영국적 일상의 낭만을 그리다
피터 블레이크 나는 내가 아는 생활을 그린다
앤서니 카로 공간에 그리는 선의 미학
제임스 다이슨 대영제국의 자존심을 세워주는 현대판 영웅

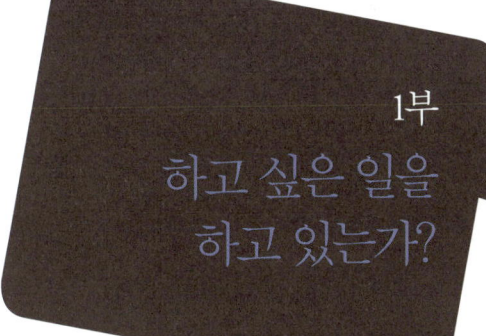

1부
하고 싶은 일을
하고 있는가?

현재 자신이 하는 일에 확신을 갖지 못하고 인생의 다른 길을 고민하는 사람들이 있다. 끌려가는 삶이 아니라, 내가 좋아하는 것들을 성취하면서 주도적인 삶을 살 수는 없을까?
우연한 기회에 패션 디자이너의 길로 들어선 폴 스미스. 자신의 취향을 충실히 따라간 피터 블레이크. 불굴의 의지로 자신의 길을 개척한 제임스 다이슨을 따라가보자.

≫Photo by James Mooney Photo from Paul Smith

Paul Smith

영감의 원천은 어디에나 있다
폴 스미스

수영, 육상, 양궁 등 주요 종목들을 상징하는 도안이 들어간 2012년 런던올림픽 기념우표 안에는 가는 흘림체로 'Paul Smith'라는 브랜드 명이 들어가 있다. 박지성이 오랫동안 몸담았던 맨체스터 유나이티드의 단복을 수년간 담당했던 바로 그 브랜드다. 폴 스미스는 자신만의 '파격의 황금률'로 대중의 가슴에 파고들었다. 그러나 폴 스미스가 영국을 대표하는 브랜드로 국민적인 사랑을 받는 이유는 그 때문만은 아니다. 그는 유명세에 따라 붙는 흔한 스캔들 없이 절제된 삶을 유지하면서도, 다방면을 아우르는 개인의 관심사를 자신의 인생에 창의적으로 녹여왔다.

글로벌 브랜드를 거느린 냉철한 사업가, 아이 같은 천진한 호기심을 지닌 적극적인 오브제 수집가, 프로 못지않은 사진작가, 그리고 참신한 재능을 발굴하는 후원가. 자신의 창조적 영역을 끊임없이 개발하고 확장해나갈 뿐 아니라 타인의 재능에 날개를 달아주기도 하는 삶. 이런 삶이야말로 요소요소가 잘 버무려진 영국식 절충주의eclecticism 예술 작품이 아닐는지.

이름 자체가 스타일이 된 디자이너

"폴 스미스야말로 진정한 영국인[true Brit]이다. 그 같은 사람들이 좀 더 많다면 영국이란 나라는 훨씬 더 멋진 곳이 될 수 있을 텐데……."[1]

가구, 레스토랑, 식료품 등 다방면에서 현대 영국인의 삶을 획기적으로 바꿔놓았다는 평가를 받는 리빙 업계의 제왕 테렌스 콘란은 패션 디자이너 폴 스미스[Paul Smith]에 대해 이렇게 말한 적이 있다.

그렇다. 자신만의 색깔을 입힌 '영국적인' 스타일을 앞세워 세인의 칭송을 받고, 세계 무대에서 상업적인 성공까지 일궈낸 '국보급' 패션 디자이너. 폴 스미스는 '가장 영국적인 감성'을 대표하는 시대의 아이콘으로도 충분히 '영순위'에 꼽힐 만한 인물이다. 그는 전 세계 70여 개국에 진출해 있는 글로벌 기업을 진두지휘하고 있으며, 2000년에는 패션 디자이너로는 유일하게 영국 여왕 엘리자베스 2세에게 기사 작위를 수여받기도 했다. 하지만 이런 사실을 굳이 들먹이지 않아도 폴 스미스라는 이름은 이미 영국적인 감성을

≫화이트 색상과 원형 포인트가 돋보이는 도산공원 플래그십 스토어. Photo from Paul Smith

≫Photo from Paul Smith

대표하는 '파워 브랜드'로 자리매김하고 있다.

클래식한 수트에 줄무늬로 활기를 더하거나 전형적인 교복용 브이넥 스웨터에 대담한 색상을 입히는 절충적인 감각, 블레이저와 데님 쇼츠의 묘한 앙상블. 그는 자신의 스타일에 이처럼 전통과 보수를 바탕에 깔고, 고정관념을 깨뜨리지만 과격하지 않은 '은근한 파격'을 입힌 뒤, 영국인 특유의 유머까지 가미했다. 그의 스타일은 더 이상 '모즈룩^{1960년대에 시작된 자유분방한 젊은이들의 옷차림}의 대표 주자'라거나 '트위스트가 있는 클래식^{classic with a twist}'이라는 수식어를 동원할 필요가 없다. 그냥 '폴 스미스 룩'이다.

런던 코번트 가든 근처에 자리 잡은 스튜디오에서 마주한 폴 스미스는 '패션 디자이너'라는 명함이 정말로 잘 어울리는 훤칠한 로맨스 그레이였다. 60대 후반에 접어든 이 초로의 신사는 자신의 패션 스타일이 가장 잘 어울리는 디자이너로 손꼽히지 않을까 싶을 정도로 몸매가 날렵했다.

"패션은 자신을 표현하는 하나의 방식이잖아요. 과거 영국에서 기성세대와 사회 체제에 맞선 젊은 세대의 반항은 모즈룩이나 펑크룩, 히피룩 등으로 나타났지요. 폭력적인 저항을 꾀한 프랑스인과 달리 영국 젊은이들의 반항은 상당히 온건했던 겁니다. (그런 시기에) 제가 패션계에 뛰어든 건 우연한 계기였지만 우연치고는 굉장하죠?"

그는 패션계에 발을 들인 계기를 '우연'이라는 말로 설명한다. 우연은 '축적된 필연의 결과'라는 말을 떠올리면 이는 흔한 우연은 아닌 듯하다. 이는 폴 스미스의 인생행로만 봐도 알 수 있다.

긍정적 삶의 에너지가 이끈 인생

패션 디자인과 경영에 남다른 재능을 분출해온 폴 스미스는 탄탄한 배경을 갖춘 귀족 출신 엘리트처럼 보일 수도 있지만, 사실 정반대다. 전혀 유복하게 자라지 못했고, 학벌도 내세울 만하지 않다. 포목상으로 일하는 아버지를 두기는 했지만 패션 스쿨에서 정규교육을 받아본 적도 없다. 그는 잉글랜드 북부의 노팅엄에서 태어나고 자란 평범한 서민층 가정의 소년이었다. 사이클 선수를 꿈꾸던 폴 스미스는 열다섯 살에 학교를 그만두고 훈련에 집중할 정도로 열성적이었지만, 불운하게도 열일곱 살에 쉽사리 재기를 꿈꿀 수 없을 정도로 큰 사고를 당했다.

3개월이나 병원 생활을 하다가 나온 그는 근처 예술학교에 다니는 또래의 젊은 이들과 어울리다가 우연히 '신세계'에 눈뜨게 된다. 로큰롤과 비틀스, 장발, 인습에 저항하는 미니스커트 같은 튀는 패션이 크게 유행했던 시기에 젊은 시절을 보냈던 것이다. 이른바 영국 대중문화의 르네상스로 불리는 '스윙잉 런던 Swinging London' 시기다.

당시 폴 스미스는 창고형 의류 매장에서 온갖 심부름을 도맡는 아르바이트를 하고 있었는데, 점차 패션에 눈을 뜨게 됐다. "그 매장의 쇼룸에, 아주 기본적인 구성이긴 했어도, 셔츠와 재킷을 잘 배합해 진열해놓으면 훨씬 더 잘 팔리곤 하니까, 이에 감탄한 매장 주인이 아예 남성 의류를 전부 제게 맡겼지요. 그렇게 6년을 일했어요."2 그리고

≫ Photo by Hye Yeon Park

스물네 살이 된 1970년, 그는 단돈 600파운드를 갖고 다양한 브랜드의 옷을 판매하는 1제곱미터 남짓의 작은 부티크를 열었고, 점차 자신이 직접 디자인한 옷을 판매하기 시작했다.

다시 10대로 돌아간다면 사이클 선수가 되고 싶으냐는 질문에 폴 스미스는 빙그레 웃으며 이렇게 답했다. "물론입니다. 스포츠는 진심으로 매력을 느끼는 분야니까요. 하지만 그건 어디까지나 패션을 몰랐을 경우에 한합니다. 패션을 이미 경험한 상태였다면 분명 디자이너를 택했을 겁니다."

그만큼 그가 10대에 겪은 문화 충격은 신선하고 경이로웠다. 롤링스톤스와 마일스 데이비스의 음악을 들으면서 귀가 활짝 열렸고, 앤디 워홀과 몬드리안에 대해 열띤 토론을 벌이며 가슴이 뜨거워졌다.

10대 때 일어난 일은 폴 스미스에게 끔찍한 사고였지만, 동시에 엄청난 기회를 쥐는 계기가 되기도 했다. 그는 아무리 고된 역경이 닥쳐도 새로운 돌파구를 찾을 기회는 있게 마련이라고 말한다. 폴 스미스에게 중요한 건 그 순간 다른 곳을 쳐다볼 수 있는 낙천적 마음가짐과 긍정적 삶의 에너지를 가지고 있느냐의 여부인 것이다.

최고의 스승이자 영원한 소울메이트

그리고 사랑이 버티고 있었다. 폴 스미스의 곁에는 언제나 평생의 연인이자 동반자인 폴린 데니어 Pauline Denyer가 든든한 안식처이자 버팀목 역할을 했다. 교통사고 이후 옷가게 점원으로 일하던 폴 스미스는 폴린을 만나 사랑에 빠져 1967년 함께 살기 시작했다. 디자인 분야에서 세계적인 명문으로 꼽히는 왕립예술대학Royal Collage of Art 출신의 그녀는 당시 두 명의 아이를 둔 이혼녀였다. 폴린 데니어는 그에게 재단을 비롯한 패션의 '기본'을 전수하면서 정신적·물리적 지주로 자리매김했다. 지금은 아마추어 화가로 활동하면서 조용히 살고 있지만 식물학자와 함께 '폴 스미스 로즈'라는 향수의 근간이 된 장미꽃을 만들어낼 정도로 내조에 정성을 쏟는다. 폴 스미스에게 '로맨스 그레이'라는 수식어가 붙는 것도 그들의 한결같은 동지애와 사랑 때문이다. 가족과의 조용한 사생활을 추구하는 것으로 알려진 폴 스미스는 "나에게 지대한 영향을 준 스승이 있다면 그건 나의 아내 폴린"이라고 주저 없이 말한다.

폴 스미스 자서전을 보면 그는 정규교육을 거치지 못한 탓에 현장에서 패션 일을 배웠으며, 폴린 데니어가 자신의 초기 컬렉션을 전부 디자인했다고 공개적으로 밝히기도 했다. 물론 실력 있는 여자 친구의 지원만으로 단기간에 자신만의 패션 레이블을 우뚝 세우기에는 부족했다. 또 생활비와 운영자금을 충당하기 위해 다른 일을 병행해야 했기에 실제로는 일주일 중 주말에만 자신의 가게 일을 할 수 있었다. 개인주의가 화두였던 그 시절, 그는 '개성 있는 개인주의자'가 되기 위해 노력했다.

폴 스미스는 변변한 학위도 자금도 거의 없이 시행착오를 거듭하다가 1976년, 파리의 작은 호텔 방에서 처음으로 개인 컬렉션을 선보였다. 그리고 3년 뒤인 1979년, 서른셋의 나이가 되어서야 자신의 이름과 컬렉션을 내건 런던 최초의 매장을 설립할 수 있었다. 그렇게 천천히, 차근차근 올라갔다.

하지만 그는 '고통스럽다'고 느낄 만큼 힘든 적은 없다고 강조한다. "때로 좌절감을 느끼기도 했지만 따지고 보면 처음에 좀 고생을 한 게 결국 보약 같은 효과를 가져왔으니까요. 게다가 초기에 매장 디스플레이부터 회계 업무까지 도맡아 했기 때문에 장사를 밑바닥부터 경험할 수 있었던 것 같습니다."

≫ 자전거와 다양한 예술 작품으로 채워진 폴 스미스의 런던 작업실. Photo by Hye Yeon Park

≫ Photo by Hye Yeon Park

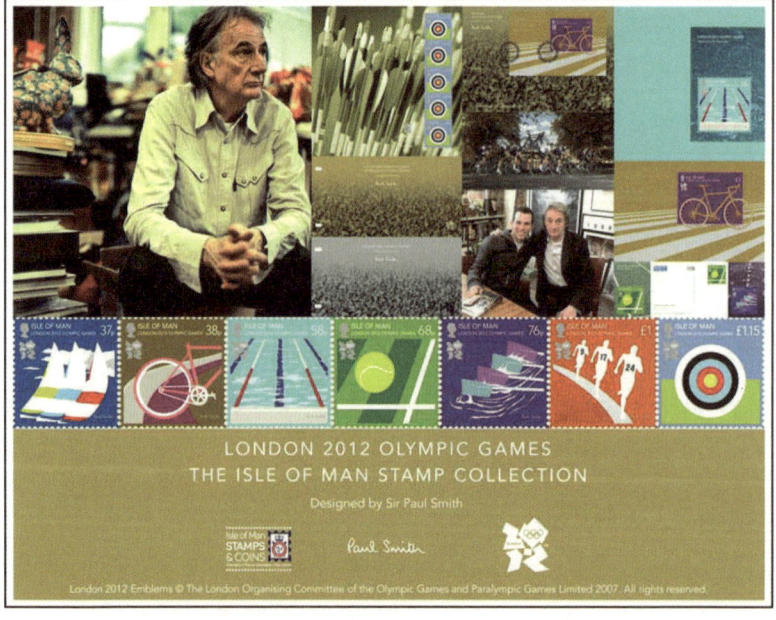

≫ 영국 맨 섬 우체국이 폴 스미스와의 컬래버레이션으로 탄생시킨 2012년 런던올림픽 기념우표. 맨 섬은 사이클계의 살아 있는 영웅이자 폴 스미스의 친구이기도 한 마크 캐번디시Mark Cavendish의 고향이다. Photo from Paul Smith

덧붙여 그는 요즘 많은 이들이 '빨리 배우고, 빨리 성공하고, 빨리 돈을 벌어야 한다는' 강박관념을 지니고 있는 것이 최근 세상을 얼어붙게 만든 금융 위기의 원인 중 하나라고 지적한다. 몸으로 부딪혀가며 터득한 산 경험이 튼튼한 뼈대를 만든다는 게 그의 신념이다.

세상을 조급하게 바라보지 않는다고 해서 대책 없는 낙관주의자인 것도 아니다. "참으로 오랫동안 눈부신 날들을 살아왔기에, 이따금 길을 걷다가 차에 치일지도 모른다는 생각을 하면서 산다"는 말을 입에 담을 정도로 조심스러운 자세도 지니고 있다. 이러한 태도와 더불어 "폴린이라는 존재가 나의 현실감을 지탱해준다"는 고백은 어째서 그가 그토록 한결같은지를 알 수 있게 한다.

천 조각 하나도 창조의 영감이 된다

폴 스미스는 한결같은 모습과는 대조적으로, 주변 사물에 대해서는 끊임없는 호기심의 시선으로 접근한다. 폴 스미스의 작업실은 고전적인 기품과 정갈함이 배어나면서도 소박한 귀여움과 잔재미가 꿈틀거리는 공간이다. 낡은 방 곳곳에 놓인 책상과 탁자에는 책과 인형, CD, 모자, 다양한 크기의 지구본이 여기저기 쌓여 있다. 벽에는 누드화를 비롯해 갖가지 흥미로운 그림들이 걸려 있으며, 창가에는 아톰, 드래곤볼 캐릭터 등 각종 모형들이 줄지어 있다. 마치 장난감과 골동품을 함께 취급하는 동화 나라의 재미난 상점 같다. 언뜻 보기에 잡동사니 같은 이 작은 오브제들은 폴 스미스에게 매우 소중한 영감의 원천이다. 그의 창조적 영감과 재치 있는 발상은 이처럼 아주 사소한 것들에 대한 호기심에서 비롯된다. 작업실 여기저기에 물건들이 어지럽게 흩어져 있는 듯하지만 그 안에 은근한 질서가 자리잡고 있다는 느낌이 괜히 나오는 것이 아니다. 폴 스미스의 취향과 안목이라는 범주 안에 포함되어 있는 것이다.

"이 방에 있는 모든 잡동사니도 누군가가 디자인한 것이잖아요. 이것들이 대체 어떻게 만들어졌는지 언제나 궁금하고, 그런 생각에 몰입하는 과정을 거치다 보면 어쩔 땐 천 조각 하나도 저에게는 창조의 영감이 됩니다."

2001년 출간된 그의 자서전 제목이 『영감의 원천은 어디에나 있다 You Can Find Inspiration in Everything』인 것도 무리가 아니다. 실제로 폴 스미스 매장에 가보면 유난히 호기심 많은 그의 성격과 엉뚱하다 싶을 만큼 재기 발랄한 취향을 느낄 수 있다. 말끔하게 빠진 수트와 맵시 나는 구두로 마네킹을 단장하고 신발 한 짝에 귀여운 고양이 인형을 하나 얹거나, 창가 진열대에 옷 대신 구슬 목걸이를 꿰찬 로봇 미니어처를 떡 하니 세워놓는 식의 진열 방식이 슬며시 미소를 짓게 한다.

샘솟는 아이디어들을 담아내기 위한 각양각색의 그릇들처럼, 세계 각국에 있는 폴 스미스 매장은 저마다 다른 특색을 지니고 있기로 유명하다. 예컨대, 런던 플로럴스트리트에 위치한 매장은 검은색 벽과 단정한 내장으로 우아한 느낌을 내고, 런던 브리지 인근의 재래시장 버러마켓에 있는 매장은 환한 초록색 문에 아기자기한 내부 인테리어를 더해 친근감을 준다. 히드로공항 제5터미널에는 세계지도로 벽면을 채우고 지구본들로 장식하여 경쾌한 비상飛上의 느낌을 풍기는 매장이 들어서 있다.

수십 년간 지속해온 끊임없는 창작에 싫증이 나거나 영감의 원천이 바닥날 때도 있을 만한데 그는 단호하게 '노no'라고 고개를 저으며 말한다. "창조의 샘은 절대로 마르지 않아요. 사실 내 일에 있어서 창조적 발상은 내게 가장 쉬운 부분입니다. 아이디어는 새록새록 나오니까요. 내게 사람들을 만나고 새로운 도전을 하는 건 부담스러운 게 아니라 즐거운 일입니다. 일을 하러 나가는 아침이 버겁게 느껴진 적은 없습니다."

≫폴 스미스의 런던 작업실에서는 실로 다양한 종류의 수집품을 만날 수 있다. Photo by Hye Yeon Park

파격의 황금률을 정복한 사나이

물론 '경영은 다른 문제'라고 강조한다. 확연히 더 힘든 '도전'이라고 힘주어 말한다. 아이디어를 현실로 구현해 수익을 창출해내는 일은 결코 녹록하지 않은 과제라는 것이다. 폴 스미스는 디자인 부문을 총괄하는 크리에이티브 디렉터인 동시에 기업을 이끄는 최고경영자^{CEO}다. 그는 비록 요소요소에 필요한 전문가와 함께 일하고 있지만 시장의 환경을 고려한 기획, 재정, 유통, 배송 등 경영 전반에 걸친 흐름을 꿰뚫고 있어야 한다는 점을 뚜렷하게 인지하고 있다.

"누구나 아이디어를 떠올릴 수 있어요. 하지만 아무리 멋진 옷을 만들어도 그걸 소화해줄 고객이 없다면 무슨 소용이 있겠습니까? 독창적인 작품을 구상하거나 옷을 근사하게 만들어내는 일과 기업을 경영하는 일은 확실히 차원이 다릅니다."

디자이너로서 창조적 자아를 충족시키는 데만 안달하지 않고 언제나 고객을 구심점으로 두는 냉철한 경영인의 자세. 이처럼 창의성과 비즈니스의 균형을 적절히 유지하는 '절도의 미학'이야말로 그가 승승장구해온 밑바탕일 것이다. 절도의 미학은 패션에도 고스란히 반영된다. 폴 스미스는 영국 남성들 사이에서 고루한 Y자 팬티 대신 화사한 꽃무늬·줄무늬 트렁크를 유행시켰지만, 결코 입기 부담스러울 정도로 화려하거나 지나치다 싶은 극단적인 파격은 추구하지 않는다. '입는 옷을 만든다'는 실용주의의 발현이다. 일부 '패션 피플'들은 진정 영국적인 '괴짜스러움^{quirkiness}'에는 모자란 면이 있다며 다소 재미없다는 평을 내놓기도 한다. 소수 마니아에게 열광적인 지지를 받는 실험적인 부티크 브랜드를 지향하지 않는 폴 스미스의 시선은 확실히 대중을 향한다.

이 같은 비즈니스 마인드는 경영 실적으로 뒷받침된다. 모태가 된 남성복뿐만 아니라 여성복, 향수, 속옷, 액세서리 등으로 꾸준히 영역을 확장해온 폴 스미스 브랜드의 매출은 경기 침체의 그늘이 짙게 드리워진 최근에도 양호한 실적을 보였다.

≫ 런던 버러마켓의 폴 스미스 매장. Photo from Paul Smith

≫ 미국 샌프란시스코의 폴 스미스 매장(위)과 라스베이거스의 폴 스미스 매장(아래). 전 세계에 자리 잡은 폴 스미스 매장은 각기 다른 특색으로 또 다른 즐거움을 준다.
Photo from Paul Smith

≫ 벨기에 안트베르펜의 폴 스미스 매장(왼쪽). Photo from Paul Smith

≫슈즈메이커 존 롭과의 컬래버레이션. Photo from Paul Smith

특히 1980년대 일본 시장에 진출해 거둔 성공은 경이로운 수준이었다. 폴 스미스 매장은 백화점, 직영점, 프랜차이즈 매장 등을 합쳐 일본에만 무려 500여 개가 있다. 지속적인 성장세 덕분에 한때는 일본 시장의 비중이 폴 스미스 브랜드 전체 매출에서 절반을 넘어설 정도로 컸다. 한 나라의 비중이 기형적일 정도로 높다는 건 특이한 일이고, 폴 스미스의 표현대로 '고마운 일'이기도 하다. 폴 스미스가 글로벌 기업으로 안착하게 된 배경에 일본 시장이 그만큼 중추적인 역할을 했던 것이니 말이다.[3]

일본은 왜 그렇게 폴 스미스라는 브랜드에 열광하는 것일까? 동서양의 섬나라 사람들이 추구하는 '스타일의 궁합'이 절묘하게 맞아떨어진 것도 하나의 이유가 되겠지만, 꾸준하게 준비하면서 쌓은 내공이 적기에 힘을 발휘한 점을 간과해서는 안 된다. 실제로 폴 스미스는 일본에 수십 번 들락날락하며 얻은 통찰력을 바탕으로 일본 시장에 맞는

≫ 폴 스미스 2013 컬렉션. 폴 스미스만의 컬러감과 디자인을 한눈에 파악할 수 있다. Photo from Paul Smith

스타일을 찾아냈다. "어떤 시장을 공략하려면 그 기저에 깔린 문화와 사람들을 이해해야 합니다. 디자인을 보내고 로열티를 챙기는 방식은 초기엔 쉽게 돈을 벌지만 그런 인기는 곧 시들게 마련이지요. 한국에서도 폴 스미스의 인지도가 갈수록 꾸준하게 올라가고 있어 흐뭇합니다."

한국을 비롯한 아시아 시장에서 폴 스미스의 인기가 꾸준히 높아지면서 일본, 유럽, 미국 등 주요 시장에 밀려 한 자릿수에 불과했던 '기타 시장' 매출 비중이 2012년에는 두 자릿수[11퍼센트]로 커졌다. 한국과의 인연에 꽃봉오리를 맺어가고 있는 폴 스미스는 2009년 봄, 서울 신사동에 최초로 본사 직영 매장을 연 데 이어 2011년에는 플래그십 스토어도 세웠다.

취향을 살린 아이템에 주목하라

진득하게 오르막으로 치닫는 계단을 밟으며 서서히 성장한 그의 디자이너 인생은 삶의 자세에만 보탬이 된 것은 아니었다. 이 경험은 모자, 목도리, 스카프, 선글라스 등 폴 스미스의 액세서리 사업이 유난히 빛을 발하는 데에도 큰 역할을 담당했다. 폴 스미스의 액세서리 매출은 전체에서 3분의 1이 넘는 묵직한 비중을 차지하고 있다. 사실 나는 예전부터 폴 스미스의 팬이었는데, 그건 1990년대 후반 면세점에서 우연히 접한 머플러와 장갑, 시계 같은 액세서리 류를 보고 반했기 때문이었다. 남성 코너의 제품이었는데도 쌈짓돈을 모아 장만했던 줄무늬 머플러를 아직도 간직하고 있다. 개성 어린 정겨움이 느껴지는 액세서리야말로 폴 스미스 특유의 '과하지는 않지만 살짝 비틀려 나오는 기발함과 유머'가 잘 담긴 품목이다. 액세서리에

≫ 폴 스미스는 구두, 모자, 타이 등 액세서리에서도 탁월한 감각을 발휘한다. Photo from Paul Smith

≫Photo by Hye Yeon Park

담긴 폴 스미스의 애정은 자신의 가게를 열면서 시작됐다.

옷가게를 직접 운영하면서 매장에 같은 손님을 또 오게 만드는 방법, 그러니까 단골을 창출하는 방법을 골똘히 연구하게 되었고, 그러다 보니 자연스레 상품 진열에 신경을 쓰게 되고, 손님의 이목을 잡아 끄는 소품이나 액세서리에 관심을 기울이게 된 것이다.

실제로 1980년대에 시스템 다이어리의 명품으로 큰 인기를 끈 파일러팩스Filofax 사례는 유명하다. 파일러팩스가 폴 스미스의 눈에 띄어 매장이나 패션쇼의 소품이 되면서 성공했다는 에피소드는 경영학계에서도 다루는 이야기다. 패션 트렌드세터들에게 사랑받고 있는 올리버 피플스oliver peoples 안경도 폴 스미스의 안목으로 급부상한 아이웨어

브랜드다.

그는 불황기에는 기업의 시각에서든 소비자의 입장에서든 액세서리를 특히나 더 눈여겨볼 필요가 있다고 조언한다. 아무래도 값비싼 코트나 수트를 마련하지 못하는 대신 목도리나 장갑처럼 부담이 덜 가는 품목을 구입함으로써 옷장에 참신한 변화를 줄 수 있다는 것이다. 선견지명이었을까. 그의 말처럼 폴 스미스의 액세서리 매출은 경기가 좀처럼 고개를 들 낌새를 보이지 않는 장기 침체기에도 '효자 노릇'을 톡톡히 해냈다. 폴 스미스를 처음 만났을 무렵의 액세서리 매출은 30퍼센트 초반^{2006년과 2007년 회계연도 기준}이었지만 몇 년 뒤에는 매출의 40퍼센트에 육박하는 비중을 뽐냈다.

당대를 대표하는 걸출한 패션 디자이너이면서도 출중한 경영의 혜안, 긍정적인 삶의 지혜까지 갖춘 폴 스미스. 과연 '경^{sir}'이라는 칭호가 아깝지 않다.

≫ Photo by SY Ko

칼럼

폴 스미스의 열혈 수집벽, 그리고 그를 닮은 팬들

나는 절대 돈이나 권력에 의해서는 동기부여를 받지 않는다. 내게 동기를 제공하는
건 그저 눈부시게 빛나는 하루다. 그러한 매일매일이다. _폴 스미스의 자서전 중에서

내가 2009년 폴 스미스를 런던에서 인터뷰한 이래 한국에서 그의 인지도가 기분 좋은 상승 곡선을 탔다. 원래도 상당히 두터운 팬 층을 확보하고 있긴 했지만 한국에 직영 매장이 생긴 데 이어, 2010년 가을에는 서울 대림미술관에서 폴 스미스 전시회가 성공리에 열리면서 대중적인 인지도가 더 탄탄해졌다. 그림, 사진, 장난감이니 등 호기심의 촉수가 닿는다면 무엇이든 열정적으로 모으는 맹렬 수집가인 면모를 한껏 살려 폴 스미스의 소장품과 직접 찍은 사진을 선보인 〈인사이드 폴 스미스 Inside Paul Smith〉라는 전시였다. 이어 2011년 4월 서울 도산공원 앞에 폴 스미스 플래그십 스토어가 문을 열었

고, 폴 스미스가 이를 기념해 방한한 뒤였다. 당시 런던 코번트 가든 근처의 스튜디오 겸 사무실에서 2년여 만에 폴 스미스를 다시 만났다. 세계 각지에서 인터뷰를 진행해오긴 했지만 한 인물을 같은 장소에서 두 번 마주하는 건 특별한 경험이었다.

취미도 프로 수준으로 끌어올린다

그는 서울의 플래그십 스토어에 대한 얘기가 나오자 기대감으로 부푼 표정을 지었다. 미려한 선의 흐름이 인상적인 하얀색 건물의 조감도와, 자신의

손길이 담긴 인테리어 디자인을 찍은 사진을 보여주며 '고무적인 일'이라고 거듭 강조했다. 도산공원 플래그십 스토어는 프랑스 주택을 연상케 하며 고전적 색채가 묻어나는 난간, 확 트인 천장, 옅은 핑크색의 줄무늬 벽이 인상적인 곳이다. 20세기 초의 느낌을 맛볼 수 있는 스타일도 접할 수 있어 안팎 모두가 상당히 특색 있는 공간이다.

매장은 남성^{지하 1층}, 여성^{1층}, 신발과 소품^{2층} 등 총 3층으로 구성되었다. '아트 월^{Art Wall}'이라 불리는 벽에는 그가 고른 다채로운 예술 작품들이 걸려 있다. 익히 알려진 사실이지만 폴 스미스는 열성적인 예술 작품 수집가다. 아내인 폴린과 노팅엄에 살았을 때, 영국 화가 데이비드 호크니의 회고전에 갔다가 2주 동안 자동차에 넣을 기름을 포기하고 〈예쁜 튤립들^{pretty tulips}〉이라는 한정판 판화를 구입했을 정도다.

매장엔 그가 직접 찍은 사진들도 걸려 있다. 아마추어 사진가였던 아버지를 닮아서인지 그는 제법 실력을 인정받는 사진작가로 활동하고 있다. 시간, 장소를 가리지 않고 거의 매일같이 셔터를 눌러대는데 일본에서는 아예 사진가로 변신하기도 했다. 「멘즈 논노^{Men's Nonno}」 화보 촬영에서다. 인

≫도산공원 플래그십 스토어의 인상적인 내부 인테리어. Photo from Paul Smith

터뷰 당시 "꽤나 유명한 젊은 스타라던데 혹시 아느냐?"고 물어보며 한 일본 잡지에서 오려낸 사진 한 장을 보여줬다. 일본 드라마 〈꽃보다 남자〉에 출연했던 청춘 스타 마쓰다 쇼타다.

이러한 그를 보고 이렇게 말했다고 한다. "어떻게 사람들이 폴 스미스란 인물이 그처럼 열린 마인드를 가지고 있고, 접근하기 쉬운 사람이란 걸 아는지 신기하네요."

중요한 건 늘 열린 마음을 유지하는 것

이토록 넓은 그의 '호기심 스펙트럼'을 알고는 극성에 가까울 정도로 정성을 다하는 팬들이 있다. 그중에는 미국에서 무려 20년째 자전거 안장, 카우보이 종, 원뿔형 도로 표지판, 마네킹 등 온갖 종류의 기이한 선물을, 상자에 담지 않은 채 우표만 붙여 보내는 익명의 팬도 있다. 폴 스미스는 한 TV프로그램으로부터 이 괴짜 팬을 추적해보자는 요청을 받기도 했는데, 풀리지 않는 미스터리가 훨씬 더 흥미로운 법이라며 일언지하에 거절했다. 그는 열두 살 때부터 3년여 간 손수 만든 작은 인형들을 예쁜 상자에 담아 편지와 함께 보내는 깜찍한 벨기에 소녀 팬의 선물을 내게 보여주면서 어린아이처럼 순수한 미소를 지었다. 소녀가 곧 엄마 손을 잡고 자신을 만나러 올 것이라고 덧붙이며 말이다. 바쁜 일정을 쪼개 팬들도 만나느냐고 묻자 망설임 없이 "물론"이라고 답한다. 폴 스미스의 젊은 친구이며 애플의 디자인 총괄 수석 부사장 조너선 아이브는

Photo by SY Ko

Kenneth Grange

새로움은 일상에 있다
케네스 그레인지

런던을 상징하는 명물 블랙 캡, 앙증맞은 빨간 우체통, 모던함의 진수를 보여주는 고속열차, 주방 용품 디자인의 한 획을 그은 믹서…… 반세기 넘게 현대 영국인들의 일상을 잔잔하고 의미 있게 수놓은 산업디자인 업계의 거장 케네스 그레인지. 그의 디자인 언어는 20세기 영국 사회와 그 발자취를 함께해온 '위대한 일상성의 세계'를 펼쳐 보였다. 더불어 소탈하고 담백하고 견고한, 그러면서도 보헤미안적인 낭만을 추구할 줄 아는 그의 성품과 많이 닮았다. 그가 설립한 디자인 업체 펜타그램은 독립적으로 스튜디오를 운영하면서 기업이나 개인 고객을 두고 활동하는 '디자인 컨설턴트' 개념의 원조이기도 하다. 그의 창조적 삶은 단지 옛 작품에 대한 회상에 빠져 있기에는 일러 보인다. 그의 창조성은 여전히 그 맥을 잇고 있으며, 오히려 그 수준을 뛰어넘어 힘차고 우아하게 고동치는 '현재 진행형'이다.

영국인의 반세기를 생활 속 디자인으로 수놓은 거장

2011년, 런던의 싱그러운 한여름 어느 날, 조용하고 운치 있기로 소문난 런던 북부의 햄스테드^{Hamstead}에 자리 잡은, 아담한 정원이 딸린 집을 찾았다. 소담스러운 열매들이 달린 화초와 나무가 즐비하고 한편에는 작은 작업실도 마련되어 있는 정원. 이 아늑한 보금자리의 주인은 영국 디자인계의 거목 케네스 그레인지$^{Kenneth\ Grange}$다. 당당한 기백이 엿보이고 몸놀림이 꽤 날렵하며 안색도 맑은 편이지만, 이마에 팬 깊은 주름과 성성한 백발이 연륜을 말해주는 이 매력적인 노장은 1929년생이다.

"디자인엔 사회의 변화 양상이 담겨 있어요. 어째서 그 시기에 그런 제품이 나왔고 인기를 끌었는지, 왜 자취를 감췄는지, 갖가지 일화가 얽혀 있지요."

수천만 대의 판매고를 기록한 코닥^{Kodak}의 필름 카메라 시리즈, 요즘 기준으로 봐도 전혀 어색하지 않은 세련됨으로 극찬을 받았던 40년 전의 고속열차 디자인, 주방 용품 디자인의 신기원을 열었다고 평가받은 켄우드^{Kenwood} 믹서, 런던을 상징하는 명물 중 하나로 꼽히는 블랙 캡^{Taxi}, 영국에서 처음으로 도입한 주차요금 징수기, 편안하면서도 깔끔한 분위기의 버스 정류장 간이 대합실, 한때 모든 이가 하나쯤은 책상 서랍에 놓아두거나 주머니에 꽂고 다녔던 파커^{Parker} 펜……. 일일이 열거하기도 힘들 만큼 수많은 작품을 탄생시킨 케네스 그레인지의 60년 가까운 이력은 자신의 말이 시사하듯 20세기 중반부터 영국 사회와 발자취를 함께해왔다고 해도 무방하다.

당당하게 불평하라

케네스 그레인지는 이야기보따리를 술술 풀어놓는 인자한 할아버지 같은 인상

≫히치 밀리어스의 팔걸이의자에 앉아 있는 케네스 그레인지. Photo from Kenneth Grange Design

을 준다. 이것만 보면 마냥 무던한 성향일 듯하다. 하지만 사실 그는 젊은 시절 비즈니스 세계에서 성실함만큼이나 요긴한 쇼맨십과 순발력, 도전 정신을 두루 발산했다. 그리고 실제로 이런 면모가 그의 경력 여정에 중대한 활로를 터주었다.

인생의 전환점이 된 커다란 기회는 우연히 찾아왔다. 1958년 브뤼셀에서 열린 무역박람회에서 당시 굴지의 기업이었던 코닥과 일하게 된 것이다. 젊은 혈기와 도전 정신으로 뭉친 그가 독자적으로 사무실을 차리고 불철주야로 활동하던 때였다. 독립 노선을 밟기 전, 잭 하우Jack Howa 같은 당대 유명한 건축 사무소에서 일했던 케네스 그레인지는 이미 국제박람회 같은 전시회 프로젝트를 맡는 등 제법 경력을 쌓아왔던 터라 자신감과 의욕이 충만해 있었다. 예상보다 준비가 빨리 끝나 현장에서 순조롭게 코닥 전시 부스를 마무리하던 그는 무심코 중얼거렸다. "아아, 카메라만 이렇게 처참하게 흉하지 않았더라면 정말이지 훌륭했을 텐데……."

물론 이 발언은 별다른 의도 없이 내뱉은 혼잣말이었다. 하지만 우연히 이를 들은 코닥의 임원은 그에게 넌지시 물었다. "음, 그러면 자네가 만약 새로운 카메라의 디자인 작업을 맡는다면 얼마나 받겠는가?" 케네스 그레인지는 순간 당황했다. "으음, 글쎄요. 잘은 모르겠지만 아마도 몇백 파운드 정도면 되지 않을까 싶은데요."

다음 날 아침, 일찌감치 런던으로 돌아와 자신의 스튜디오에서 작업을 하던 그에게 전화가 걸려왔다. 코닥의 연구개발 임원인 피트 박사라는 인물이었다. "내가 듣기로는 당신이 우리 카메라를 새로 디자인하기로 했다는데, 맞습니까?"

그렇게 해서 탄생한 작품이 '44A'다. 무려 2000만 대가 팔려나간 베스트셀러로 당시 필름 사업에 의존하고 있었던 코닥이 카메라로도 성공하는 데 물꼬를 튼 제품이다. 하지만 이는 출발선의 작은 점에 불과했다. 44A 프로젝트를 계기로 그는 코닥과 무려 20년을 넘게 동고동락하면서 '인스터매틱Instamatic'을 비롯해 카메라 역사에 빠질 수 없는 히트작들을 쏟아냈다. 특히 '인스터매틱 33 시리즈'는 2500만 대라는 경이적인 판매고

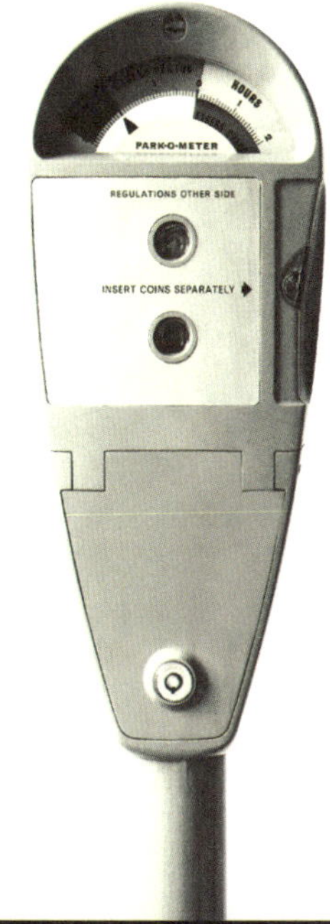

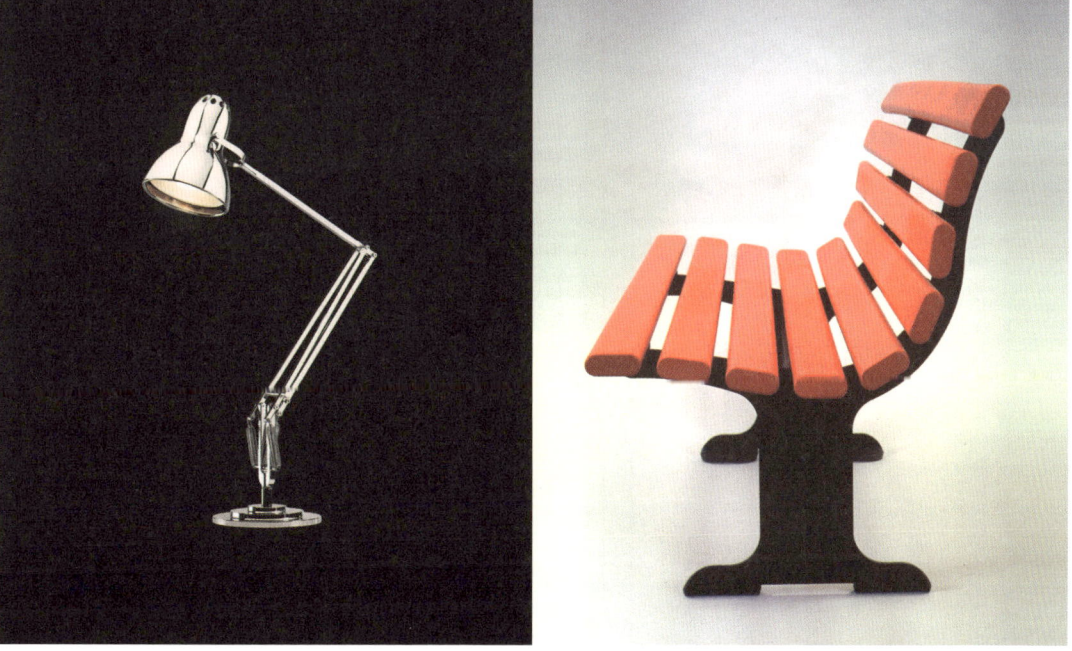

≫케네스 그레인지가 디자인한 작품들. 왼쪽 위부터 시계방향으로 동전으로 주차요금을 지불하는 '파킹 미터Parking Meter'(1958), 코닥의 '인스터매틱' 시리즈, 공공장소의 벤치(1993), 앵글포이즈Anglepoise 램프 타입3 Type3(2003). Photo from Kenneth Grange Design

를 달성하며 그의 베스트셀러 기록을 갈아치웠다. 케네스 그레인지의 색깔에 맞게 단순미 어린 디자인에 누구라도 다룰 수 있는 작동의 용이성, 저렴한 가격을 내세운 이 카메라는 당시 카메라 판매의 새 시대를 연 '혁신'이었다.

그는 코닥의 임원과 짧은 대화를 나눈 그 아침의 순간을 인생의 전환점이자 경력에서 가장 중대한 사건으로 꼽는다.

"멋지지 않아요? 수주에 이은 성공이 아니라, 인생이 흥미롭고 우연한 사건들을 계기로 변한다는 그 자체가 말이에요. 찰나에 정서적인 교류와 판단이 오간 것이잖아요. 나는 그 일을 전혀 의식하지 않았지만 도전에 대한 준비가 되어 있었고, 그쪽에선 나의 순수함과 열린 자세를 포착했던 것이지요."

24시간형 인간이 되어라

전후 사회 분위기의 영향도 있었겠지만 케네스 그레인지는 유달리 부지런하고 의욕이 넘쳤기에 경쟁을 크게 의식하지 않고도 앞서 나갔다. 그는 장점의 반은 어머니에게서 물려받고, 반은 군대에서 체득했다고 여긴다. 그의 어머니는 가계에 보탬이 되고자 공장에서 일을 했는데 굉장히 근면했으며 자식들에게도 항상 성실한 자세로 일에 임하라는 가르침을 주었다. 전쟁으로 얼룩졌던 1930~1940년대, 런던 동부의 평범한 가정에서 청소년기를 보낸 그는 열네 살에 장학금을 받고 윌레스덴 예술학교Wilesden School of Art에 입학했다. 실제로 케네스 그레인지는 다방면으로 예술적 재능을 드러냈는데, 경찰관이었던 그의 아버지는 혹시나 아들이 불안정한 생활을 하게 되지 않을까 하는 생각에 그의 디자인 입문을 별로 반기지 않았다. 그의 어머니는 미술이나 디자인에 대한 지식이나 이해가 깊은 사람은 아니었다. 오히려 그런 방면에는 '까막눈'에 가까웠지만, 그가 예술학교

≫2011년 가을, 런던의 '디자인 뮤지엄'에서 케네스 그레인지의 회고전이 열렸다. 이 사진은 영국의 기술자 조지 카워딘이 개발해 20세기에 가장 성공한 탁상용 램프로 인기를 끌어온 앵글포이즈 램프를 케네스 그레인지가 2004년 다시 디자인한 제품 타입1228 Type1228이다. 회고전을 기념해 2011년 오렌지 색상으로 새로 나왔다. Photo by SY Ko

에 진학하고 디자이너로 진로를 결정하는 데 지원군이 되어주었다. 그는 어머니에 대해 "결코 이기적이지 않은 어머니가 지닌 순수한 본능에서, 아들이 무엇을 하면 행복할지 예감하고 응원해주셨던 것 같다"라고 말한다. 그는 어머니에 대한 회상을 이어가면서 이따금 아련한 그리움을 담은 눈빛을 띄었다.

　　　예술학교를 졸업한 뒤, 불과 열여덟 살이라는 나이에 건축 사무소의 조수로 직업전선에 뛰어들었지만 얼마 지나지 않아 그는 돌연 군에 입대하게 되었다(당시에는 영국에서도 2년간의 의무 복무가 행해졌다). 어머니에게서 물려받은 투철한 직업 정신은 군대에서 더욱 견고해졌다. 군대에서 보낸 2년은 '체력의 근간을 마련한 위대한 시간'이었다. "디자이너인 내가 이런 말을 하면 어떤 이들은 웃는데, 솔직히 장시간을 버틸 수 있는 체력이야말로 별로 가진 것 없는 내가 지닌 커다란 무형의 자산이었다고 봅니다. 몸이 따라주어야 일에도 성실할 수 있는 거지요." 게다가 운이 좋게도 그는 군대에서 엔지니어가 사용할 도안을 담당했기에 자신의 디자인 실력이 녹슬지 않도록 연마할 수 있었다. 어머니의 가르침과 군대에서의 경험은 케네스 그레인지가 일을 대하는 태도에도 고스란히 반영되었다.

스트레스 없는 디자인

　　　혹자는 케네스 그레인지의 디자인을 가리켜 '스트레스가 없다'고 표현한다. 이런 수식은 '자연스레 일상에 스며드는 친근함'과 맥이 닿아 있다. 또한 그의 성격과도 닮았다. 그림이든 음악이든 글이든 작품에는 '그 사람'이 묻어 나오게 마련이니까. 분명 케네스 그레인지라는 인물이 그려내는 작품에는 켜켜이 쌓인 스트레스도 해소될 것 같은 담백한 긍정의 기운이 서려 있다. 스스로 인정하듯 원래 낙천적이고 쾌활한 편으로, 아침에

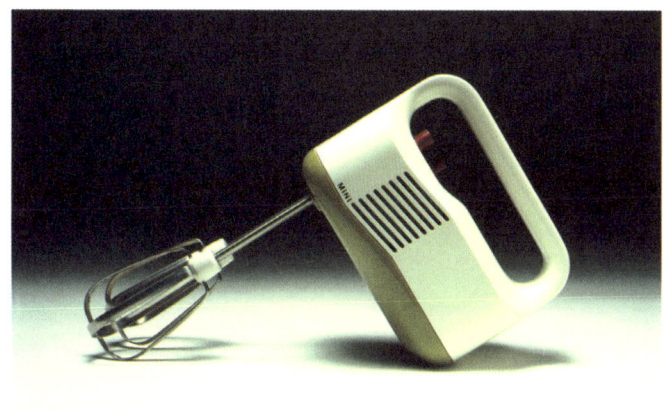

≫ 켄우드Kenwood의 미니 믹서, 모피 리처드Morphy Richards 다리미, 독특한 디자인의 물뿌리개. Photo from Kenneth Grange Design

눈을 뜨면 대체로 기분이 좋고 기운도 샘솟는다. 누구라도 흔쾌히 만날 수 있는 체질을 타고났다.

실제로 그는 부지런하기로는 둘째가라면 서러운 '24시간형 인간'이다. 그가 1972년에 동료들과 공동으로 설립한 전설적인 디자인 업체 펜타그램Pentagram 시절, 사업이 성장 가도를 달리고 있는데도 단 한 번도 납기일을 어긴 적이 없었다는 점은 이유 있는 자랑이다. "자주 강조하는 얘기지만 하루에 최대 24시간이라는 시간이 주어지는데, 어째서 고객과의 약속을 저버리겠어요. 그 시절에 난 일주일에 100시간 넘게 일해도 끄떡없다고 생각했어요. 지금도 그런 열의만은 마찬가지예요. 디자인 뮤지엄의 회고전을 준비하면서도 아침 7시 30분부터 한 시간 간격으로 잇따라 세 차례 회의를 한 적도 있답니다."

영국적 일상의 낭만을 그리다

2011년, 런던의 디자인 뮤지엄Design Museum에서 반세기가 넘는 그의 디자인 인생을 조명하는 뜻깊은 회고전이 열렸다. 이 전시회의 부제는 '메이킹 브리튼 모던Making Britain Modern'이었다. 이 전시회에 가본 이라면 어째서 이러한 부제를 달게 되었는지 금방 수긍할 것이다. 아이스크림을 뜨는 플라스틱 재질의 귀여운 숟가락부터 날렵하면서도 안정감 있는 자태를 뽐내는 다리미, 1960~1970년대 작품이지만 시대를 앞선 동그란 탁상용 시계와 옷걸이, 실용성과 단순미가 돋보이는 면도기 시리즈까지⋯⋯. 견고한 소재에 깔끔한 디자인이 가미된 다양한 일상용품에는 현대성이 투영되어 있다. 그의 디자인이야말로 실용주의에 발명가 정신, 위트가 결합된 '영국적 모더니티'를 형성하는 데 한몫했다고 할 수 있다.

케네스 그레인지의 작품 세계는 화려하지는 않다. 실용성과 간결미를 중시한

'바우하우스 정신'에 영향을 받기도 했을뿐더러, 수시로 접하는 대중적인 생활용품을 주로 다뤄왔기 때문이다. 그래서인지 다분히 일상적이고 소화하기에 무난하다(물론 당시에는 혁신성과 세련미로 화제를 모은 디자인도 꽤 많다). 이 일상성에는 늘 곁에 두고 써온 듯한 편안함, 그러나 쉽게 물리지 않는 단아함이 담겨 있다. 그리고 이러한 요소가 제품의 내구성, 실용성과 맞물려 어느새 삶의 소중한 일부로 자리매김하는 특별한 친근감으로 표현되었다. 그의 디자인은 지금 봐도 낯설거나 촌스럽지 않다. 정겹고 친숙하다. 이 얼마나 위대한 일상성인가!

80대에도 식지 않는 진지하고 즐거운 열정

그는 펜타그램을 둥지로 삼은 채 내로라하는 '고객'들과 함께한 25년의 긴 활약을 끝으로 현재는 잉글랜드 남서부의 평화롭고 아름다운 고장 데번 Devon에 주로 머물고 있다. 하지만 유유자적하게 노후만을 즐기고 있는 것은 아니다. 아내와 함께 이곳저곳을 여행하며 창조적 영감을 얻는 한편, 자신의 이름을 딴 사업체 '케네스 그레인지 디자인 Kenneth Grange Design'을 운영하며 인생에 걸쳐 개인적으로 꿈꿔온 작업을 진행하고 있다. 그러한 과정에서 2011년 패션 디자이너 마거릿 하월 Margaret Howell과 손잡고 은은하고 엷은 회색이 도는 근사한 남성용 셔츠를 완성했다. 가구 브랜드 히치 밀리어스 Hitch Mylius와 함께 노년층을 대상으로 하여 팔걸이가 편한 의자를 내놓기도 했다. 그가 자신의 서재에 놓인 의자들을 보면서, 외관상으로는 근사하지만 관절의 통증을 겪는 일이 많은 노인들에게

≫노년층을 위해 인체공학적으로 설계한 히치 밀리어스의 팔걸이의자.
Photo from Kenneth Grange Design

는 뭔가 부족하다고 느껴 적극적으로 추진한 인체공학적인 의자 프로젝트다. 자신이 가장 익숙한 분야는 아니지만 가능성이 꿈틀대는 창조 영역을 향해 도전한 것이다.

이렇듯 '아직도 일에 목마른' 그는 가장 소중한 역작으로 1968년에 선보인 고속열차 '인터시티 125'를 서슴지 않고 꼽는다. 케네스 그레인지는 「파이낸셜 타임스Financial Times」에서 "오만하게 들릴 수도 있겠지만 40년이 넘은 지금도 많이 바꿀 게 없는 작품이라고 감히 생각한다"고 자평했다.[4] 그는 공공 디자인, 특히 대중교통에 관한 프로젝트에 관심이 많다고 말한다. 생활과 밀접한 대중교통은 그의 디자인 철학이 명시하듯 '목적이 있고, 그에 합당한 기쁨도 주는 디자인'에 잘 맞는 대상이 아닐까? 케네스 그레인지는 낭비가 심한 디자인이 판을 치고 스타 디자이너들을 내세운 마케팅 전쟁이 종종 눈살을 찌푸리게 하는 현실을 마주하며 소비 위주의 디자인 현상에 안타까움을 표시하기도 했다. "호텔의 휴대품 보관소용 플라스틱 카드키를 가져온 걸 알고는 버리지 못해 돌려보낸 적도 있어요. 물론 그냥 버릴 수도 있겠지요. 그러나 낭비란 생각에 차마 그럴 수 없었어요."

유쾌하면서도 진지하고 자기 성찰이 바탕이 된 그의 태도에는 저절로 고개를 숙이게 하는 '뭔가'가 있다. 무엇보다도 그는 절로 동화될 정도로 즐거운 기운을 전달해주는 사람이다. 스키를 좋아했지만 양쪽 무릎이 닳아 티타늄 소재의 인공물을 심는 수술을 한 탓에 이제는 더 이상 타지 못한다는 설명조차 심각하게 들리지 않는다.

그는 "무릎이 닳는 것도 옷이 해지는 것처럼 어쩔 수 없는 자연스러운 현상"이라고, 주름진 얼굴에 미소를 지으며 말했다. 이 모습을 지켜보노라니 케네스 그레인지에 대한 책에 쓰인 한 구절에 동감하지 않을 수 없었다.

"그는 시간이 갈수록 우아하게 여물어가는 물건을 만들 줄 안다." 자신의 디자인처럼 세월이 갈수록 깊어가는 우아한 성숙미와 소박한 웃음을 자아내는 케네스 그레인지야말로 이 시대가 낳은 진정한 '별 중의 별'이 아닐는지.

≫ 왼쪽 위부터 시계방향으로 윌킨슨 스워드Wilkinson sword사의 면도기, 런던의 명물 블랙 캡, 영국의 전국 주요 도시를 연결하는 고속열차 '인터시티 125', 로열 메일의 앙증맞은 우체통(왼쪽). Photo from Kenneth Grange Design

≫Photo by HPH

Peter Blake

좋아하는 것들을 모으니
팝아트가 되었다
피 터 블 레 이 크

○

"미국에 앤디 워홀이 있다면, 영국엔 피터 블레이크가 있다." 어쩌면 피터 블레이크 본인은 이러한 찬사도 그리 달갑지 않게 여길지 모르겠다. '스윙잉 런던'이라 불리는 20세기 영국 문화 전성기의 중심에 있었던 피터 블레이크는 앤디 워홀 이전에 이미 비틀스 역사의 한 장을 의미 있게 써 내려간 인물이다. 그는 1967년 그 유명한 비틀스의 8집 앨범 재킷으로 센세이셔널한 반응과 명성을 얻었는데, '영국 팝아트의 대부'라 불릴 정도로 뚜렷한 업적을 남겼으며, 2002년에는 기사 작위까지 받았다. 그의 팬이라면 피터 블레이크가 화가로 활동한 지 오래되었고, 콜라주, 수채화, 조각, 인쇄물 등을 아우르며 작품 세계의 창조적 저변을 넓혀왔다는 사실을 알고 있다. 그는 놀라울 정도로 참신하면서도 깊이가 묻어나는 각종 아트북, 상업적 그래픽아트 등 그야말로 전방위적인 활약을 펼쳤다. 어느새 80대 노화백이 된 피터 블레이크의 고집 있는 실험 정신이 투영된 삶은 부러움 섞인 경외심을 솟게 한다.

세기의 비틀스 명반을 신화로 만든 또 다른 주인공

1967년에 처음 발매된 비틀스의 여덟 번째 정규 앨범 〈서전트 페퍼스 론리 허츠 클럽 밴드Sgt. Pepper's Lonely Hearts Club Band〉. 이 앨범은 수많은 평론가가 '대중음악 사상 최고의 작품'으로 꼽을 만큼 빼어난 명반이기도 하지만 독특한 재킷 커버 디자인으로도 꽤나 명성이 자자하다. 커버 디자인에 비틀스 멤버 네 명을 포함해 카를 마르크스, 알베르트 아인슈타인, 밥 딜런, 마릴린 먼로, 오스카 와일드, 에드거 앨런 포, 칼 융 등 문학·예술·철학계의 유명 인사 60여 명을 가상 로큰롤 밴드의 '관객'으로 등장시켰다. 이 디자인은 신선한 시도와 대담한 소재로 숱한 화제를 뿌렸다.

전 세계적으로 3200만 장이 넘는 경이적인 누적 판매고를 자랑하는 이 앨범의 커버 디자인을 맡은 인물은 영국 출신의 팝 아티스트이자 화가 피터 블레이크Peter Blake다. 당시 서른다섯 살의 젊은 작가였던 그는 세인의 관심을 한 몸에 받게 됐다. 사실 비틀스 8집 앨범 디자인의 작가는 따로 있었다. 그런데 비틀스와 친분이 있던 런던 갤러리 업계의 큰손 로버트 프레이저가 그 작가의 작업물을 폐기할 것을 권하고 자신이 운영하던 화랑의 소속 작가였던 피터 블레이크를 '대타'로 추천한 것이다. 열성적인 팝 음악 팬이었던 피터 블레이크는 이 제안을 흔쾌히 수락하고 첫 번째 부인이었던 미국 출신의 팝 아티스트 젠 하워스Jann Haworth와 함께 작업에 들어갔다. 포토샵 같은 소프트웨어가 존재하지 않던 시절이었다. 따라서 비틀스 앨범에 등장하는 인물들의 이미지를 실물 크기로 출력하고 일일이 종이인형으로 만들어야 했다. 이렇게 공들인 '수작업'에 가까운 디자인 작업이 결코 간단할 리 없었다. 제작 비용도 일반 앨범에 비해 100배나 많이 들어갔다고 전해진다.[5]

"원래 사이키델릭한 느낌의 커버 디자인을 제작했지만 새로운 걸 추구하자는 의견이 나오는 바람에 내가 다시 맡게 되었다고 알고 있어요. 우선 앨범 커버를 장식할 인물들의 명단을 작성했는데, 존 레논과 폴 매카트니가 적극적이었죠. 힌두교에 관심이 많았

≫비틀스의 여덟 번째 앨범. 피터 블레이크는 이 커버 디자인을 계기로 큰 인지도를 쌓았다.
Photo from Young Hoon Kim

061

좋아하는 것들을 모으니
팝아트가 되었다

던 조지 해리슨은 인도 인사들을 골랐고, 링고 스타는 그의 성격답게 아무런 관여도 하지 않았죠. 잘 알려진 얘기지만 히틀러와 간디, 예수는 원래 목록에 있었지만 논란의 여지가 많아 뺐습니다."

그토록 수고한 보람이 있었는지, 이 앨범은 시쳇말로 '대박'을 터뜨렸다. 음악성이 뒷받침된 데다 커버 디자인까지 센세이션을 불러일으키며 당시 그래미 시상식에서 최고앨범디자인 상을 받는 영광도 누렸다. 그런데 피터 블레이크에게 부를 안겨주지는 않았다. 비틀스 8집 하나만 놓고 봐도 인세를 받았다면 금세 돈방석에 앉지 않았을까 싶지만 공교롭게도 그는 200파운드에 저작권을 넘기는 안타까운(?) 계약을 해버렸다. 적어도 이 앨범 디자인의 인세로는 단 한 푼도 챙기지 못한 것이다.

"음, 당시 200파운드면 현재 가치로는 6,000파운드_{한화 약 1100만 원}쯤 될 텐데……. 아마도 인세 계약을 체결했거나 저작권에 대한 고려가 어떤 식으로든 반영됐다면 지금쯤 난 억만장자가 되었을지도 모르지요, 하하. 그런데 당시 비틀스의 기획사는 그래픽디자인을 별로 중요하게 여기지 않았던 것 같아요. 그 이후로도 결코 쉽진 않았죠. 지금으로부터 2년 전까지만 해도 8집 커버 디자인의 도안을 따로 찍어내는 일도 절대 허용되지 않았으니까요. 하지만 그런 일은 딱 한 번뿐이었고 요즘에는 그렇지 않아요." 한때는 헛헛하게 가슴팍을 칠 만큼 억울한 기분이 들었겠지만, 80대 노화백이 된 그에게 이제 이러한 일화는 가뿐히 웃어넘길 옛날이야기다.

런던 해머스미스에 자리한 피터 블레이크의 2층짜리 스튜디오에는 다닥다닥 붙은 작은 방마다 책이 잔뜩 꽂혀 있다. 여기에

≫ 런던 스튜디오에서 만난 피터 블레이크. Photo by HPH

출처를 쉽게 알 수 없는 가면과 인형, 오브제 등 온갖 소장품과 흥미로운 작품으로 가득 채워진 공간으로, 고즈넉한 분위기가 물씬 풍겨났다. 잘 정돈된 뜰이 내다보이는 부엌이 딸린 아담한 방에서 손수 홍차를 타면서 '200파운드 에피소드'를 차근히 들려주는 백발의 노화백은 마치 은퇴한 뒤에도 홀로 갤러리를 운영하는 수줍은 산타클로스 같다.

나는 내가 아는 생활을 그린다

피터 블레이크의 대중문화에 대한 폭넓은 관심, 영역을 넘나드는 다양한 기법을 시도하려는 실험 정신은 아마도 그의 성장 배경과 관련 지을 수 있을 것 같다. 잉글랜드 남동부의 다트퍼드라는 고장에서 평범한 가정의 장남으로 태어난 그는 간호사 출신 어머니의 영향으로 어릴 때부터 대중문화에 적극 노출됐다. 영화를 몹시도 사랑했던 어머니 덕분에 어린 그의 눈에 마냥 신기하고 흥미로운 세계를 자주 접할 수 있었다.

그런데 그의 동심에 아물지 않는 생채기를 낸 전쟁이 찾아왔다. 이를 계기로 피터 블레이크는 지인의 집에 맡겨져 부모와 떨어져 지내게 됐고, 공군에 입대해 2년간 복무했다. 그러고는 예술가가 되고 싶다고 생각한 적도 없는 그가 런던의 그레이브젠드 예술학교 Gravesend School of Art에 입학하게 됐다. "학교에서 어떤 것을 전공하고 싶으냐고 묻기에 '회화'라고 말했지요. 그런데 웬걸, 그래픽디자인을 하라고 권유합디다." 표정이 그다지 풍부하지 않은 그의 노안에 갑자기 추억 어린 미소가 번졌다.

그렇게 그는 도안과 서체 등 그래픽디자인을 공부했지만 미련이 남았던 것일까. 대학원인 왕립예술학교에 들어갈 때는 '회화 전공'으로 입학했다. 합격은 의외였다. 그래픽을 공부했기 때문에 회화는 단 한 점만 제출했던 것이다. 게다가 그는 그전까지 2년 동안은 군에 복무하느라 경험을 쌓을 기회가 없었기 때문에 정작 회화 공부를 시작했을 때

>Photo by HPH

는 '백지 상태'나 마찬가지였다. 하지만 그는 1956년 우수한 성적으로 학교를 졸업했다. 열망하던 분야에 자신을 쏟아부은 데 따른 결과였다. 그러고는 네덜란드, 프랑스, 스페인, 이탈리아 등 유럽 주요국들을 돌아다니며 수학할 수 있는 절호의 기회까지 잡았다.

"내가 다양성에 관심을 갖게 된 건 아마도 우연찮게 디자인과 회화를 다 접하게 된 배경과 함께 제2차 세계대전 이후 처음으로 예술계에 입문한 전후 세대라는 요소도 크게 작용한 것 같아요. 혼돈의 시기에 다른 문화적 배경을 가진 수많은 사람들이 어우러졌거든요. 그렇게 접하게 된 문화 충격이 매우 신선하게 다가왔고 가치관의 형성에 막대한 영향을 끼쳤지요. 나는 그러한 문화의 흐름 속에서 내가 좋아하는 요소들을 회화적으로 소화한 셈이죠. 그게 바로 팝아트가 되었어요." 이러한 배경 때문에 그는 화가이자 디자이너로 왕립미술원Royal Academy과 산업 디자이너들의 단체인 RDI Royal Design for Industry에 각각 이름을 올리는 독특한 이력까지 갖게 됐다.

무엇을 갈망하는지 들여다보라

다양한 장르에 대한 순수한 관심을 반영하듯 피터 블레이크의 작품은 꾸밈이 없는 것이 특징이다. '냉소'나 '충돌' 같은 요소는 찾아보기 힘들다. 예술가랍시고 스스로를 은근히 높이는 엘리트 의식의 흔적을 전혀 엿볼 수 없다. 그는 영국에서 경박하다고 여겨지기도 했던 엘비스 프레슬리 같은 대중문화의 아이콘을 있는 그대로 수용하면서 자신의 취향을 숨기거나 비틀지 않고 솔직하게 경의를 표했다. 그를 비롯한 영국의 1세대 팝 아티스트들이 소재의 선택에서 미국 작가들에 비해 보다 더 사적이고 주관적인 경험을 강하게 반영했다는 평가를 받는 것은 이 때문이다.

특히 피터 블레이크는 어린 나이에 제2차 세계대전이라는 전쟁을 겪은 쓰라린

≫ 〈더 퍼스트 리얼 타깃〉(왼쪽).
  ⓒ Peter Blake / DACS, London - SACK, Seoul, 2013
≫ 〈발코니에서〉(오른쪽).
  ⓒ Peter Blake / DACS, London - SACK, Seoul, 2013

기억과 그 때문에 잃어버린 시절에 대한 아쉬움 섞인 그리움을 다수의 작품에 진지하게 담아냈다. 과거의 자아에 대한 순수한 추억인 동시에 직접 겪어보지도 못했고, 심지어 존재하지도 않았던 것에 대한 다소 역설적인 향수라 할 수 있다. "전쟁은 잔인하게도 내게서 어린 시절을 앗아갔습니다. 난 겨우 예닐곱 살에 부모와 떨어져서 성장했어요. 어찌 보면 난 실제로 일어나지도 않았던 어린 시절의 기억들을 작품을 통해 재창조한 것이죠."

〈발코니에서 On the Balcony〉(1956~1957)는 언뜻 보면 콜라주 같지만 알고 보면 정교하게 채색된 작품으로 여기서도 유년기 자아에 대한 애틋한 마음이 느껴진다. 어린이

네 명이 에두아르 마네의 '발코니', 미국 대중문화 잡지 「라이프Life」 표지 등 제각기 다른 이미지와 어우러져 있고, 이들을 둘러싼 배경에는 청량음료, 통조림, 신문 등 시사적인 흐름을 반영하는 일상적 소비재들이 깔려 있다.

　　　작품에 등장하는 아이들은 천진한 모습이 아니라 건조한 시선, 무표정한 얼굴을 하여 왠지 가슴이 아리다. 〈만화를 읽는 어린이들Children Reading Comics〉(1954), 〈에이비시 마이너스ABC Minors〉(1955) 같은 작품이 좋은 예다. 평론가들은 승전국 진영의 대표 주자인 미국과 달리 급변하는 현실에 대한 불안, 대중문화에 대한 동경 등으로 혼란했던 영국 사회에서, 과거로 회귀하고자 하는 성향을 반영한 것으로 풀이하고 있다.

가장 영국적인 대중문화를 그리다

　　　1960년대 초부터 이미 제법 유명세를 탄 그는 앞서 언급한 비틀스의 앨범을 계기로 '스타'가 되었다. 이후로도 다방면에서 왕성한 활동을 펼쳐 '영국 팝아트의 대부'로 불릴 만큼 뚜렷한 업적을 남겼다. 스스로를 빗대어 '나무'라고 표현한 적이 있듯이 그의 작품 세계는 회화, 조각, 판화, 콜라주 등 실로 다채로운 영역의 예술 언어를 투영하며 각양각색의 가지들을 내뻗고 있다.

　　　뮤지션들과 함께한 작업도 이처럼 수많은 창의적 시도 중 하나일 뿐이다. 하지만 음악에 대한 애정이 워낙 지극했던 터라 그에게 커버 디자인 작업은 매우 특별한 몰입의 대상이었다. 피터 블레이크는 예술가의 길을 굳세게 걸어갔지만 비틀스 앨범에 그치지 않고 오아시스, 로비 윌리엄스 등 쟁쟁한 음악인들의 앨범 커버를 틈틈이 디자인했다. 1984년 국내에서도 꽤나 전파를 탔던 자선 프로젝트 그룹 밴드 에이드Band Aid의 〈두 데이 노 잇츠 크리스마스?Do They Know It's Christmas?〉 앨범 커버 디자인도 그의 작품이다.

≫밴드 에이드의 앨범 〈두 데이 노 잇츠 크리스마스?〉.
Photo from Wikipedia

사실 그는 비틀스보다는 미국 록그룹 비치 보이스Beach Boys 멤버인 브라이언 윌슨의 열렬한 팬이다. "아, 브라이언은 정말 내 마음에 꼭 드는 음악을 들려주는 사람이에요. 예전에도 그랬고 지금도 그렇지요. 최근 그의 음악에는 조지 거슈윈처럼 고전적인 느낌이 묻어나는데 그것도 굉장히 멋지답니다." 공공연히 '열성 팬'임을 자처한 덕에 실제로 그는 브라이언 윌슨의 〈게팅 인 오버 마이 헤드Gettin' in Over My Head〉 앨범의 커버 디자인을 맡기도 했다.

비치 보이스와의 인연을 차치하더라도 그는 1950~1960년대 미국 대중문화를 자신의 예술 세계로 적극 끌어들인 대표적인 인물이다. 1950년대에 접어들자 영국에서는 미국의 소비 문화가 젊은 세대의 가슴을 파고들었고, 영화, 광고, 자동차, SF 등을 소재로 한 팝아트가 태동했다. '스윙잉 런던'이라 불리는 영국 문화의 역동적인 전성기가 시동을 건 것이다. 피터 블레이크는 그 중심에 있었다. 엘비스 프레슬리, 마릴린 먼로, 제임스 딘 등 당대를 주름잡은 미국 대중문화 아이콘, 그리고 성냥갑, 레슬링 등 일상적 소재를 다분히 '팝'적인 느낌으로 담아낸 작품을 봇물처럼 쏟아냈다. '미국에 앤디 워홀이 있다면 영국엔 피터 블레이크가 있다'는 말이 괜히 나온 게 아니다.

   그러나 피터 블레이크가 처음으로 팝 아티스트로서 대중의 주목을 받게 된 것은 영국의 공영방송 BBC 덕분이었다. 1962년 그가 동료 작가들과 함께 등장한 다큐멘터리 영화 〈팝 고즈 더 이젤Pop Goes the Easel〉이 BBC에서 방송된 덕에 팝아트에 대한 대중의 관심이 증폭된 것이다. 대중문화와 고급 예술의 경계를 무너뜨리려는 참신한 시도로 그는 팝아트의 대표 주자로 떠올랐다. 이보다 한 해 전인 1961년은 그가 평단의 관심을 받게 된, 여러모로 의미가 있는 해였다. 미국 팝아트의 선구자로 불리는 재스퍼 존스의 작품을 모방해 '예술계의 독창성에 대한 강박'을 빗댄 화제작 〈더 퍼스트 리얼 타깃The First Real Target〉(1961)을 선보인 것이다.

   그는 같은 해에 엘비스 프레슬리의 모습이 담긴 잡지를 든 채 서 있는 젊은 날의 자화상으로 〈존 무어스 컨템퍼러리 아트〉 전시회에서 상을 받는다. 바로 영국 팝아트의 역사에 남을 수작으로 칭송받는 〈배지를 단 자화상Self-Portrait with Badges〉(1961)이라는 작품이다. 이 그림은 노동계급 출신이라는 정체성과 대중문화에 대한 순수한 열정을 당당히 드러내는데, 피터 블레이크가 자신을 어떻게 바라보고 있는지를 잘 드러낸다. 이는 2003년 내털리 러드Natalie Rudd가 묘사한 그의 됨됨이와 일맥상통한다. "괴짜지만 순수하고 정직한 단순함이 돋보이며, 약간 수줍음을 타고 관습에 얽매이지 않으며 어린아이와도 같은……"6

≫Photo by HPH

좋아하는 것들을 모으니
팝아트가 되었다

은퇴할 나이에 다시 시작하라

1969년 런던을 떠나 한적한 아름다움으로 유명한 잉글랜드의 도시 배스Bath로 이동한 피터 블레이크는 새로운 도전을 시도했다. 잉글랜드 시골의 빼어난 경치를 비롯해 셰익스피어로 대변되는 문학, 민속학 등 영국의 전통 유산을 기반으로 전원주의 성향이 짙은 작품들을 잇따라 선보인 것이다. 1975년에는 '브러더후드 오브 루럴리스츠Brotherhood of Ruralists'라는 전원주의 화가 단체를 창설할 정도로 리더십까지 가미된 의욕을 보이기도 했다. 그렇게 10년이 지났고, 다시 런던으로 돌아온 피터 블레이크는 1980년대부터는 본연의 대중문화에 대한 폭넓은 관심을 유쾌한 유머로 버무린 작품을 많이 선보였다. 19세기 프랑스의 사실주의 화가 쿠르베의 명화를 패러디한 작품 〈만남, 혹은 안녕하시오, 호크니 선생The meeting, or Have a nice Day, Mr. Hockney〉(1981~1983)이나 〈마돈나 온 베니스 비치Madonna on Venice Beach〉(1996) 등은 이러한 관심을 잘 드러내는 수작이다.

≫〈만남, 혹은 안녕하시오, 호크니 선생〉.
ⓒ Peter Blake / DACS, London - SACK, Seoul, 2013

≫피터 블레이크의 런던 스튜디오 정경. 다양한 장르의 소품이 망라되어 있다(오른쪽). Photo by HPH

1997년, 65세가 된 그는 '깜짝 은퇴'를 선언한다. 하지만 진심으로 예술계를 떠나겠다는 것은 아니었다. 개념적이고 형식적인 은퇴 선언으로 다분히 그다운 장난기가 담긴 일종의 '퍼포먼스'였다. 당시 런던과 맨체스터에서 대규모 전시회를 성황리에 개최하고 나서, 영국 근로자들이 정년 퇴직할 나이인 65세를 맞이해 특별한 의미를 부여하고 싶었던 것이다. "그건 예술의 추잡한 속성, 다시 말해 질투, 욕망, 허욕 등과 결별하고 순수하고 평온한 상태에서 활동을 펼쳐나가겠다는 의지의 표현이기도 했지요." 2000년대 중반을 넘어서자 작가로서 '만년late period'에 돌입했다고 스스로 선을 그은 피터 블레이크는 자신의 작업실에서 황혼의 불꽃을 불태우고 있다. 창조적 반경을 넓히고 깊이를 더하려는 투지 어린 시도는 청춘의 풋풋한 열정처럼 반짝반짝 빛이 날 정도다. 런던의 명문 축구구단 첼시의 열성 팬답게 팀의 사기 진작을 위한 콜라주 작품을 선보이고, 대법원에 깔릴 카펫을 디자인했다. 파리와 베네치아에서 겪은 체험을 동심과 유머가 깃든 환상적인 책으로 엮어내는 창조적 센스와 열정을 드러내기도 했다. 이런 면모는 노익장이라고는 도저히 볼 수 없는 재기 발랄함을 품고 있다.

그는 또 지난 2009년 20주년을 맞이한 제일모직의 빈폴Bean Pole 브랜드를 위한 판화 작업을 맡기도 했다. 이 프로젝트에서 피터 블레이크는 '자전거를 탄 신사'로 응축되는 빈폴 로고를 기념해 자전거를 응용한 판화 10점을 선보였고, 이는 실제 상품에도 반영됐다. 영국 국기 문양을 테두리로 장식한 이 판화들은 자전거와 얽힌 그의 아련한 향수를 담고 있는 듯 보인다. 사실 그에게 자전거는 즐거운 추억인 동시에 악몽과도 같은 대상이다. 10대 시절, 그는 동세대 젊은이들과 마찬가지로 사이클링에 흠뻑 빠져 지냈는데, 그러다가 끔찍한 사고를 당했기 때문이다. 지금도 그의 얼굴에는 이때 생긴 상처가 흉터로 남아 있다. "폴 스미스도 그 나이에 사고를 당해 진로를 바꿨다지만 내게도 이혼, 부모님의 죽음과 더불어 인생에서 가장 힘든 사건 중 하나였던 것 같아요. 하지만 인생은 흘러가는 법이라오."

만년에 예술 활동을 유유히 만끽하는 동시에 자신이 다녔던 왕립예술학교에서 수학하는 미술학도인 어린 딸을 지켜보는 기쁨으로 충만하다는 피터 블레이크. '땅콩'이라고 부르는 한국인 유학생 친구가 있다는 딸의 실크 스크린 작품을 꺼내 보여주며 어린 아이처럼 즐거워하는 노화백의 천진한 미소가 부디 오래도록 지속됐으면 하는 건 비단 그를 사랑하는 영국인들만의 바람은 아닐 것이다.

- 컬럼

피터 블레이크, 예술가로 재조명되다

비틀스 앨범 커버 디자인으로 인해 나는 좀 더 유명해졌을지는 모르겠다.
그로 인해 아티스트로서의 나 자신이 변한 건 아무것도 없다.
—「너브Nerve」 2006년 가을호 인터뷰 중에서

사실 이전까지 피터 블레이크에 대해 잘 알지 못했다. 비틀스의 앨범을 보고 당대를 풍미한 유명인들의 얼굴이 대거 등장한 점을 흥미롭게 여긴 정도였고, 커버 디자인을 누가 했는지 크게 관심을 두지 않았다. 한국에서는 유명한 예술가가 대중가수의 커버 디자인을 맡는 경우가 흔치 않았기 때문이었는지도 모른다.

순수한 자아를 표상한 자화상의 매력

정작 나를 사로잡았던 건 런던의 미술관 테이트 브리튼에서 접했던 피터 블레이크의 자화상 〈배지를 단 자화상〉이다.

언제나 인파로 들끓는 현대미술관 테이트 모던에 비해 호젓하게 산책을 하듯 영국 작가들의 미술 작품들을 감상할 수 있는 테이트 브리튼은 유학 시절 가끔씩 누린 '호사'의 공간이었다. 자화상은 당시 테이트 브리튼 1층의 한 복도에 걸려 있었는데, 쉽사리 발걸음을 떼지 못하게 하는 매력을 발산했다. 이 그림에서 피터 블레이크는 당시의 젊은이답게 청바지와 청재킷을 입고, 손에 잡지를 들고 있었다. 잡지 표지는 로큰롤의 제왕으로 추앙받은 세기의 미국 스타 엘비스 프레슬리의 얼굴로 장식되어 있었는데, 피터 블레이크의 무표정한 얼굴이 왠지 모르게 슬퍼 보였다. 전쟁의 아픔과 그 시대에는 흔치 않았던 이혼의 시련을 겪어서일까? 본인이 의도했는지는 모르겠지만 적어도 내게 피터 블레이크는 작품에서든 사람에서든 잔잔한 애수가 느껴지는 작가다.

애수 어린 유머를 예술로 승화시키다

〈배지를 단 자화상〉은 18세기 영국 화가인 토머스 게인즈버러Thomas Gainsborough의 초상화 〈푸른 옷의 소년The Blue Boy〉을 패러디한 작품이다. 부잣집 도련님을 우아하게 묘사한 토머스 게인즈버러의 그림과 달리 피터 블레이크의 젊은 시절 자화상에 나타난 '데님룩'은 노동자 계급을 표상하는 것이었다. 영국의 미술사학자 마르코 리빙스턴은 『피터 블레이크: 원맨쇼Peter Blake: One-man Show』에서 이 화가의 예술 세계가 노동자 가정에서 유년시절과 10대를 보낸 그의 정체성에 뿌리를 두고 있다고 지적했다. 영국 현대미술을 심도 있게 조명한 『창조의 제국』의 저자 임근혜 씨는 한 인터뷰를 인용해 다음과 같은 일화를 소개하기도 했다. "학교에서는 선생님들에게나 고급예술과 고전음악을 배우고, 집에 오면 클럽에 가거나 축구를 하거나 식

≫〈배지를 단 자화상〉. ⓒ Peter Blake / DACS, London - SACK, Seoul, 2013

구들과 뒹굴면서 지냈지요. (중략) 이러한 학교생활과 가정생활 간의 괴리가 팝아트를 만들어낸 겁니다."

하지만 피터 블레이크가 팝아트로 쌓은 공적은 미국의 텃세와 그에 따른 왜곡된 인식으로 평가절하된 측면도 있다. 예컨대 앤디 워홀의 〈브릴로 박스〉보다 2년이나 앞서 성냥갑을 그렸는데도 오히려 '아류'로 평가되는 굴욕까지 당했던 것이다. 이러한 상처 때문인지 피터 블레이크가 앤디 워홀과 우연히 뉴욕의 한 레스토랑에서 마주쳤을 때 합석을 거절했다는 일화도 전해진다.7 그는 비틀스 앨범으로 유명세를 얻긴 했지만 '앨범 디자이너'라는 멍에를 짊어지는 바람에 예술가로서는 그만큼 인지도를 쌓기 어려웠다. 특히 독자적인 작품 세계를 구축했음에도 불구하고 앤디 워홀을 필두로 세계를 장악했던 미국 팝아트 작가들에 눌리는 경험은 몹시 쓰라렸을 것이다. 이러한 배경에서 볼 때, 최근 들어 테이트 갤러리와 팔란트 하우스 갤러리 등 영국에서 열리는 다양한 전시회를 통해 피터 블레이크에 대한 활발한 재조명이 이뤄지고 있는 상황은 꽤나 반갑다. 일찍이 "나는 팝 음악의 시각적 등가물인 미술을 하고 싶다"는 그의 부르짖음이 후세에 보다 깊은 울림으로 다가올지도 모르겠다.

≫피터 블레이크에게 영감을 주는 소품들. Photo by SY Ko

≫ⓒ Barford Sculptures Ltd.

Anthony Caro

끈질기게 영감을 따라가라
앤서니 카로

『생각의 탄생』에는 "소수만이 우리가 흔히 추상미술이라고 할 때의 '추상'에 값하는 결과를 보여주었으며 그보다 더 극소수의 사람들만이 상상력이 넘치는, 제대로 된 추상을 창조해냈다"는 대목이 있다. 2013년을 기해 한국 나이로는 구순이 된 세계 미술계 이 살아 숨 쉬는 전신 앤서니 카로는 자신만의 조각 언어로 '상상력이 넘치는, 제대로 된 추상'의 니레를 펼쳐온 인물이다. 그는 조각과 건축, 추상과 구상의 경계를 넘나들며 자신만의 예술 세계를 풍부하고 단단하게 구축해왔다. 공간에 그리는 음악처럼 순수한 형식미. 앤서니 카로의 독자적인 예술 세계는 이렇게 표현할 수 있을 것이다. 이 거장은 자신을 둘러싼 안정적인 굴레를 과감히 떨쳐내고 스스로 실험적 반경을 끊임없이 넓혀온 도전가다. 앤서니 카로는 타고난 배경 덕에 어느 정도는 엘리트 노선이 내정된 인물이었다. 그러나 그는 도전 정신을 바탕 삼아 자신만의 길을 개척해갔다. 자신의 재능과 환경에 자족하고 머물러 있지 않았기에 미술사에 깊이 아로새겨질 세기의 혁신을 이뤄낸 것이다. 그리고 지금도 그는 '의미 있는 반전'을 꾀하고 있다.

철제 조각이 만들어내는 묵직한 존재감

런던 북부의 캠든타운에 꽤 널찍하게 터 잡은 앤서니 카로Anthony Caro의 바포드 조각Barford Scuptures 스튜디오를 방문한 때는 아침이었다. 전혀 뜻한 바는 아니었지만, 마치 '조각의 수호신'이 뒤에서 조종하면서 의도적으로 선사한 행운처럼 느껴졌다. 평소 같으면 잠이 덜 깬 머리를 어떻게든 진한 에스프레소의 기운으로 달래보려고 했을 것이다. 하지만 육중한 금속성 덩어리들이 스튜디오 내의 야외 공간에 여기저기 널브러져 있는 광경은 카페인보다 더 강한 각성 효과를 내어 몸 안 세포들이 절로 깨어나는 듯했다. 제법 완성형에 가까운 작품도 있었고 철판이나 철봉처럼 보이는 조각들도 있었는데, 그 모든 것이 묘하게 어우러져 은근한 생동감을 뿜어내고 있었다. 아침에 느껴지는 특유의 역동성 덕분인지 그 존재감은 더욱더 강렬했다.

그 상태로는 고철 덩어리에 불과할 수도 있는 미완의 작품도 이러할진대, 추상 조각사에 한 획을 그은 초기 대표작 〈얼리 원 모닝Early One Morning〉(1962)이 탄생했을 때, 앤서니 카로가 느꼈을 '아침의 희열'은 얼마나 대단했을까. 당시 앤서니 카로는 자택의 창고를 개조한 작업실에서 밤을 새우며 6미터가 넘는 이 명작에 열중했다. 당시 그는 작품이 공간을 꽉 채우다시피 해 시야에 들어오지 않는 바람에 '상상'을 하며 작업을 마쳤다. 다음 날 아침, 스튜디오 바깥으로 작품을 끌어낸 다음에야 자신이 의도하고 바란 대로 비율과 각도, 질감이 잘 조합되었는지, 그 총체적 실체를 온전히 목도할 수 있었던 것이다.[8]

과감한 시도로 관객과의 거리를 좁히다

〈얼리 원 모닝〉을 위시해 〈24시간24hours〉(1960), 〈미드데이Midday〉(1960), 〈먼스

≫ 〈얼리 윈 모닝〉. ⓒ Barford Sculptures Ltd.

오브 메이Month of May〉(1963) 등 앤서니 카로가 야심 차게 내놓은 열다섯 점의 대형 철골 구조의 조각들은 1963년 런던 화이트채플 갤러리에서 열린 개인전에서 관객과 비평가들에게 큰 반향을 이끌어냈다. 돌이나 흙이 아니라 철판, 아이빔 등 육중한 산업용 철재에 선명한 노랑, 빨강 등 대담한 색채를 덧입히고 용접하여, 공중에 사뿐히 들어올린 듯한 모습이 압권이었다. 단순미가 돋보이는 이 구조물들은 "순수한 건축적 언어를 사용해, 현실의 공간에 그림을 그려놓은 듯한 추상 조각"이라는 평가를 받았다. 고정관념을 시원하게 깨버린 시도는 이뿐만이 아니었다. 조각의 필수 요소처럼 인식된 '좌대plinth'라고 불리는 받침대를 과감히 제거한 것이다. 이로써 작품을 바닥과 직접적으로 맞닿게 하여 관객과의 거리를 없애고 '현존성'을 강조했다는 호평을 받았다.

저명한 미술사학자인 노버트 린턴은 『20세기의 미술The story of Modern Art』에서 이 전시회에서 선보인 앤서니 카로의 작품을 다음과 같이 평했다. "(그의 조각에는) 뭔가를 나타내려 하거나 의미를 부여하려는 흔적이 전혀 보이지 않았다. 공간에 펼쳐진 채색된 형태들이 자연스럽게 만들어내는 '관계' 자체에 내재된, 형상이나 의미를 제외하면 말이다. 모든 조각이, 조각의 모든 부분이 순수한 조각 자체가 되기 위해 존재하는 것 같았다."[9] 앤서니 카로의 작품이 영국 최초의 추상 조각이나 구축적 조각은 아니었지만 그의 조각 언어는 다른 작가들과는 확실히 차별되는 특징과 의미를 담고 있는 것으로 평가됐다.

앤서니 카로를 '3차원 공간에 그리는 선line의 미학'을 구현한 조각가로 칭송하는 영국 큐레이터 메리 리드의 해석은 더 섬세하다. 그는 미술 평론집 『드로잉 인 스페이스Drawing in Space』에서 이렇게 말했다. "카로는 선형적 요소들linear elements을 사용해 조각을 구축했는데, 그러한 조형 행위가 담아낼 수 있는 두 가지 대조적인 특성, 즉 깨질 듯한 연약함과 강함을 모두 활용해 공간을 표현하고 정의했다."

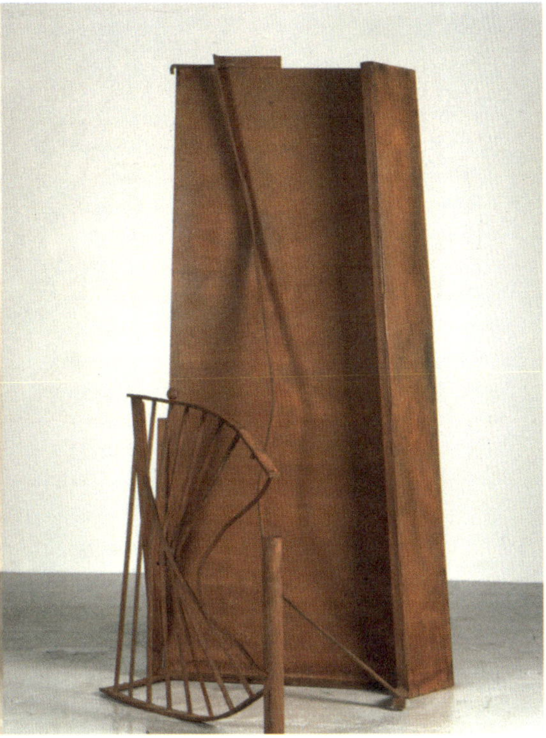

≫ 바르셀로나 시리즈, 〈바르셀로나 로즈 Barcelona Rose〉(1987, 왼쪽 위)
〈바르셀로나 포트레이트 Barcelona Portrait〉(1987, 오른쪽 위)
〈바르셀로나 버터플라이 Barcelona Butterfly〉(1987, 아래)
ⓒ Barford Sculptures Ltd.

울타리를 벗어나 새로운 경험을 채워라

　새로움을 갈구하는 모험적인 성향은 그가 거대한 산처럼 버티고 있던 스승의 틀을 과감히 깨고 나올 수 있었던 주요 동인이었다. 앤서니 카로는 영국이 낳은 모더니즘 조각의 아버지로 꼽히는 헨리 무어Henry Moore의 제자다. 증권 브로커 아버지와 예술적 조예가 깊은 어머니 사이에서 태어나 유복한 가정에서 자란 그는 10대 때부터 조각에 강한 흥미를 느꼈지만 집안의 바람대로 명문 케임브리지 대학에서 엔지니어링을 전공했다. 아들

≫ 젊은 시절의 앤서니 카로. ⓒ Barford Sculptures Ltd.

이 조각가라는 직업을 갖고 과연 밥벌이나 제대로 할 수 있을지를 걱정하는 아버지의 바람 때문이었다.

하지만 조각에 대한 미련을 버리지 못한 그는 아버지의 강경한 반대에도 중도에 행로를 바꿔 예술학교인 왕립미술원에 들어갔다. 당시는 모더니즘의 새 흐름들이 팽배했던 시기였는데, 앤서니 카로는 변화가 반영되지 않은 보수적인 커리큘럼에 답답함을 느끼고 헨리 무어를 찾아가 조수 역할을 자청했다. 그리고 함께 작업하고 대화하기를 즐겼던 스승과 2년을 지내면서 많은 것을 흡수했다.

"무어는 정말 관대하고 친절했어요. 그는 내게 시류를 파악할 수 있는 책들을 마음대로 빌려볼 수 있게 해줬지요." 마치 보물 창고 같은 스승의 서재를 들락날락하며 카로는 마치 한 번도 물이 닿은 적 없던 스펀지처럼 새로운 지식을 흠뻑 빨아들였다. 이 같은 지적인 호기심 덕분에 20세기 미술사에서 압도적인 존재인 파블로 피카소나 피카소의 제자이며 철을 용접해 만든 조각의 선구자 훌리오 곤살레스 등과 인연이 닿았다. 그가 좁은 교정의 울타리는 물론 영국을 넘어서는 바깥세상의 인물과 얘기를 접하게 된 것은 자연스러운 일이었다.

근대 조각사의 거물인 오귀스트 로댕과 콘스탄틴 브란쿠시의 뒤를 이어 세계적인 명성을 쌓은 헨리 무어는 돌 등을 주 재료로 삼아 인체 조각을 추상화해 표현하는 것으로 유명했다. 물론 앤서니 카로도 처음에는 그의 영향을 받았다. 하지만 1959년 단행한 미국행이 그의 창조적 영혼에 온도와 색깔이 전혀 다른 강력한 불을 지폈다.

깊이 있는 교류가 영감이 된다

당시 미국 현대미술은 '액션 페인팅'의 대가 잭슨 폴록으로 대표되는 '추상 표현

≫ 〈24시간〉. ⓒBarford Sculptures Ltd.

주의' 성향이 강하게 흐르고 있었다. 이런 사조에 동조와 반감이 혼재하긴 했지만 '아메리카'는 영국 예술인들에게 확실한 자극의 원천이었다. 미국 추상미술의 대부로 통할 만큼 걸출한 비평가였던 클레멘트 그린버그와의 만남은 앤서니 카로에게 예술적 여정의 중대한 이정표가 되었다. 클레멘트 그린버그는 자신의 작품 세계에 대해 심각하게 고민하던 그에게 "형상을 버려라"라는 조언을 해주었다. 그린버그는 회화와 달리 재료의 구속력이

≫ 잉글랜드 채츠워스 하우스에서 열린 야외조각전에 전시됐던 〈이집션Egyptian〉(1999~2001, 왼쪽 위)와 〈더블 텐트Double Tent〉(1987~1993, 오른쪽 위), 〈굿우드 스텝스Goodwood Steps〉(아래). ⓒ Barford Sculptures Ltd.

강한 조각 분야에서도 추상의 신기원을 열 돌파구를 기다리던 차였다고 한다. "작업 방식을 바꾸려면, 습관을 바꾸어라"라는 그린버그의 충고를 들은 앤서니 카로는 고심 끝에 첫 추상 조각 〈24시간〉을 완성하여 사진을 보냈다. 클레멘트 그린버그는 사진 속에 담긴 고동과 검정으로 채색된 기하학적인 작품을 보고는 기쁨에 전율했다고 한다.[10]

앤서니 카로와 의기투합하며 창조적 영감을 주고받은 '신대륙의 동지들'로 미국 추상 조각의 선구자 데이비드 스미스, 그리고 극도로 단순화된 형태와 미묘한 정감을 지닌 색채로 잘 알려진 소위 '색면파' 화가인 케네스 놀랜드, 줄스 올리츠키도 빼놓을 수 없다. 케네스 놀랜드는 앤서니 카로에게 반해 1960년대 초 그가 미국 버몬트 주의 베닝턴 칼리지에서 일하도록 주선하기도 했는데, 이때 이들은 끈끈한 교류를 통한 창조적 진화와 확장을 거듭했다. 〈24시간〉이 사각 캔버스에 다양한 색상의 동심원을 그려 넣은 케네스 놀랜드의 '서클 시리즈'에서 직접적인 영향을 받은 작품이라는 의견이 제기되기도 했다. 중요한 건 '열린 마음'을 토대로 한 이들의 우애가 서로에게 성장의 자양분이 되었다는 것이다. 실제로 앤서니 카로는 "언제나 조각보다는 그림에 대해 생각을 많이 한다"라고 하기도 했다.

또 다른 저명한 비평가 마이클 프리드가 앤서니 카로 작품의 특징으로 꼽은 '의도적인 가벼움 achieved weightlessness'도 줄스 올리츠키와 나눈 대화 속에서 해답의 실마리를 찾았다고 전해진다. 질감이나 양감 같은 관습적인 요인에서 벗어나고자 고민하던 앤서니 카로가 1965년 여름의 어느 날 조각 작품에 벽(담) 같은 것을 두르려고 하자, 줄스 올리츠키는 "왜 굳이 그런 걸 넣으려고 하느냐, 그냥 내버려두라"며 단호하게 제지했다. 앤서니 카로는 바로 이때 무게에 대한 강박관념에서 벗어나 '비움'과 '벌거벗음'에 다가갈 수 있었다.[11]

≫ 〈시 뮤직〉은 철과 알루미늄, 나무 등을 활용한 거대한 설치물이다(오른쪽).
ⓒ Barford Sculptures Ltd.

공간의 시학은 계속된다

앤서니 카로는 당시 이 같은 깨달음을 통해 "재료의 사실성과 사물의 실재성을 간직하면서도 선^{line}에 최대한 가깝게 도달하는 게 가능할 수도 있을 듯 했다"고 밝혔다. 이 말은 그 후로 그가 추구해온 예술관을 응축한다고 볼 수 있다. 그는 양감이 충만한 추상 조각의 대가로 자리매김한 스승 헨리 무어의 계보를 잇는 대신 미국 모더니즘의 순수 미학을 흡수하되, 자신만의 언어로 독자적 영역을 구축했다. 이런 점에서 앤서니 카로는 어떤 의미로는 '청출어람'이라는 칭찬을 받을 만하다. 게다가 그는 놀라울 정도로 바지런하게 자신의 관심사를 기어이 작품으로 승화시키는 추진력과 열정을 불살라왔다.

예컨대 회화에 대한 관심은 1980년대 들어 마티스 같은 거장들의 명화에서 영감을 받은 작품으로 표현되거나, 벽에 거는 '타블로^{Tableau}' 시리즈로 나타났다. 또 사각형 틀 속에서 종이를 찢거나 오려 붙이는 '종이 조각'의 형태로 소화되기도 했다. 1990년대에는 건축에서 영감을 받아 〈시 뮤직^{Sea Music}〉(1991)이라는 설치물도 내놓았는데 영국 도싯 지방의 해변을 수놓은 율동감이 담겨 있는 작품이다. 또 3미터 높이의 철통과 철망을 조합해 시각적 호소력이 짙은 원형에 산업적인 풍경에서 차용한 듯한 건축미를 살린 〈스타 패시지^{Star Passage}〉(2006~2007) 같은 작품도 있다.

그러나 앤서니 카로는 단지 건축적인 시도를 하지는 않았다. 그는 '조각은 주위에 보이지 않는 장막을 지니고 있으며 커질 때 문제가 생긴다'는 신념을 지녔다. 그답게 조각이 지닌 건축적 함의를 스스로 탐구하는 개척자적인 행보를 보였다. 건축가로서 "안도 다다오를 좋아한다"고 밝힌 앤서니 카로는 "건축은 안에서 나오는 것이고, 조각은 바깥에서 나온다"라는 선문답 같은 말을 내뱉었다. 아마도 '조각은 바라보는 것^{to be looked at}이지 그 안에 들어가 손으로 만질 필요는 없다'는 그의 철학적 함의를 담은 발언일 것이라는 직관적인 추측을 해볼 도리밖에 없었다.

≫ 그의 작업장은 완성형이 아닌데도 존재감이 느껴지는 철 조각들로 가득하다. Photo by Minji Kim

앤서니 카로 조각 인생의 도약판이 된 화이트채플 전시가 열린 지 무려 50년 가까운 시간이 흘렀다. 1987년 기사 작위를 받아 '경^{Sir}'으로 불리는 그는 2013년을 맞이해 한국 나이로 아흔 살 생일을 축하하게 됐다. 그는 자신의 스튜디오 응접실에서 향긋한 홍차를 담은 찻잔을 앞에 놓고 앉아 원래 엔지니어 공부를 했던 자신에게는 "조각을 시작한 것, 새로운 재료를 쓰는 것, 완전히 다른 시각으로 사고하는 것, 그 모든 것이 도전이었다"고 술회한다. 앤서니 카로의 태도에서 '길고도 굵은' 자신의 인생에서 겪은 크고 작은 전환점들을 진지하고 도전적으로 받아들이면서 쌓은 다부진 내공이 엿보였다. 그리고 신기하게도, 온화한 표정의 노안에서도 여전히 도전적인 면모를 몇 줌 정도는 보태는 것처럼, 사뭇 인상적인 안광이 이따금 내비쳤다. 부단히 새로운 시도를 거듭하는, 가공할 만한 예술적 호기심과 정열의 광채가 자연스레 묻어나는 듯했다.

담대한 실험 정신과 참신한 조각 언어를 향한 열정은 재료를 대하는 그의 태도에서도 단적으로 드러난다. 대중은 '앤서니 카로'라고 하면 흔히 강철 소재의 리드미컬한 작품을 연상하지만 그는 실제로 은, 주석, 나무, 종이 등 다양한 재료를 다면적으로 실험해온 굉장히 폭넓은 조각 스펙트럼의 소유자다. 마침 그의 스튜디오에는 강력한 투명 아크릴 수지인 퍼스펙스^{perspex}를 재료로 활용한 미공개 작품이 더러 눈에 띄었는데, 유리 같은 투명한 느낌과 금속성 질감의 조화가 꽤나 흥미로웠다.

큐레이터 메리 리드가 스스로도 '우문'임을 알면서 던진 질문에 답하면서는 재료에 대한 생각을 더 극명하게 드러낸다. '선호하는 선이 있느냐'는 질문에 앤서니 카로는 다음과 같이 대답했다. "내게 그런 게 있다면 피할 것이다. 나는 내가 모르는 것을 시도하고 싶지, 반복하길 원하지 않기 때문이다."[12]

≫ 스튜디오 응접실에 걸린 화가 부인의 작품. Photo by SY Ko

≫ 앤서니 카로의 작품 모형들. Photo by Minji Kim

쿠바를 꿈꾸는 거장의 기대와 팬들의 설렘

미술 평론가가 아닌 이상 음악과 율동, 시 같은 상상들이 가슴으로 느껴지는 그의 작품을 반드시 심오한 철학적 의미로 이해하고 풀어낼 필요는 없다. '시각적 순수성', '표현적 제스처', '양식의 일루전' 등 앤서니 카로의 예술적 탐험을 표현하는 온갖 키워드가 있지만 사실 관객들에게는 크게 의미 없는 문구일 수 있다. 지난해 잉글랜드에 있는 바로크풍 건물 채츠워스 하우스Chatsworth House에서 앤서니 카로의 야외 조각전이 열렸을 때의 일이다. 거기에 사는 데본셔의 12대 공작인 페레그린 캐번디시가 한 말에서 관객의 감상 태도를 짐작할 수 있다. "좌대 없이, 마치 풀밭에서 솟아난 것 같은 조각 작품들은 정말이지 멋집니다. 장당 20파운드의 티켓 값을 지불하고 볼 의향이 있는 사람들, 전 세계에서 그런 관람객이 모여들 것을 기대하고는 있긴 하지만 솔직히 나 혼자 오롯이 감상하는 것도 즐겁습니다. 적어도 하루에 한 번씩!"13 이런 것이 바로 진정성이 담긴 순수한 감상법일지도 모르겠다.

여행을 몹시 사랑한다는 이 위대한 노장은 아직 쿠바에 가보지 못했다며 또다시 낯선 곳을 향하는 여정을 꿈꾸고 있었다. 그는 1970년대와 1980년대에 캐나다, 스페인 등 타국에서 장기 체류한 적이 있는데, 이를 통해 '에마 레이크 시리즈'와 '바르셀로나 시리즈'를 내놓은 바 있다. 이러한 예에 비춰, 미지의 장소를 동경하는 설렘을 담아 그가 언젠가 기념비적인 '쿠바 시리즈'를 내놓기를 기다리는 것은 지나친 욕심일까.

'쿠바 시리즈'에 대한 기대를 담은 나의 마지막 문장은 정말로 '욕심'이 되고 말았다. 개인전을 여는 등 왕성하게 활동했던 앤서니 카로는 2013년 10월 23일 심장마비로 별세했다. 갑작스러웠던 그의 타계에 깊은 애도를 보내며, 부단히 선구자적인 창조 혼을 불태웠던 고인의 삶에 진심으로 경의를 표한다.

≫Photo from Dyson

James Dyson

근거 있는 노력은
결코 배신하지 않는다
제임스 다이슨

집념의 한계는 어디까지일까? 먼지 봉투 없는 진공청소기로 세계를 제패한 산업 디자이너 제임스 다이슨을 보면 이런 의문이 든다. 그가 이 제품을 개발하기까지 걸린 기간은 5년. 총 5,127개의 시제품을 만든 끝에 성공했다. 꼬박 5년 동안 하루도 빼놓지 않고 매일 평균 세 개꼴로 시제품을 만들었다는 얘기다. 발명에 성공하고도 자신의 디자인을 제품화하기는 쉽지 않았다. 가전제품 업체마다 문을 두드리며 제품화를 의뢰했지만 대답은 모두 '거절'이었다. 어쩔 수 없이 직접 회사를 설립했다. 그렇게 탄생한 먼지 봉투 없는 진공청소기는 연간 1조 원대의 기업 매출을 내며 다이슨의 밑바탕이 됐다. 빚더미에서 개인 순자산 2조 원의 억만장자로 올라선 집념의 사나이, 제임스 다이슨의 스토리는 그래서 디자인 업계와 산업계의 신화가 됐다.

대영제국의 자존심을 세워주는 현대판 영웅

가정용 진공청소기 하나로 세계를 제패한 혁신적인 발명가이자 산업 디자이너, 그리고 사업가인 제임스 다이슨^{James Dyson}. 영국에서 그의 존재는 신화 속 영웅에 비견될 정도로 상징성을 지닌다. 그가 오랫동안 빚더미에 파묻혀 지내다가 진공청소기 사업의 성공으로 엄청난 부를 일궈낸 드라마의 주인공이기 때문만은 아니다. 1,000개를 훌쩍 뛰어넘는 특허를 보유하고 있고, 영국 여왕으로부터 기사^{knight} 작위를 받았기 때문만도 아니다. 바로 영국이 낳은 19세기 최고의 공학자, 이점바드 브루넬 같은 위대한 발명가 정신이 바탕이 된 대영제국의 영광을 상기시키는 동시에, 미래의 희망을 밝히는 존재이기 때문이다.

순박하고 어수룩한 발명가와 그의 영리하고도 충직한 애견이 함께 펼치는 재기발랄한 모험을 다룬 영국의 클레이 애니메이션 〈월리스와 그로밋〉 시리즈. 그중 '거대 토끼의 저주' 편을 보면 강력한 진공청소기가 등장한다. 주인공 월리스는 연모하는 여인의 집 뜰에서 채소를 마구 먹어치우는 말썽꾸러기 토끼들을 진공청소기로 빨아들인다. 거센 회오리바람처럼 물체를 공중에 붕 띄우며 흡입해버리는 진공청소기를 이용한 '토끼 소탕 작전'을 펼친 것이다.

영국의 문화 토양에 익숙한 이라면 이 장면에서 뭔가를 감지한 듯 이유 있는 웃음을 터뜨린다. 가뜩이나 〈킹콩〉, 〈늑대인간〉 등을 연상시키는 익살스러운 장면이 많은 이 영화에서 청소기 안에 갇혀 진공 상태에서 둥실둥실 떠다니는 토끼들의 모습은 또 하나의 애교 섞인 패러디이기 때문이다. 토끼와 청소기는 대체 어떤 패러디의 조합일까? 골칫거리였던 토끼들을 '먼지'처럼 가뿐히 '처치'해버린 위풍당당한 진공청소기는 영국의 국민 브랜드로 자리잡은 '다이슨^{Dyson}' 제품을 떠올리게 한다. 월리스와 그로밋 콤비가 진공청소기로 해결사 노릇을 해냈듯이 제임스 다이슨은 납작해진 영국 제조업의 자존심을

≫제임스 다이슨(위), 기존 제품보다 두 배 빠르고
위생적으로 손을 말려준다는 다이슨 에어블레이드(아래).
Photo from Dyson

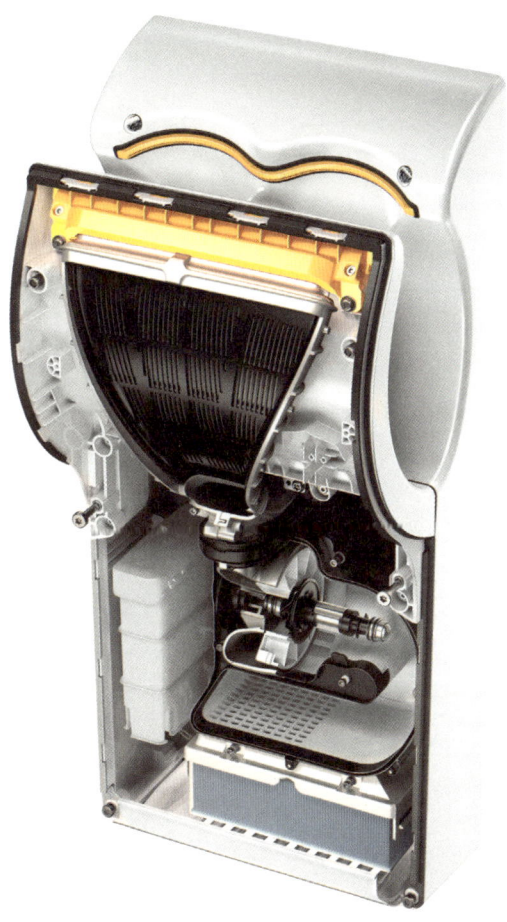

근거 있는 노력은
결코 배신하지 않는다

조금이나마 되살린 '현대판 영웅'이라 할 수 있다. 영국의 특허 기술과 디자인, 그리고 브랜드의 특성이 고스란히 스며 있는 그의 명품 청소기는 산업혁명 종주국의 찬란했던 위상을 되돌아보게 하는 몇 안 되는 가전제품이다.

어쩔 수 없이 살지는 않겠다

런던의 사우스켄싱턴 사무실에서 만난 제임스 다이슨은 온갖 역경을 이겨낸 뚝심의 사나이라고는 믿기지 않을 만큼 부드럽고 온화한 미소의 소유자였다. 연구실에서 기계와 씨름할 때와는 달리 아주 말끔한 정장 차림이었지만 시선을 떨구니 '깜찍한' 빨간색 양말을 신고 있는 반전이 도사리고 있었다. 그가 단순한 엔지니어가 아니라 왕립예술학교의 디자인학도이기도 했다는 사실이 떠오른다. "사실 전 시골에서 자랐기 때문에 런던으로 유학을 떠나기 전까지만 해도 디자인이니 엔지니어링이니 하는 건 잘 몰랐답니다. 라틴어와 그리스어, 고전문학, 역사 등에 중점을 둔 교육을 받아야 했거든요. 돌이켜보면 종이비행기를 접

≫다이슨사의 상징이 된 진공청소기. 알레르기 케어에 특화된 DC29.
Photo from Dyson

고 나무로 집 짓는 놀이를 좋아하긴 했습니다." 다이슨은 자신을 전형적인 '촌놈'이라고 소개한다.

잉글랜드 동부의 노퍽Norfolk이란 지방에서 고전문학을 가르치는 학교 선생님을 아버지로 둔 소년 다이슨은 정작 고전을 꽤나 싫어했고, 수업 시간에 졸기 일쑤였다. 그의 아버지는 아마추어 배우 겸 감독이기도 했는데, 영국의 공영방송국인 BBC에서 일할 기회를 낚아채기 일보 직전에 암으로 사망했다. 제임스 다이슨이 아홉 살 때였다. 그는 자신의 자서전에서 평생 그토록 소망했던 꿈의 실현을 눈앞에 두고 세상을 떠난 아버지를 지켜보며 그는 '나는 절대로 내가 열망하지 않는 일에 어쩔 수 없이 말려들어 살지는 않겠다'는 결심을 굳혔다고 밝히기도 했다.

열정의 방향이 중요하다

다행히도 그는 비교적 어린 나이에 자신이 나아갈 방향을 제대로 찾았다. 회화와 공작에 재능을 보였던 그는 진로를 찾아 방황한 끝에 결국 1년 과정의 예술학교를 거쳐 왕립예술학교에 진학했다. 그는 10대 후반, 런던으로 유학을 떠나고서야 진심으로 열정을 쏟을 분야를 발견하고, 당시 왕립예술학교의 선발 기준 덕에 학업을 진행할 수 있었다. 지금 왕립예술학교는 2년제 대학원이지만 당시에는 실험적으로 4년 과정으로 학사 학위가 없는 학생들을 뽑았고, 그가 그중 한 명이 되었던 것이다.

왕립예술학교에서 공부했던 시절, 그는 자유로운 학제와, 관습에 대한 저항이 미덕이었던 풍조 덕분에 지식의 폭과 시야를 마음껏 넓힐 수 있었다. 미술은 물론 가구 디자인, 인테리어, 엔지니어링 등 전공을 여러 번 바꿔가며 호기심을 채워나갔다. 그리고 이러한 과정에서 그의 꿈은 '브루넬처럼 살기'로 가닥이 잡혔다. 이점바드 브루넬은 세계 최초의 철제 증기선을 건조하고, 스물일곱 살이라는 젊은 나이에 런던과 브리스틀을 연결하는 '그레이트 웨스턴 철도' 건설을 맡는 등 획기적인 업적을 많이 남겼다. '영국 역사상 가장 위대한 인물'을 선정하는 BBC의 설문 조사에서 윈스턴 처칠에 이어 2위에 오른 적도 있다. 제임스 다이슨에게 브루넬은 하나의 변화가 또 다른 변화를 낳는다는 걸 몸소 증명한 발명가이자 엔지니어로 끊임없는 실험을 통해 혁신을 이뤄낸 사람이다. 다방면에 걸쳐 어릴 때나 지금이나 여전히 제임스 다이슨의 롤 모델인 것이다.

아이디어는 '될 때까지' 구현한다

강한 끈기를 보여주었다는 점에서 제임스 다이슨은 분명 이점바드 브루넬과 닮았다. 5,126전 5,127기. 5년여에 걸쳐 5,127개의 시제품을 제작한 끝에야 먼지 봉투 없는 진공청소기를 만들어낸 의지의 사나이가 바로 제임스 다이슨 아니던가.

흥미로운 점은 시련에 좀처럼 굴복하지 않는 그의 강인한 성격을 한층 더 북돋워준 요소가 '질주 본능'이었다는 사실이다. 바로 장거리 달리기다. '지금도 달리기를 매우 즐긴다'는 제임스 다이슨은 10대 때 아침 6시에 일어나 몇 시간 동안 들판을 달렸을 뿐만 아니라 늦은 밤에도 곧잘 뜀박질을 하며 시간을 보냈다. 땀을 흠뻑 흘리며 뛰는 가운데 느껴지는 외로움과 고통 속에서 피어나는 '성취감'을 맛보았고, '끈기와 집념'을 체득할 수 있었다.

그래서인지 제임스 다이슨은 일단 아이디어가 떠오르면 그것이 구현될 때까지 멈추는 법이 없다. 그는 대학을 졸업하기 전 자신과 비슷한 실험가적 근성이 있는 사업가 제러미 프라이를 만났다. 제임스 다이슨은 그와 함께 바닥이 평평하고 속도가 빠른 상륙용 주정군대의 병력이나 장비를 실어 나르는 배인 '시 트럭Sea Truck'을 설계했다. 제임스 다이슨은

» Photo by Hae Young Kim

≫ 제임스 다이슨은 바람을 주제로 한 이세이 미야케 패션쇼의 연출을 맡기도 했다.
Photo from Dyson

이 작업에 몰두하여 왕립예술학교 졸업 작품으로 이 군사용 보트를 통째로 제출하기도 했다. 1970년, 제임스 다이슨은 졸업과 함께 제러미 프라이가 이끄는 로톡Rotok이라는 엔지니어링 업체에서 정식으로 일하게 되었다. "제러미를 만난 건 정말 축복이었죠. 그는 경험이 전무한 제게 개발 작업의 전권을 맡겼어요. 그리고 한 가지 방법으로 일이 안 풀리면 다른 방법을 시도하면서 '될 때까지' 끈기 있게 도전하도록 격려했습니다. 이 보트는 지금도 사용되고 있어요. 이러한 부단한 실험 정신으로 점철된 기업 문화를 다이슨에서 장려하고 있지요."14

≫ DC 시리즈. 위부터 순서대로 DC30, DC32, DC35.
Photo from Dyson

일상의 불편을 그냥 넘기지 마라

로톡에서 4년을 보낸 뒤 세일즈맨의 삶에 다소 염증을 느낀 제임스 다이슨은 런던을 떠나 수려한 경치를 자랑하는 코츠월즈라는 지역에 둥지를 틀었다. 그리고 한 사업가와 손잡고 회사를 차려 바퀴 대신 큰 공이 달려 작동이 편하고 안정감 있는 정원용 수레를 개발했다. 학창 시절 사귄 여자 친구와 일찌감치 결혼한 제임스 다이슨은 당시 아이까지 둔 가장이었다. 손수레 사업은 꽤 성공적이어서 그에게 크진 않지만 부를 선사했다. 하지만 이 사업에서 얻은 '알짜배기' 자산은 따로 있었다. 현재 다이슨 청소기의 핵심 기술인 '듀얼 사이클론' 아이디어였다.

집에서 청소를 하다 보면 먼지 봉투 때문에 툭하면 막히는 청소기에 불만을 가지고 있던 그는 손수레 공장에서 스프레이 뿌리는 기계를 지켜보다가 이 기술의 힌트를 얻었다. 우리가 흔히 볼 수 있는 현대식 가정용 진공청소기가 1901년 영국에서 처음 발명되고 100년이 훌쩍 넘었다. 이 기나긴 세월 동안 먼지 봉투는 먼지를 걸러내는 용도로, 변함없이 청소기의 일부분처럼 취급되었던 품목이었다. 하지만 먼지가 다닥다닥 붙은 봉투는 불결하게 느껴지고 일쑤였고, 먼지

≫DC26 진공청소기. Photo from Dyson

가 봉투의 구멍을 막아버리기 때문에 청소기의 흡입력도 떨어졌다. 이를 혐오한 제임스 다이슨은 원심력으로 먼지와 공기를 분리하면 지저분한 먼지 봉투와 필터 없이도 미세먼지까지 걸러낼 수 있다는 생각에 무릎을 쳤다. 1979년의 일이었다. 5년간의 길고 험난한 다이슨 청소기 개발 여정은 이렇게 시작됐다.

이처럼 힘든 세월을 견디며 자신만의 방식으로 창의적인 해결책을 찾도록 채찍질한 원동력의 밑바탕에는 기본적으로 스스로에 대한 강한 믿음과 몰입이 자리 잡고 있었다. 동시에 편견 어린 시선에 대한 반발도 동기가 되어주었다. "더 나은 기능을 가진 청소기가 존재할 수 있다면, 이미 후버Hoover에서 만들지 않았을까?"라는 주위의 회의적인 반응에 그는 "왜 다르게 생각하지 못하지?"라고 좌절하고 분노했다. 만약에 실제로 그와 비슷한 청소기가 이미 나와 있었다면, 그는 어떻게 행동했을까?

"그렇다면 당연히 다른 걸 만들었겠지요. 저는 사람들에게 진정으로 도움이 되는 걸 발명하고 싶으니까요. 제가 디자인한 독창적인 제품을 유용하게 쓰는 사람들을 보면 행복합니다."

사실 제임스 다이슨은 기업가가 되려 했던 것은 아니다. 엄청난 야심을 품고 있지도 않았고, 큰 사업체를 꾸려나갈 생각은 더더욱 없었다. '혁신적인 기술을 적용한 쓸모 있는 물건을 만드는 디자이너.' 그가 지향하는 목표는 바로 이것이었다. 이런 까닭에 마침내 먼지 봉투 없는 청소기를 개발했을 때, 그는 사업 계획을 짜지 않았다. 대신, 당시 청소기의 대명사였던 후버를 비롯해 다양한 기업을 열심히 찾아 다니며 자신의 '발명품'을 팔려고 나섰다.

그의 기술을 믿고 선뜻 투자하려는 업체는 거의 없었다. 일부러 냉담한 반응을 보이는 곳도 있었다. 제임스 다이슨이 추산하기로는 당시 먼지 봉투의 시장 규모는 5억 달러가량 되었다. 청소기의 소모품인 먼지 봉투 시장 규모가 꽤 컸던 탓에 기존 청소기 업체들 중에는 제임스 다이슨의 기술이 혁신적이라는 사실을 알면서도 제품화하기를 꺼리는 곳도 꽤 많았다. 게다가 미국의 암웨이는 사이클론 청소기와 유사한 제품을 들고 나와 법정 공방까지 벌였다. 청소기 시제품 제작에 전 재산을 쏟아부은 데다 천문학적 규모의 소송 비용까지 감당하게 되는 바람에 빚을 잔뜩 지게 된 제임스 다이슨은 파산의 기로에 섰다.

절벽 끝에 서 있던 그가 마침내 구원투수를 만난 것은 1985년이다. 전 세계를 돌아다닌 끝에 일본의 한 제조업자를 만나 라이선스 계약을 맺고 'G포스'라는 이름으로 청소기를 판매하기 시작했다. "개인적으로는 동양 문화에 익숙하지 않아 힘들기도 했지만 일본 시장 진출은 기술적으로 완성도를 높일 수 있는 좋은 기회였습니다. 게다가 다이슨 청소기가 1대에 1,200파운드^{한화 약 240만 원}의 가격에 팔리는 걸 보면서 크게 용기를 얻었습니다. 이를 발판으로 영국을 비롯한 유럽과 미국에서도 성공을 거둔 것이죠." 그는 청소기도 기술공학과 디자인이 뒷받침되면 충분히 명품으로 대접 받을 수 있다는 것을 깨달았다.

이 같은 자신감을 등에 업고 제임스 다이슨은 1993년 자신의 이름을 딴 비상장기업을 설립하고 먼지 봉투 없는 가정용 진공청소기 'DC01'을 영국 시장에 내놓았다. 이 청소기는 소비자들의 시선을 사로잡았고, 18개월 만에 진공청소기 시장의 왕좌에 올랐다. 최근 수년간 제임스 다이슨의 영국 시장 점유율은 30~40퍼센트에 육박한다. 미국에는 후버라는 절대강자가 버티고 있었다. 하지만 다이슨 제품은 〈프렌즈〉 같은 시트콤에까지 등장하면서 엄청난 인기몰이를 했고, 2년 만에 후버를 무릎 꿇리고 직립형 진공청소기 시장의 1인자로 등극했다. 대만에서는 진입 6개월 만에 1위를 거머쥐는 기염을 토하기도 했다. 제임스 다이슨은 이러한 여세를 몰아 2008년 총판을 새로 선정하고 한국 시장에 대한 공략도 강화해오고 있다.

≫ 다이슨의 R&D 센터. 제임스 다이슨은 자신의 모국이 창조대국이라는 명성을 이어갈 수 있도록 인재육성에 힘쓰고 있다. Photo from Dyson

깨어 있는 열정을 북돋다

다이슨사는 본사 직원의 3분의 1가량이 엔지니어다. 그리고 영업 이익의 절반이 넘는 거액을 연구개발R&D에 할당한다. 런던에서 기차로 한 시간가량 떨어진 맘스베리의 다이슨 본사에 있는 근사한 R&D센터가 중추적인 역할을 한다. 이러한 투자에 힘입어 사이클론 기술도 발전을 거듭해왔다. 사이클론을 두 개가 아니라 열두 개로 세분화하여 흡입력을 45퍼센트 이상 높인 '루트 사이클론'을 개발했고, 'DC22' 모델은 항알레르기 효과와 박테리아 박멸 기능을 기존 제품군에 비해 네 배나 강화했다. 이어 'A4용지 위의 청소기'로 통할 만큼 초소형으로 디자인된 'DC26 알러지'도 개발했다. 바퀴를 없애고 볼을 장착해 무게중심을 낮게 잡고 방향 전환을 보다 용이하게 한 '볼 진공청소기' 모델인 DC36, DC37을 내놓는 등 지속적으로 혁신의 요소를 가미한 신제품을 선보이고 있다. 제임스 다이슨은 새로운 도전이 더 좋다는 이유로 2010년 전문경영인에게 경영을 넘기고 지금은 대주주인 동시에 엔지니어로만 일한다. 그는 매일 아침 작업복을 입고 후배들과 함께 혁신의 호흡을 흩트리지 않기 위해 현장에서 뛰고 있다.

이처럼 현장의 기운을 사랑하고 부단한 실험 정신을 추구하는 그의 철학은 다이슨에서 신입사원들이 출근 첫날 거치게 된다는 '통과의례'에서도 나타난다. 청소기를 직접 분해하고 조립해보는 '스트립 앤드 빌드strip and build' 과정이 그것이다. 자신이 손수 조립한 청소기는 집에 가져갈 수 있다.[15] 기술에 대한 열망과 도전 의식을 갖도록 기운을 북돋워주려는 의도에서다.

근거 있는 노력은 결코 배신하지 않는 법이다. 다이슨은 영국에서 롤스로이스에 이어 가장 많은 특허를 보유한 기업이 됐다. 특허가 1,250개를 넘는다. 다이슨의 R&D센터에는 영양을 보충하며 세상에 나오기를 기다리는 '시험관 아기'들이 또 얼마나 될지 모른다.

영국은 제조업과 엔지니어링을 발판 삼아 위세를 떨쳤던 산업혁명의 종주국이라는 자부심을 갖고 있다. 하지만 제임스 다이슨은 산업혁명의 바탕이 된 이 장대한 유산이 이제는 '역사의 뒤안길'로 사라질지도 모른다는 작금의 현실을 개탄한다. "영국의 엔지니어링 전공 학생 수나 특허 수를 보면 정말로 한심하지요. 학교에서 과학과 엔지니어링을 가르치는 방식에도 크게 문제가 있어 보입니다. 실험보다는 시험 결과에 초점이 맞춰져 있거든요." 그는 이러한 현실의 맹점을 조금이라도 바로잡고자 2002년 '제임스 다이슨 재단 James Dyson Foundation'이라는 이름으로 자선재단을 설립해 진취적인 아이디어를 지닌 젊은 디자이너들에게 상을 수여하고 있다. 또한 모교인 왕립예술학교에도 500만 파운드를 기부하는 등 활발하게 인재육성 활동을 벌이고 있다.

"영국의 창조성은 여전히 살아 있어요. 제임스 다이슨 상을 받는 학생들을 보면 알 수 있습니다. 이 상의 목적은 차세대 엔지니어들이 기존의 틀을 깨고 다르게 생각하고, 문제점을 해결하거나 보완한 제품을 디자인하도록 지원하는 데 있습니다. 한국에서도 이러한 활동을 하게 되는 날을 고대합니다."

≫내부가 훤히 들여다보이는 DC02.
Photo from Dyson

달리고 있어야 길이 보인다

물론 다이슨 브랜드의 인기는 단지 기술력에만 힘입은 것은 아니다. 인체 기관을 연상시키는 시원하고 깔끔한 디자인의 힘도 컸다. 1997년 선보인 다이슨의 'DC02'는 가전제품 업계 최초로 반투명 플라스틱을 사용해 청소기 내부의 먼지까지 잘 보이는 제품으로 큰 화제가 되기도 했다. 그 유명한 애플사의 투명 PC 아이맥이 나오기 전이었다. 사카이 나오키의 『디자인의 꼼수』라는 책에 따르면 다이슨의 반투명 청소기가 실제로 아이맥에 영향을 줬다고 한다. "디자이너들은 서로 영감을 주고받게 마련이죠. 아이맥의 디자이너 조너선 아이브와 제가 한때 서로 개발한 제품을 교환했던 건 사실입니다. 그런데 오히려 아이맥의 영향을 받은 것이 아니냐는 질문을 받고선 황당했죠(웃음)."

여기서 주목할 만한 점이 있다. 다이슨의 조직 내에는 '스타일'만 담당하는 디자이너가 따로 없다는 사실이다. 팀원들이 모여 기능을 최우선으로 고려하여 디자인과 엔지니어링 작업을 함께 하는 것이 원칙이다. 엔지니어가 곧 디자이너인 셈이다. '내게 디자인은 어떻게 보이느냐가 아니라 어떻게 작동하는가의 문제다. 진짜 중요한 건 내용이다'라는 제임스 다이슨의 디자인 철학이 이를 명징하게 보여준다. 여기서 드러나는 바는 두 가지다. 다이슨이 다루는 품목이 장식품이 아니라 가전제품이니만큼 가장 중요한 것은 기술이라는 신념이 그 첫째다. 더불어 디자인에 대한 접근 방식 자체에서 엔지니어링과 디자인을 접목시키는 전체론적 시각을 담고 있기도 하다. 실제로 DC02의 반투명 먼지 상자에 영향을 준 요인도 외양을 돋보이게 하려는 심미적인 기준이 아니었다. 그보다는 극히 단순한 엔지니어적 발상에서 비롯된 측면이 크다. 먼지가 분리되고 제거되는 과정을 직접 보여주고 싶었다는 이유다. 유통 업체와 시장조사의 반응은 굉장히 부정적이었다. '대체 누가 더러운 먼지를 육안으로 확인하고 싶어하겠느냐'는 논리였다.

하지만 그는 걸러진 먼지를 보여주고 싶은 마음이 몹시도 강렬했던 나머지 조사 결과를 무시하고 '반투명'으로 밀어붙였다. DC02의 성공으로 결국 그는 소비자들에게 보여주기 전까지는 누구도 결과를 모른다는 교훈을 얻었다. 자신감일까, 직관일까? 아니면 단순한 열정일까? "한 번도 자신감이나 확신에 가득 찬 채 움직인 적은 없습니다. 소비자들은 혁신을 원하지만 그게 뭔지 미리 물어볼 수 없잖아요. 그들도 자신이 원하는 걸 정확히는 알지 못하니까요. 어떤 때는 성공하고, 어떤 때는 실패합니다. 그리고 이번에 성공했다고 해서 다음번에도 성공하라는 법은 없지요. 하지만 시도해보지도 않는 것보단 낫지 않습니까? 적어도 달리고 있어야 길이 보이니까요."

≫Photo by Hae Young Kim

:
칼
럼

먼지 봉투 없는 진공청소기, 날개 없는 선풍기

근본적인 원칙은 '내 방식대로 밀고 나간다'는 것이다. 다른 사람들이 어떻게 했는지는 전혀 중요하지 않다. 혹시 내 방식이 최고의 해결책이 되지 않을지도 모른다고 걱정하지 마라. 제대로 기능하고, 그게 충분히 흥미롭다면 결국은 지지를 받게 될 것이다.
__ 제임스 다이슨 자서전 『어게인스트 더 오즈 Against The Odds』 중에서

20세기를 의미 있게 수놓은 디자이너와 예술가를 수없이 배출한 학교가 있다. 바로 제임스 다이슨의 모교 왕립예술학교다.

 자연사박물관을 비롯해 사이언스 뮤지엄, 빅토리아 앤드 앨버트 뮤지엄 등 박물관들이 밀집해 있으며 런던의 명소인 로열 앨버트 홀, 켄싱턴 공원을 끼고 있는 사우스켄싱턴에 둥지를 틀고 있는 최고의 예술대학원이다. 세계 각국의 학생들 중 상당수는 이 명문에 들어가기 위해, '제2의 다이슨'을 꿈꾸며 런던 땅을 밟는다.

절대로 다이슨의 전철을 밟지 마라

그런데 내가 만난 한 왕립예술학교 졸업생은 조금 다른 이야기를 했다. "제임스 다이슨은 정말 많은 학생들의 우상이죠. 그분이 5,000번도 넘는 실패를 거듭하면서 먼지 봉투 없는 진공청소기를 발명했잖아요. 그런데 어떤 수업에서는 이런 말을 들었던 기억이 나요. '절대로 제임스 다이슨처럼 하지 마라. 그러다간 망한다'고요." 우스갯소리이긴 하지만 시제품 하나를 만들기 위해 5년간 공을 들였던 제임스 다이슨의 집념은 그만큼 보기 드문 것이고, 그러한 열정이 성공의 보증수표도 아니라는 현실

을 통절히 자각하게 하는 대목이다. 세속적인 잣대로 가늠하는 '성공'이라는 대업에는 운도 실력도 따라야 하는 법이니까.

하지만 비전을 추구하려는 이에게 젊은 시절의 실패는 평생에 걸쳐 효험을 지니는 자양강장제와도 같은 것이다. 제임스 다이슨은 '산 경험'을 바탕으로 이 같은 메시지를 설파할 수 있었다고 한다. "실패는 발견이나 깨달음으로 한 걸음 더 가까이 다가가는 행보이기에 성공만큼이나 값어치가 있습니다. 난 가끔 학교에서 실수를 한 횟수를 기록해 아이들한테 상을 줘야 한다는 생각까지 합니다."

실수를 포용하고 리스크를 권장하는 조직 문화

실제로 다이슨에서는 실수나 실패를 달갑게 여기는 기업 문화를 지향한다. 새로 입사한 엔지니어들이 조속히 의사결정을 내리고 무조건 도전에 뛰어들 수 있도록 적극 장려한다. 그래서 입사 첫날부터 가장 치열하고 격렬한 싸움이 벌어지는 곳에 신참을 밀어붙인다. 과거의 실패로 인한 상처도, 성공의 도취로 인한 자만심도 없는 상태이기 때문이다. 위험을 감수하고 모험에 나서려는 성향을 상실한 경험이 전무한 '젊은 피'는 성패의 양면을 모르기에 여전히 순수한 열정과 실험 정신으로 무장되어 있다는 것이다.

≫Photo by SY Ko

≫ 날개 없는 선풍기. Photo from Dyson

　그래서 혁신을 위한 '진통의 시간'은 얼마가 걸리든지 그다지 개의치 않는다. 일례로 기존 진공청소기 모델에 비해 흡입력이나 멸균 능력 등 전반적인 기능이 떨어지지 않으면서도 몸체는 훨씬 더 작은 'DC22'를 개발하는 데 3년이란 기간이 소요됐다. 인터뷰 당시 공들인 '비밀병기'가 있다며 은근한 기대를 품게 했던 날개 없는 선풍기 '에어 멀티플라이어'는 개발에 4년이 걸렸다. 2009년 시사주간지 「타임Time」이 선정한 '올해의 발명품' 중 하나인 이 제품은 '선풍기에는 날개가 있다'는 고정관념을 깨고 '가운데를 비운 동그라미'에서 바람을 솔솔 내보내는 히트 상품이다. 먼지 봉투 없는 청소기의 선풍기 버전인 셈이다. 한국에서는 정용진 신세계 부회장이 트위터에서 소개해 유명세를 타기도 했다.

재스퍼 모리슨 평범함 속에 빛나는 아름다움
로스 러브그로브 과학을 담은 디자인, 디자인티스트
어맨다 레베트 섬세함과 담대함이 공존하는 풍경
팀 브라운 디자인 컨설팅 업체 IDEO의 CEO
케빈 로버츠 러브마크의 비밀을 말하다
마크 샌더스 영국의 발명 정체성을 이어가는 혁신가

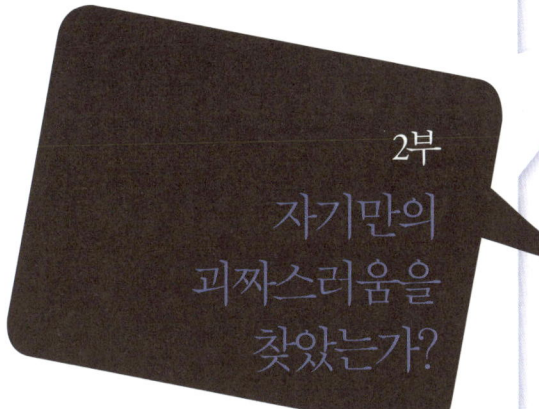

2부
자기만의 괴짜스러움을 찾았는가?

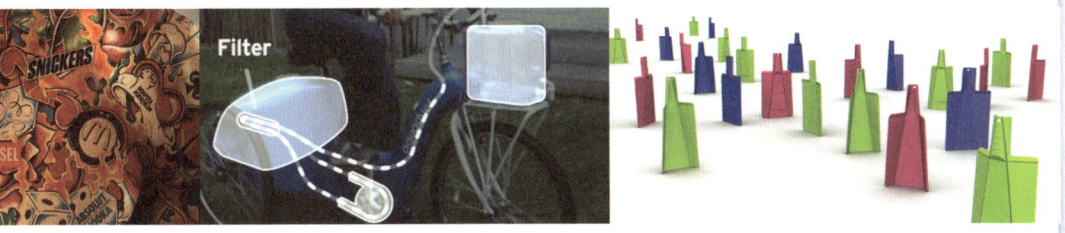

많은 이들이 새로운 일을 시도하기에 앞서 정작 자신이 좋아하는 것이 무엇인지, 진심으로 푹 빠질 수 있는 일이 어떤 것일지 몰라 선택의 기로에서 방황한다.
남다른 발상과 기행으로 유명세를 떨친 케빈 로버츠, 발명가의 기질을 지닌 디자이너 마크 샌더스. 이들의 이야기를 듣다 보면, 내 안의 숨은 괴짜가 궁금해질 것이다.

≫Photo by Momoko Japan Photo from Morrison Studio

Jasper morrison

추 종 자 를
만 들 어 라
재스퍼 모리슨

평상심에서 우러나온 정제된 감성. 그리고 그런 감성을 디자인에 투영시키는 '슈퍼 노멀'. 미니멀리스트라고 외치는 사람들은 꽤 많다. 하지만 재스퍼 모리슨처럼 이를 '슈퍼 노멀'의 차원에서 진득하게 고민하고 운신의 폭을 차분히 넓혀가는 이는 흔치 않다. 의자를 비롯한 가구로 스타덤에 오른 그의 디자인 세계는 첨단 디지털 기기부터. 가전제품은 물론 주방 소품에 이르기까지 무척이나 다채롭다. 삼성전자와 작업한 덕분에 한국이 꽤 친숙하다는 재스퍼 모리슨은 영국인 특유의 자조적 유머가 가미된 칼칼한 언변의 소유자다. 인터뷰에서조차 정곡을 찌르며 거리낌이 없는. 대화에 활기와 윤기를 주는 그의 직설 화법은 군더더기 없는 '모리슨표' 디자인 세계와 닮았다.

절제의 디자인 미학, 미니멀리즘의 대표 주자

재스퍼 모리슨Jasper Morrison은 어떨 땐 '참 수수하다' 싶을 정도로 극도로 절제된 미니멀리즘을 추구하는 디자이너다. 의자든 그릇이든 냉장고든 그의 디자인에선 기교 섞인 장식이나 무늬를 거의 찾아볼 수 없다. 이처럼 군더더기 없는 그의 디자인을 놓고 '심심하다', '평범하다'며 비판하는 이들도 있다. 하지만 분명한 것은 회의론자보다는 '재스퍼 모리슨표' 디자인에 오랜 연정을 품어온 추종자들이 압도적으로 많다는 사실이다. 그의 팬들이 주장하듯, 언뜻 보기에는 소박하지만 매일 마주해도 질리지 않는 순도 높은 정겨움과 우아한 단순미를 표출해내기란 결코 녹록하지 않다. 그가 즐겨 쓰는 표현대로라면 바로 '슈퍼 노멀Super Normal'에 근접하는 수준일 터다.

'평범 속의 비범'을 뜻하는 슈퍼 노멀은 모리슨이 자신의 절친한 친구이자 미니멀리스트로 명성이 높은 일본의 산업 디자이너 후카사와 나오토와 함께 설파하는 개념이다. 의도적인 외형상의 화려함을 배제하고 형태와 기능, 감성의 삼박자를 균형 있게 갖춰 일상에서 은은한 빛을 발하는 디자인을 지향한다. 여기에 뜻을 모은 이들은 2006년 도쿄와 런던에서 〈슈퍼 노멀〉전을 공동 개최했고 동일한 제목으로 책을 쓰기도 했다. "동시대의 다른 디자이너들에게 영향을 준 건 기쁘지만 사실 '슈퍼 노멀'은 이미 존재해왔고 앞으로도 항상 그럴 거예요. 사실 우리는 이름을 붙였을 뿐이지요." 일부러 겸손을 떨기 위해 슬쩍 한마디를 얹어 꾸미는 태도는 전혀 묻어나지 않았다.

범죄의 온상이었다가 도시개발 프로젝트의 수혜지가 되면서 런던의 새로운 문화 중심지로 떠오른 북동부 해크니Hackney. 알록달록한 염색 머리에 펑키룩의 젊은이들이 길거리에서 흔히 눈에 띄고 실험적인 느낌의 이색적인 갤러리와 카페가 밀집해 있는 지역이다. 여기에 위치한 재스퍼 모리슨의 스튜디오는 바깥 풍경과는 극명한 대조를 이룬다. 순백의 느낌으로 펼쳐진 이 공간은 주인의 디자인을 닮아서인지 정갈하고 세련된 분

≫ 자신의 작품 '코르크 체어'와 함께한 재스퍼 모리슨. Photo by Vitra/Nicole Bachmann Photo from Jasper Morrison Ltd.

위기가 진하게 묻어난다. 그야말로 슈퍼 노멀의 강력한 지지자답다. 그가 디자인한 작품들을 볼 때 스튜디오의 고아한 품격은 충분히 예상 가능한 일이었으나, 이 공간을 소유한 인물은 의외의 즐거움을 선사했다. 조용하고 느린 말투지만 매서울 정도로 직설적인 화법을 구사하는 재스퍼 모리슨은 상대방을 당황시킬 정도로 좋고 싫음이 분명했다. 영국인 특유의 자조적 유머가 가미된 그의 명쾌한 언변은 적당한 긴장감과 동시에 유쾌한 웃음을 함께 자아내는 효과를 빚어냈다.

자신의 흥미를 따라가라

그는 언제부터 단순함에 매료됐을까? 미니멀리즘과 실용주의에 입각한 그의 디자인 성향은 초기 작품에서부터 한 번도 엇나가지 않고 줄곧 일관성을 띠어왔다. "복잡하면 쓸모없어지는 게 많지 않나요?" 그는 장난기 어린 미소와 함께 이렇게 반문했다. "사실 디자인에 대해선 어린 시절 실용적인 단순미가 돋보이는 스칸디나비안 스타일로 꾸민 할아버지의 거실을 보기 전까지는 별로 생각해본 적도 없었어요. 채광 효과를 고려해 설계된 그 거실에는 하얀 카펫 위에 현대적인 느낌의 나무 소재 가구가 놓여 있었는데, 빛이 들어오면 정말 아름다웠죠. 당시 영국에선 그런 인테리어가 흔치 않았거든요."

그렇다고 해서 디자이너를 직업으로 꿈꾸지는 않았다. 게다가 특별히 재능이 있다고 여긴 적도 없었다. 어릴 때 조각과 그래픽디자인을 즐기기는 했지만 솔직히 학교에서 예술 분야에 소질을 드러낸 기억은 '전혀' 갖고 있지 않다. 그런 그가 돌연 디자이너가 되겠다고 결심한 중대한 계기는 두 가지였다. 하나는 디자인 공부를 하는 사촌의 작품을 보고 흥미를 느낀 것, 그리고 또 하나는 10대 중반 런던 사우스켄싱턴에 있는 빅토리아 앤드 앨버트 뮤지엄에서 열린 아일린 그레이 Eileen Gray 의 전시회. 아일랜드 출신의 여성 건

≫ Photo by Kento Mori
Photo from Morrison studio

축가이자 디자이너인 그녀의 전시회를 보고 반했기 때문이다.

그는 한 언론 인터뷰에서 아일린 그레이의 작품을 보고 '자신이 이해할 수 있고 소통할 수 있는 언어를 발견했다'는 표현을 쓰기도 했다. 그리하여 그는 킹스턴의 폴리테크닉 디자인스쿨과 왕립예술학교에서 본격적으로 디자인을 공부하고 학사와 석사학위를 받았다. 하지만 주위의 반응은 그다지 호의적이지 않았다. 심지어는 그의 외가 쪽 인척(정확히 말하자면 재스퍼 모리슨의 이모가 영국 리빙 업계의 '큰손'인 테렌스 콘란의 전처였다)이었던 테렌스 콘란조차도 고개를 가로저었다고 한다.

"테렌스 이모부가 '우리 집안에 또 다른 디자이너는 바라지 않는다'라고 말했던 기억이 나네요. 부모님도 결국에는 제 결정을 존중해주셨지만 가구를 스케치하는 일을 하면서 생활을 유지할 기반을 마련할 수 있을지 우려해 처음엔 별로 내켜 하지 않으셨죠."

폭넓게 관찰하라

다행히 그에게는 풍부한 문화적인 경험을 바탕으로 한 감성적 자산이 있었다. '런던 토박이'지만 어릴 적부터 해외 경험을 풍부하게 한 편이라 일찍 시야가 트였던 것이다. "아마 네 살 때인가, 아버지의 전근으로 온 가족이 함께 뉴욕으로 떠났는데, 당시 우리는 배를 타고 갔어요. 거의 5일 정도 걸렸던 것 같습니다. 꽤 근사한 방식으로 뉴욕이라는 도시에 첫인사를 한 거죠. 뉴욕에서는 허드슨 강가에 있는 석조 주택에서 몇 년간 살았어요." 그는 이처럼 어린 시절에 이동이 잦고 바쁜 아버지 때문에 학교를 자주 옮겨 다녔는데, 그 덕분에 아주 다양한 국적과 문화적 배경의 사람들을 만나는 행운을 누렸다. 이상하게도 그에게 세상은 광활하기보다는 오히려 작고 친근하게 느껴졌다.

게다가 재스퍼 모리슨은 왕립예술학교 대학원 시절 베를린에서 장학금을 받고 수학하며 다문화적 시야를 보다 넓힐 수 있는 기회를 잡았다. '홀로서기'에 대한 생각이 분명했던 그는 졸업한 뒤 1986년 망설이지 않고 런던에 있는 자신의 집에 스튜디오를 차렸다. 이탈리아 가구업계의 구루 중 한 명인 줄리오 카펠리니 $^{Giulio\ Cappellini}$는 재스퍼 모리슨의 재능을 일찍이 알아차리고 일을 의뢰한 인물이다. 팔걸이의 굽이치는 곡선이 인상적인 '싱킹맨의 체어$^{Thinking\ Man's\ Chair}$'(1986)가 바로 평생 벗이 된 그들의 인연이 가져다준 첫 결과물이었다. 재스퍼 모리슨은 또 스위스가 자랑하는 디자인 브랜드 비트라^{Vitra}의 롤프 펠바움 회장에게서 눈도장을 받고 '플라이 체어$^{Ply-Chair}$'(1989)를 내놓았다. 이 의자는 그에게 가구 디자이너로서의 명성을 안겨주기도 했다. 제품명이 시사하듯 'Ply'는 성형합판인 플라이우드를 말함 합판으로 만들어져 간결미가 돋보이는 의자로 당시 '과잉'이 난무했던 1980년대 디자인 흐름에 반하는 재스퍼 모리슨의 미학이 담긴 작품이다. 그는 이듬해 독일의 제품 디자이너로 독일의 세계적인 예술 행사인 카셀 도큐멘타 전시회에서 로이터 뉴스센터를 디자인하는 작업으로 인정받으며 본격적으로 이름을 알리기 시작했다. 그리고 독일의

≫ 카펠리니와 인연을 맺게 해준 '싱킹맨의 체어'.
Produced by Cappellini Photo by James Moritimer

≫ 하노버 트램(1997). Produced by Üstra Photo by Miro Zagnoli/Üstra

문손잡이 제조사인 FSB를 비롯, 하노버의 새로운 도시 교통 시스템인 위스트라(Üstra)에 참여해 버스정류장 설계 컨설팅(1994)을 맡은 데 이어 하노버의 트램 디자인 프로젝트(1995) 계약까지 체결하는 등, 독일과 끈끈한 인연을 이어나가며 특유의 단아하고 실용적인 디자인으로 큰 명성을 얻게 됐다. 그리고 1990년대 중반 이후부터는 마지스(Magis), 플로스(Flos), 알레시(Alessi) 등 이탈리아의 자존심을 상징하는 명품 가구·리빙 업체들과도 왕성한 활동을 벌이게 됐다. 그러나 '잘 나간다'고 해서 방황을 피해가지는 못했다. 자존심과 고집에서는 누구에게든 쉽사리 뒤지지 않는 성격 때문이었을까? 그는 실제로 일부 이탈리아 업체들과 일하기 시작했던 초기에 디자이너라는 직업에 대해 심각한 의구심을 품은 적도 있었다. 자신이 하는 일이 어떤 가치가 있을지 커다란 회의를 느꼈던 것이다. 이 시기에 디자이너로서 하는 작업을 온전히 즐기지 못한 것은 당연했다.

    우연히도 이 슬럼프를 극복하는 계기를 만들어준 '은인' 역시 이탈리아인이었다. 왕립예술학교의 명예교수를 지내기도 했던 이탈리아 디자인 업계의 거목 비코 마지스트레티(Vico Magistretti)였다. 어느 날 함께 비행기에 오르는 계단 위에서 마지스트레티는 마치 제스퍼 모리슨이 겪는 마음의 방황을 꿰뚫어보기라도 한 듯이 이렇게 말했다고 한다. "자네, 아나? 우리가 얼마나 행운아들인지. 이처럼 즐거운 일을 할 수 있는 디자이너라는 직업을 가지고 있다니 말일세. 정말이지 즐거움을 주는 일이지." 마음속에 소중하게 담아둔 인연이 마지스트레티와 같은 명장이었다니 그는 운 하나는 타고난 듯하다. 툭 던진 말 같았지만 날카로운 여운을 남기는 한마디였던 것이다.

습관처럼 디자인하라

그의 디자인 세계는 휴대 전화 같은 첨단 디지털 기기부터 공공 디자인, 와인 잔

≫ 이탈리아의 세계적인 조명 브랜드 플로스와 함께 작업한 조명들. 스미스필드(Smithfield)(위), 글로볼(Globall)(아래). 리빙 브랜드 더플레이스(www.theplace.kr)에서 마지스, 알레시, 플로스 등을 만나볼 수 있다(오른쪽).
Photo from Morrison Studio

이나 후추통 같은 자그마한 주방 소품에 이르기까지 폭넓다. 그래도 '재스퍼 모리슨'이라고 하면 역시 의자를 빼놓고 말할 수는 없을 것 같다. 의자는 30년 넘게 지속된 그의 디자인 행보 속에 가장 뚜렷한 자취를 남긴 품목이다. 1980년대에는 '플라이 체어', 1990년대에는 '에어 체어Air Chair'와 '로패드 체어Low-pad Chair', 2000년대에 들어서는 '폴딩 에어 체어Folding Air-Chair'와 '코르크 패밀리Cork Family'……. 영국의 디자인 뮤지엄에서 선정한 '세기의 의자들' 목록을 보면 1980년대부터 최근까지 재스퍼 모리슨의 작품이 무려 다섯 차례나 등장한다. 그만큼 의자 디자인에서 탄탄한 아성을 구축한 것이다. 특히 '에어 체어'는 공기를 주입하는 방식으로 의자의 금형 틀에 플라스틱을 밀착시키고 속은 비워서 만들었다. 화려한 외양의 제품들이 범람하는 가운데 언뜻 평범해 보이지만 '공기처럼 가벼운' 기능주의 미학이 돋보이는 장점이 부각되어 그에게 확실한 경쟁우위를 안겨준 의자다.

그가 2004년 스위스의 가구 브랜드 비트라와 손잡고 내놓은 의자 시리즈 '코르크 패밀리'에는 재미난 탄생 일화가 있다. 어느 날 모리슨은 와인 제조업자들이 전통적으로 사용한 코르크 마개 대신 플라스틱이나 금속 마개를 쓰고 있다는 신문 기사를 읽었다. 이에 안타까운 마음을 금치 못한 그는 코르크를 의자의 소재로 삼기로 한 것이다. 그는 그 때까지 소재의 기능성과 질감의 우수성을 살리기 위해 플라스틱의 한 종류인 폴리프로필렌을 재료로 사용해왔다. 그랬기에 밖에서 보기에 더욱 흥미롭게 느껴지는 선택이었다. 소재에 대해서 그가 한마디 덧붙였다. "사실 플라스틱으로 의자를 만들 때 나무보다 에너지가 적게 듭니다. 핵심은 어떤 소재를 택하든 수명이 길어야 한다는 점이지요. 솔직히 어떤 재료가 환경을 위해 최적인지 선뜻 결정을 내리기는 쉽지 않아요. 허나, 30년 뒤에도 쓸 수 있는 의자를 만드는 건 아주 중요하죠."

도대체 의자 디자인의 매력이 무엇이기에 그리도 많은 디자이너들이 끊임없이 도전장을 내미는 것일까?

≫ 플라스틱 가구로 유명한 이탈리아 가구 브랜드 마지스와 손잡고 탄생시킨 에어 체어(1999).
Produced by Magis Photo by Walter Gumiero

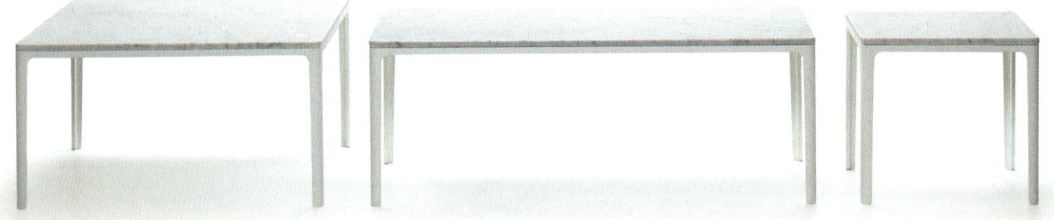

≫비트라 플레이트 커피 테이블 Plate coffee table(위).
  Photo by Andreas Sütterlin Photo from Morrison studio

≫비트라 네스 테이블 Nes table(아래).
  Produced by Vitra Photo by Marc Eggimann

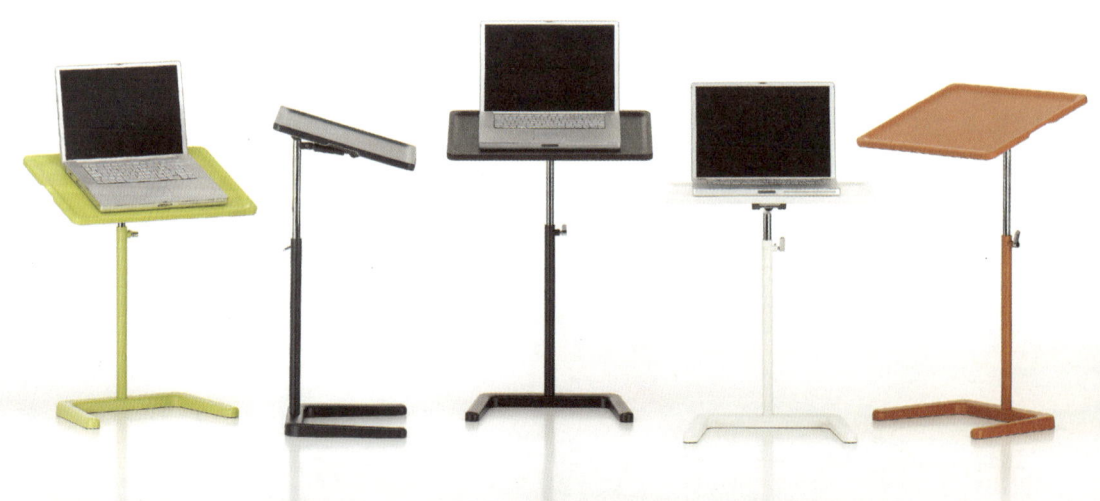

≫비트라 코르크 패밀리(위).
Photo by André Huber
≫비트라 할HAL 의자(아래).
Photo by Marc Eggimann

일본의 디자인 학자이자 의자 수집가인 오다 노리쓰구 교수는 이런 말을 했다. "인간이 가장 많은 시간을 함께하는 가구가 바로 의자입니다. 몸을 지탱해줄 뿐만 아니라 사회적 지위를 나타내기도 하지요." 아마도 비슷한 맥락의 카리스마를 느낀 것일까? 의자에 대한 재스퍼 모리슨의 '의지와 정열'은 결코 사라지지 않는다.

"내게 의자를 디자인하는 건 습관 같은 일입니다. 일간지에 나오는 십자말풀이를 매일 하는 것과 비슷해요. 산업 디자이너로서 훌륭한 의자 디자인을 선보이고 싶은 마음이야 당연하겠지만 난 그 일상적인 작업을 진심으로 즐깁니다. 물론 의자만 디자인해야 한다면 정말 지겹겠지만요."

그가 다른 디자이너의 작품 중에서 개인적으로 흠모하는 의자 중 하나는 덴마크 출신 한스 베그네르의 1950년대 작품 'CH-24'. 알파벳 'Y'를 연상케 하는 등받이의 모양 때문에 일명 'Y 체어'라고 불린다. 간결함과 우아함이 흐르는 한스 베그네르의 의자가 재스퍼 모리슨의 경외를 받는다는 사실은 전혀 놀랍지 않다.

디자인의 힘은 결함까지도 용서하게 만든다

재스퍼 모리슨의 작품 가운데 현재는 판매되고 있지 않지만 한때 열성 팬을 양산했던 가전제품이 하나 있다. 2003년 세상에 첫 선을 보인 독일 로벤타Rowenta 브랜드의 전기 주전자다. 그의 트레이드 마크인 '세련된 담백함'이 특징이었는데, 흰색과 은회색의 조화와 깔끔한 디자인으로 많은 사랑을 받았다. 문제는 이 주전자가 제조상의 결점 때문인지 자주 고장을 일으켰다는 점이다.

≫ 삼성전자 재스퍼 모리슨폰(2007). Photo by Nicola Tree

≫ 로벤타의 전기 주전자(위)와 알레시의 Op-La 트레이 테이블(1998)(아래).
Produced by Rowenta Photo by Christoph Kicherer(위),
Produced by Alessi Photo by Stefan Kirchner(아래).

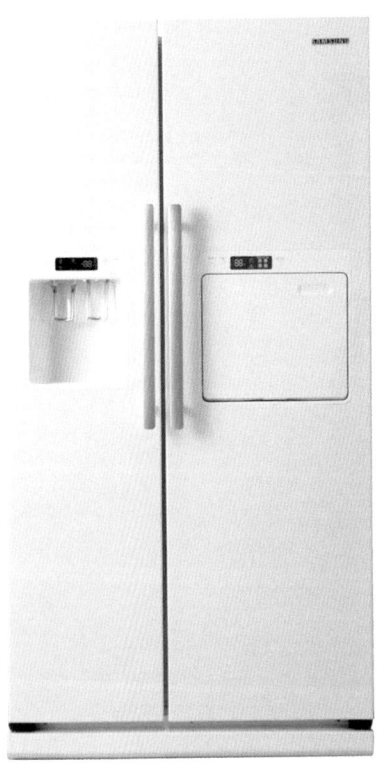

≫ 재스퍼 모리슨이 디자인한 삼성 냉장고(2006).
Photo from Morrison studio

그런 탓에 이제는 시중에서 볼 수 없는 제품이 되었다. "누가 잘못했든 제조업체도, 우리 스튜디오도 불평을 많이 받았던 게 사실입니다. 그런데 답답하게도 문제가 잘 해결되지 않았지요." 다소 껄끄러운 질문이었을 텐데도 그는 놀랄 정도로 솔직한 답을 내놓으면서 씁쓸한 표정을 지었다.

사실 잦은 고장으로 말썽을 일으키는 제품이야 널리고 널렸다. 하지만 그럼에도 여전히 인기가 끊이지 않을 정도로 존재감이 강한 제품은 그리 흔치 않다. 재스퍼 모리슨이 디자인한 주전자는 고장이 나도 돈을 내고 다시 구매하거나 애정을 갖고 꾸준히 문의하는 소비자들이 많았다. 그는 "그것도 맞다"며 아쉬운 표정으로 다시 쓴웃음을 지었다. 당사자만큼은 아니겠지만 제품 생산이 중단된 뒤에 애석해하는 이들이 꽤 많았다는 것은 적어도 디자인만큼은, 그가 의도한 디자인 개념 자체는 뿌리치기 힘든 오라를 발산했다는 얘기다.

그 매력에 사로잡힌 이들 중에는 삼성그룹의 이건희 회장도 있었다. 이건희 회장은 2005년 밀라노 출장을 갔다가 우연히 이 주전자를 보고는 한눈에 반해버렸다고 전해진다. 이를 계기로 삼성전자와 함께 일하게 된 재스퍼 모리슨은 장식적 요소를 과감히 생략하는 그의 색깔을 고스란히 드러내는 양문형 냉장고와 휴대 전화를 선보였다. 유럽의 프리미엄 시장을 공략하고자 만든 재스퍼 모리슨표 냉장고는 사각을 드러내는 다부진

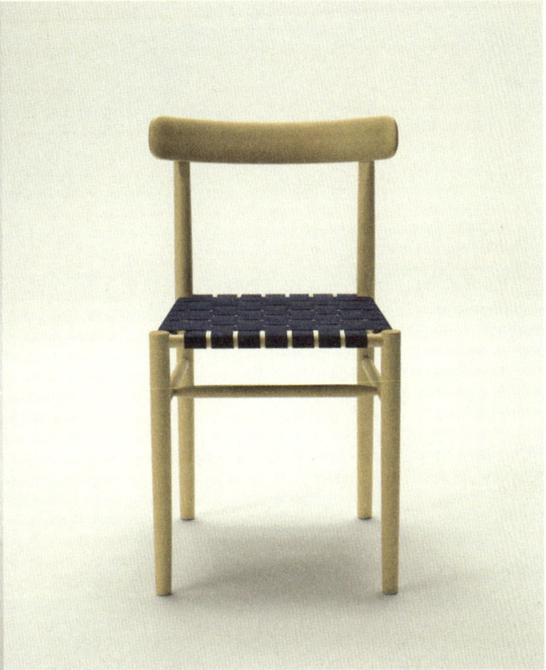

≫ 마루니Maruni 자작나무 의자(위)와 탈리아텔레Tagliatelle 의자(아래). Produced by Maruni Photo by Yoneo Kawabe/Maruni Photo from Jasper Morrison Ltd.(위) Produced by Alias Photo from Alias(아래).

각과 우아한 선, 깨끗하고 세련된 표면 처리가 돋보이는 흰색의 절제된 앙상블이 출중하다. 이 디자인은 일본 최고 권위의 디자인 공모전 '굿 디자인 어워드 2007'에서 금상을 받았다. 이 같은 인연 덕분에 그에게 한국은 낯선 나라가 아니다. 그는 삼계탕을 꼭 집어 언급하며 역동적인 서울에 대해 좋은 추억을 회상했으며 지금도 무척 그리워하고 있었다.

군더더기를 빼고 기본을 생각하라

재스퍼 모리슨은 지금은 고인이 된 마지스트레티의 '촌철살인' 같은 조언을 떠올리고는 디자인 작업을 언제나 진지하게 대면서도 그 과정을 '진심으로 즐기자'는 초심을 잃지 않으려 애쓴다. 그러나 이 같은 노력으로 점철된 '수양의 세월'을 거쳐왔음에도 자신의 디자인에 자신감을 갖게 된 지는 불과 수년에 지나지 않는다. 뭔가 다른 개성을 지닌, 남다르게 창의성이 뛰어난 아이디어를 찾아야 한다는 강박관념이나 불안을 떨쳐버리지 못했기 때문이다. 아마도 비교적 젊을 때부터 주목을 받고 성공을 이룬 이들이 어느 시점에 이르면 흔히 그러듯이 재스퍼 모리슨도 작품에 대한 압박감의 굴레에서 속 시원히 벗어나기는 힘들었던 게 아니었을까.

"이제는 눈을 크게 뜨고 주위를 바라보면 자연스럽게 영감이 떠오를 것이라는 믿음을 갖게 되어 한결 편해졌어요." '슈퍼 노멀의 철학'에 대한 생각이 점차 정리되고 굳어지면서 왠지 자신에게서도 자유로워진 분위기를 풍긴다.

그렇다고 해서 그의 일상적인 행동 양식이 크게 달라지는 않았다. 여행을 다니면서 세상의 다채로운 사물을 눈에 담고 사람들을 관찰하는 것은 원래부터 재스퍼 모리슨의 취미이자 특기였다.

"별것 아닌 듯한 사물과 거기에 관련된 문제점을 아주 골똘히 생각해보는 겁니다. 진부한 말 같지만 모든 사물은 영감을 줍니다. 좋은 것도, 나쁜 것도 나름대로 다 쓸모가 있죠. 예컨대, 좋은 의자가 있고 나쁜 의자가 있다고 칩시다. 일상에서 늘 접하는 의자가 도대체 왜, 어떤 면에서 나쁜지에 대해 진지하게 고민해보면, 때때로 아주 중요한 디자인의 단서가 나온다는 겁니다."

날이면 날마다 쏟아지는 제품의 홍수 속에서 승부하려면 '일단 튀어야'만 경쟁에서 치고 나갈 승산이 높아지는 것이 엄연한 현실이다. 이런 현실과 자신의 지향점에서 비롯되는 차이에 대해 그는 아쉬움을 섞어 말한다.

"요즘은 학교에서조차 학생들에게 미디어의 관심을 끄는 법을 가르치는 것 같아요. 하루빨리 인정받고 무대에 뛰어들기를 원하는 예비 디자이너들 입장에선 선택의 여지가 없다는 점을 알고 있기는 하지만요." 그는 어느 정도 이해는 하면서도 솔직히 흐뭇한 광경이 아니기에 안타깝다고 개탄해 마지않았다. "디자인의 기본은 내구성, 유용성 같은 속성임을 잊지 말아야 합니다. '혁신'이니 뭐니 떠들어대면서 그 도구로 디자인을 이용해 과도하게 실험적인 모양새를 만드는 게 무슨 의미가 있습니까?"

재스퍼 모리슨은 유명세를 위한 쓸데없는 과욕과 허식을 버리고 기본에 충실할 때 진정 훌륭한 디자인을 창조할 수 있다는 신념을 거듭 강조한다. 그는 디자이너의 이름을 공개하지 않는 일본의 생활용품 브랜드 무인양품無印良品, Muji을 이상적인 예로 꼽는다. 그래서 자신의 스타 브랜드가 전혀 부각되지 않는 무인양품의 디자인 작업에 신나고 기쁘게 임하고 있다고 했다. 이유는 간단명료하다. '이름값'을 둘러싼 모든 게임은 뒤로 접고 군더더기를 없앤 실용적인 작품을 만들 수 있으니까.

≫ 스위스 브랜드 라도Rado와 작업한 손목시계 r5.5
플래티넘 크로노그래프Platinum Chronograph(2010).
Photo from Morrison Studio

≫이스태블리시드 앤드 선스 조명과 수납장(2006).
Produced by Established & Sons Photo by Peter Guenzel

:
컬
럼

무인양품의 잘 알려지지 않은 뒷이야기

복잡하면 쓸모없어지는 게 많다. 왜 쓸 데도 없는 걸 디자인하는가. 그런데 세상에는 디자인을 마케팅 게임으로 풀 수 있다고 생각하는, 그래서 쓰이기 위한 게 아니라 보이기 위한 디자인을 하는 회사들이 있다. __「스타일 조선」과의 인터뷰 중에서

재스퍼 모리슨의 디자인 정체성을 함축하는 '슈퍼 노멀'은 의도적으로 꾸미지 않았기에 평범해 보인다. 그래서 처음에는 '심심하다' 싶으면서도 어딘가 끌리는 그런 매력을 말한다.

그의 책 『슈퍼 노멀』에서는 다음과 같이 정의됐다. "육감적으로 왠지 오래전부터 알고 있었던 듯한 매력을 느끼고, 이상하게도 친숙한 끌림이 있다. 우리를 마구 흔들어 제정신이 번쩍 들게 만드는 성질을 지닌 것들."

브랜드를 버린 브랜드

좋은 디자인에 대한 고민과 나름대로의 해답을 치열히 모색한 흔적이 보이는 이 책에서는 슈퍼 노멀의 철학이 담긴 일상의 오브제들이 소개되는데, 이 중 '무색무취'에 가까운 것이 오히려 매력인 무인양품 제품이 꽤 많이 등장한다. 무인양품은 '일본인의 삶을 24시간 디자인한다'는 수식 문구가 따라붙을 만큼 일상에 밀접한 라이프 스타일 브랜드다. '무인無印'이란 브랜드명 자체가 의미하듯 '노 브랜드 no-brand' 전략을 중심축으로 삼았는데, 디자이너 태그나 로고를 떼버리고 과도한 디자인을 배제하

며 가격의 거품을 뺀 '좋은 품질의 제품良品'을 만든다는 기업 철학을 고수한다. '브랜드 없는 브랜드'인 셈이다. 간소하고 군더더기 없는 무인양품의 디자인은 확실히 슈퍼 노멀의 가치와 일맥상통한다. 일본 대중에게는 '습관의 브랜드'로 자리 잡았다는 평을 받은 무인양품의 디자인 철학은 다른 곳에서도 통했다. 런던을 기점으로 유럽 시장에 '무지Muji'라는 이름으로 진출해 탄탄한 고객층을 창출하는 데 성공한 것이다. 한국에도 무인양품 팬들이 있고 이들은 브랜드에 대한 충성도가 꽤 높다. 일본에 비하면 다른 지역에서는 결코 가격이 저렴하다고 할 수만은 없는데도 말이다.

정체성 위기, 기본으로 돌아가라

하지만 일본 세이유 그룹의 브랜드로 1980년 설립된 이 회사에 정체성 위기가 없었던 건 아니다.

≫2006년 런던과 도쿄에서 열린 〈슈퍼 노멀〉전. Photo from Morrison Studio

1990년대에 무럭무럭 성장하다가 1998년 도쿄증시에 상장까지 하게 된 무인양품은 자동차, 인터넷, 신용카드 사업에까지 진출하며 사세를 확장한다. 그러면서 '안티 브랜드' 전략을 활용한 '문어발식 확장'이라는 비난을 사기도 했다. 물론 닛산과 제휴하여 제작된 무인양품의 차에는 로고가 장착되어 있지 않았지만 말이다. 게다가 무인양품 최초의 디자인 디렉터였던 일본 그래픽디자인계의 거물 다나카 이코가 2002년 세상을 떠나면서 무인양품의 전략적 축은 그 본질을 잃었다. 아무리 유명한 스타 디자이너라 하더라도 '익명성'을 고수했던 원칙도 흐려졌다. 많은 소비자들이 또 하나의 패션 브랜드처럼 인식하기에 이르자 구매층은 얇아졌다. 위기의식을 느낀 무인양품의 경영진은 결단을 내렸다. '기본으로 돌아가자!'

무인양품 재건의 핵심에는 다나카 이코가 믿고 바통을 넘겨준 그래픽디자인 구루인 하라 켄야가 있었다. 하라 켄야의 창조적 혜안 아래, 이 브랜드는 다각도의 재활 노력을 기울였다. 모던하면서 일본 전통의 단순미가 느껴지는 디자인의 질을 더 끌어올리면서도 '노 브랜드 제품' 전략을 확실히 밀고 나갔다. 동시에 전 세계에서 조달하는 친환경적인 재활용 소재들로 진취적인 미래 가치를 추구하는 브랜드로 자리매김했다. 특히 무인양품은 소비자를 공동 디자이너로 끌어들이는 프로그램을

≫ 무인양품 시계(2008). Photo by Nicola Tree

성공적으로 활성화하기도 했는데, 단순한 브랜드가 아니라 하나의 문화이자 삶의 방식으로 승화시키고 있다는 평가까지 얻고 있다. 무지넷이라는 온라인 공간을 통해 회원들로부터 수만에서 수십만 가지의 아이디어들을 수렴하고 그들로 하여금 평가하도록 했다. 또한 평범한 사람들이 일상에서 이떻게 물건을 사용하면서 살아가는지를 면밀히 관찰하는 무지랩도 설립했다. '평범함이 지닌 특별함'을 실천하는 무인양품에 재스퍼 모리슨과 같은 슈퍼 디자이너들이 어찌 기껍게 손을 내밀지 않을 수 있었겠는가.

≫Photo from Lovegrove Studio

Ross Lovegrove

장르를 넘나드는 사고가 필요하다
로스 러브그로브

2005년 「타임」과 CNN이 선정하는 기술 혁신상인 '월드 테크놀로지 어워드'를 수상한 로스 러브그로브는 몹시 독특한 사고와 감각, 행동방식을 지닌 산업 디자이너다. 생수병, 여행용 트렁크 같은 품목에서부터 태양열 가로등, 콘셉트 카와 같은 영역을 자유롭게 넘나들면서 하이테크와 자연의 유기적인 조화를 끝없이 모색한다. 론 아라드, 카림 라시드 등 동시대 거물들과 함께 첨단 기술과 재료를 사용한 대량생산 방식이긴 하지만, 관습에서 탈피해 비정형적이고 유기적인 형태를 추구한 '블로브젝트Blobject' 운동을 주도하기도 했다. 스타 디자이너이자 자연과 교감하는 친환경주의자인 로스 러브그로브. 그는 스스로 '생물학자로 봐달라', '난 잘 늙지도 않는다' 등 대책 없는 발언을 던지는 몹시도 튀는 기상천외한 캐릭터지만 일에 대해서는 진지하고 꼼꼼하며 적극적이다. '과학을 담은 디자인', 또는 '디자인을 담은 과학' 같은 주제를 미끼처럼 풀어놓으면 어김없이 달려들 것 같은 인물이다.

진화생물학자를 지향하는 4차원의 크리에이터

"소수의 현대 디자이너들만이 가장 진보적인 기술을 흡수해 손쉽게 다룰 수 있는 능력을 갖추고 있다. 그 기술이 프로젝트에 완전히 동화돼 눈에 띄지 않을 정도로 말이다. 로스 러브그로브Ross Lovegrove는 그런 능력을 갖춘 거장이다."

파올라 안토넬리Paola Antonelli[16]는 영국이 낳은 세계적인 산업 디자이너 로스 러브그로브에 대해 이렇게 평했다. 로스 러브그로브는 디자인에 과학을 기반으로 한 첨단 소재와 기술을 마치 마법사처럼 능숙하게 버무린다. 동시에 우주와 자연을 모티브로 한 곡선미와 아름다운 색채를 적용한다. 파올라 안토넬리의 평은 지나치게 인위적이거나 과도한 느낌을 주지 않는 독특한 디자인 세계에 대한 찬사다.

'사랑love'이란 단어가 포함된 특이한 성을 가진 로스 러브그로브. 그는 자신의 이름만큼이나 디자인 성향과 사고, 외모 등 모든 면에서 '튄다'는 수식어가 과하지 않다는 평가를 받는다. 50대 초반부터 이미 얼굴을 뒤덮는 새하얀 머리카락과 수염을 지녀 흡사 교주 같은 인상을 주는데, 그는 "난 디자이너보다는 '진화생물학자'에 가까운 면모를 지녔다"라고 서슴없이 말한다. 비록 진짜 과학자는 아니지만 2005년 「타임」과 CNN이 선정하는 기술 혁신상인 '월드 테크놀로지 어워드'를 수상한 그를 혹자는 '디자인티스트designtist'라고도 부른다.

런던에 스튜디오를 두고 있지만 쉴 새 없이 세계를 누비는 바람에 '언제나 출장 중'인 그를 처음 만난 것은 이메일 인터뷰를 통해서였다. 답변이 담긴 워드파일을 열어보고는 웃음보를 터뜨렸다. 모든 알파벳이 대문자로 쓰여 있었던 것이다. 게다가 문체가 주는 느낌이 마치 진지하게 철학을 논하는 과학자의 독백을 연상케 했다.

그리고 나중에 이탈리아의 명품 조명 브랜드 플로스가 주최한 런던의 파티에서 직접 마주친 그는 자신의 글에서 풍기는 분위기와 별반 다르지 않았다. 마치 형광물질이

≫Photo from Lovegrove Studio

라도 바른 듯 빛나는 흰 수염을 휘날리며 유유자적 파티장을 돌아다니고 거리낌 없이 이야기보따리를 풀어놓는 이 '4차원' 디자이너는 누구와 있어도 자신의 존재감을 부각시킬 줄 아는 신묘한 능력을 지닌 듯했다.

어린 시절에서 영감을 받다

하지만 미래지향적인 매끈한 디자인이 정녕 슈퍼맨 같은 초능력에서 비롯될 리는 없을 터. 로스 러브그로브는 다른 누구보다 차곡차곡 실력을 쌓아온 '노력파'이며, 의외로 아주 평범하게 자란 인물이다. 영국 웨일스의 항구 도시 카디프의 중산층 가정에서 태어난 그는 어린 시절에는 디자인 세계를 동경한 적도, 디자이너가 되고 싶다는 꿈을 꿀 계기도 없었다. 해군 장교였던 아버지를 비롯해 그의 집안에는 어린 로스 러브그로브의 예술적 취향이나 문화적 안목을 키워줄 인물이 부재했기 때문이다.

독특한 이름 때문에 또래 아이들로부터 놀림을 당해서 그랬을까? 어떤 이유에서인지 모르게 그는 '나는 다르다'는 생각을 품었다고 한다. 또 그는 자신에게 뭔지 모를 창의적인 재능이 있다고 확신했다. 특히 아버지가 가끔 집으로 가져오는 가지각색의 공예품은 보다 넓은 세상에 대해 궁금증을 품게 하는 매개체로 작용했다. 자연스러운 수순으로 '형태 form'에 큰 관심을 기울이게 됐고, 호기심이 닿는 대로 주변 사물들을 거의 사진 수준으로 똑같이 그려대기 시작했다.

로스 러브그로브를 디자인의 세계로 이끈 건 10대 시절의 여자 친구였다. 그의 부모는 자식의 진로를 놓고 가타부타 잔소리하는 유형이 아니었기에 그는 여자 친구의 격려로 카디프 예술학교에서 기초 과정 foundation course, 말하자면 1학년에 정식으로 들어가기 전에 거치는 코스를 밟았다. 이렇게 해서 그는 평생 몸담을 '신세계'로 떠나며 인생

≫DNA 계단. Photo from Lovegrove Studio

의 시작을 알렸다. 그러나 고향 카디프는 로스 러브그로브의 디자인 세계에 줄곧 은근하게 투영돼왔다.

"어떻든 간에 내 고향은 영감이 충만한 존재였던 것 같습니다. 절제와 검소함을 중시하는 가풍과 웨일스 해안의 곡선은 추후 나의 디자인 세계에 상당한 영향을 미쳤지요." 아이디어를 놓고 과학적인 시각으로 바라보는 접근 방식도 이미 카디프 시절 싹텄다고 볼 수 있다. 당시 카디프에서 기초 과정을 거칠 때도 변화의 상태와 추이를 입체적으로 표현하는 매핑 작업에 더 관심을 가졌다. 심지어는 3개월에 걸쳐 토마토의 분해 과정을 기록한 적도 있었으니.[17]

확실한 것은 그가 크리에이터라는 숙명을 깨달았다는 점이다. 단지 과학적인 연구와 개념적인 접근 방식에 무게를 둔 디자인 세계에 매료됐을 뿐이다. 따라서 망설임 없이 카디프를 떠나 맨체스터 메트로폴리탄 대학으로 진학했고, 이어 왕립예술학교에서 산업디자인을 공부했다.

새로운 자극을 찾아 끊임없이 움직이다

왕립예술학교에서 보낸 마지막 해인 1983년, 그는 독일의 명성 높은 디자인 회사인 프로그Frog의 러브콜을 받고 런던을 떠났다. 그리고 디자이너 커리어의 초창기 시절부터 소니 워크맨, 애플 컴퓨터 등 쟁쟁한 프로젝트에 참여하는 기회를 얻었다. 그는 과학적인 감수성, 자연의 유기적 형태에 대한 짙은 관심을 그대로 작품에 반영하곤 했다. "왜 그랬는지 모르지만 내 작품은 항상 인간의 몸을 닮은 형태를 띠었고 약간 비대칭적이었어요."

독일에서 열심히 경력을 쌓는 세월 동안 그의 머릿속에 강하게 박힌 인식의 핵

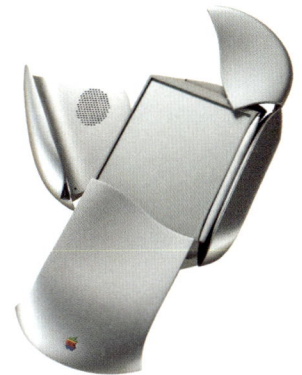

≫ 로스 러브그로브의 색이 짙게 묻어나는 애플사의 마우스(1993~1994). Photo from Lovegrove Studio

심은 '문화적 체험의 중요성'이었다. 사람들의 일상생활과 함께하는 물건을 디자인하는 데 다양한 문화에 대한 광범위한 경험에서 얻은 '트인 시각'이 얼마나 가치 있는 자산인지 깨닫게 된 것이다. 그리하여 그는 이번에는 프랑스로 향했다. 파리에서 컨템퍼러리 가구 브랜드 놀 인터내셔널Knoll International의 디자인 컨설턴트로 활동하게 됐다.

  이 시절의 주목할 만한 결실은 이동의 유연함과 공간의 효율성을 강조한 사무용 가구 시스템 '알레산드리 오피스 시스템Alessandri Office System'을 개념화시킨 작업이었다. 디자인 전문 웹 미디어인 디자인 플럭스와의 인터뷰 내용을 보면 프랑스는 그에게 다소 답답한 무대였던 것 같다. 하지만 시야를 탁 트이게 할 만한 거장들과 조우할 기회를 선사했다는 점에서 눈물 나게 고마운 나라이기도 했다. 에토레 소트사스, 리처드 마이어, 앙드레 퓌망 등 디자인·건축 업계에서 손꼽히는 거물들과 어울릴 수 있는 계기를 꿰찼기 때문이었다.

  '귀인'을 만나는 운의 정점은 그가 세계적인 건축가 장 누벨, 20세기 3대 디자이너로 꼽히는 필립 스탁과 인연을 맺었을 때였다. 그는 훗날 '아틀리에 드 님Atelier de Nimes'이라고 불리는 이 스타들의 디자인 프로젝트 그룹의 멤버로 활동하게 되는 일생일대의 기회를 거머쥐었다. 당시 프로젝트를 위해 프랑스 남부 도시 님Nimes에 내려가 필립 스탁과 처음 마주쳤을 때 아직도 20대의 청년이었던 로스 러브그로브는 자신의 눈을 믿을 수 없을 만큼 가슴이 설레었다. 그는 루이뷔통, 카사렐, 에르메스 등 쟁쟁한 브랜드의 컨설팅 프로젝트를 담당하며 스펀지 같은 흡수력으로 실력을 키워갔다.

자신만의 브랜드와 스타일을 구축하다

1986년, 그는 새로운 도전에 대한 진한 갈증을 품은 채 런던으로 돌아왔다. 그리고 '스튜디오X'라는 이름의 디자인 스튜디오를 열었다. 파리에서는 상상력의 나래를 마음껏 현실로 펼칠 수 없다고 판단하고는 자신의 이름을 당당히 내건 디자이너로서의 행보를 선택한 것이다. 그의 자신감에는 그럴 만한 근거가 뒷받침되어 있었다. 카르텔Kartell, 카펠리니Cappellini, 필립스Phillips, 모로소Moroso, 허먼 밀러Herman Miller, 영국항공British Airways, 바이오메가Biomega 등 이름만 들어도 굵직한 브랜드와 함께한 프로젝트가 잇따라 성공하면서 그는 명실공히 세계적인 스타 디자이너의 반열에 올랐다.

그렇게 해서 대중에게 각인된 '러브그로브 스타일'의 특징은 각을 거의 찾아볼 수 없는, 유기적인 느낌의 미려한 곡면이다. 산의 능선이나 강의 물줄기를 연상시키는 유려하고 역동적인 선과

≫ 솔라버드Solar bud 리튬 LED 태양열 정원등(1995~1998).
Photo from Lovegrove Studio

≫슈퍼내추럴 체어.
Photo from Lovegrove Studio

면을 활용해 입체감이 우아하게 살아 숨 쉬는 덩어리로 빚어내는 솜씨가 일품이다. 비대칭의 불규칙 속에 조화로운 질서가 잡혀 있는 것이다. 2005년, 이탈리아 명품 가구업체 모로소와 함께 작업한 '슈퍼내추럴 체어 Supernatural Chair'(2007)는 그러한 디자인 언어가 투영된 대표적인 작품이다. 전체적으로 현대적인 간결미가 돋보이는 이 의자의 등판에 숭숭 뚫린 불규칙한 구멍들은 왠지 모르게 자연의 생명력을 느끼게 한다. 이탈리아의 창의적인 럭셔리 브랜드 중에서도 둘째가라면 서러울 만큼 감각적이면서도 정제된 우아함의 수호자인 '모로소의 사나이'가 될 만했다고 생각되는 작품이다.

스스로를 생물학자에 가깝게 바라보는 이 개성만점 사나이는 과연 어떤 식으로 자연과 교감하고 창조적 영감을 받을까? "세상을 관찰하고 호기심에 스스로 자양분을 주면 사람들이 삶을 꾸려가는 방식을 이끌 수 있도록, 그런 방향으로 발전시킬 수 있다고 생각합니다. 위대한 음악가들이 강렬한 가사를 쓸 때 깊은 정서적인 체험을 거치게 마련이 잖아요. 저도 마찬가지입니다."

음악, 조각, 사진, 생태계, 그리고 수많은 과학 잡지들…… 디자인 말고도 그의 감성과 이성을 한꺼번에 자극할 수 있는 매개체들은 이미 충분히 많다. 다시 태어날 수 있다면 그는 데이비드 보위와 노래 가사를 쓰거나 리처드 도킨스와 1년을 보내고 싶다는 소망을 피력했다. 또 사진작가인 에드워드 버틴스키와 세계 여행을 떠나는 일도 꽤 멋질 것 같다고 덧붙인다.

경험이 거듭되어야 자기만의 색이 드러난다

"제 디자인은 소재를 사물화하는 과정에서 생산의 경제학을 고려할 뿐 아니라, 첨단 기술이 아주 정직한 시너지 효과를 낼 수 있도록 유기적으로 엮어내는 데 초점을 두

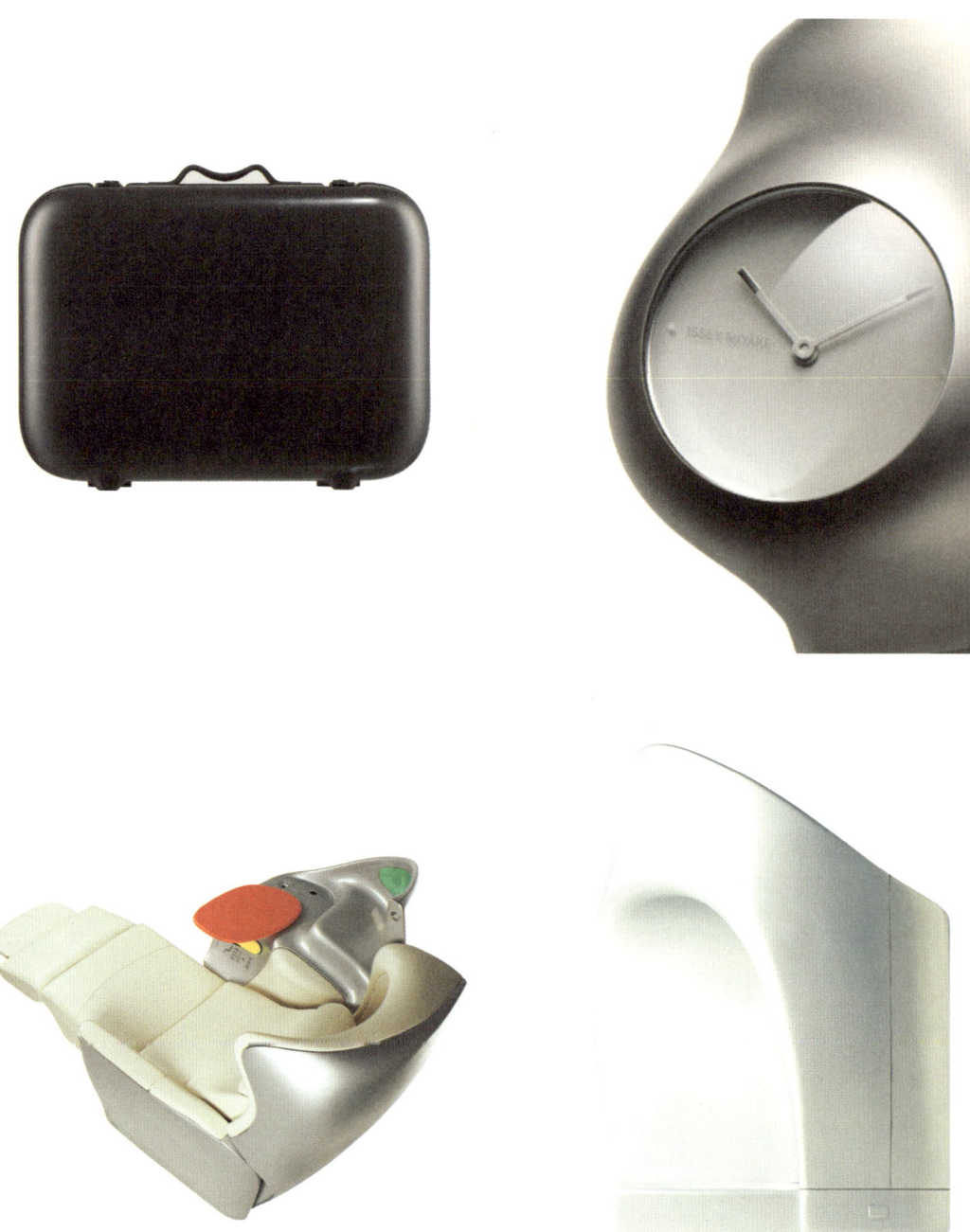

≫ 왼쪽 위부터 시계 방향으로 초경량 여행 가방 110 수트케이스(2008), 이세이 미야케와 작업한 시계 후 Hu(2009), JAL 항공의 퍼스트 클래스 좌석(1998~2002). Photo from Lovegrove Studio

고 있습니다."

자신의 디자인을 이루는 정수를 '유기적 본질주의'라는 어려운 단어로 표현하는 그는 탄소섬유, 구부러지는 형광등, LED, 태양열 등 첨단 소재와 기술을 동원해 제품의 기능성을 한껏 살린다. 예컨대 배낭 하나를 만들어도 '3D 직물'을 사용한다. 씨실과 날실이 90도로 얽히는 대신 세 개의 실이 각각 60도로 교차하면서 짜이는 소재로 입체적인 효과가 강하고 가벼운 천이다. 가방 회사 글로브트로터와 손잡고 '3X 섬유'라는 합성 물질을 사용해 만든 크기 53×38×20센티미터, 무게 1.35킬로그램의 가볍고 튼튼한 여행 가방 '110 시리즈'도 좋은 예다.

그렇다고 해서 형태와 디자인에 쓸데없는 부담을 주지는 않는다. 파올라 안토넬리의 평가처럼 로스 러브그로브는 과학에 바탕을 둔 기능성과 자연에서 영감을 받은 유기적인 형태미가 어우러진 작품을 만드는 데 탁월한 재주를 지녔다. 2001년에 선보인 '티 난트Ty Nant' 생수병은 그의 디자인 철학을 집약적으로 형상화시킨 수작이 아닐까 싶다. 물이 흐르는 형상을 우아하면서도 생명력 있는 곡선으로 표현한 이 생수병은 이듬해 세계적인 권위를 자랑하는 포장 디자인 대회인 '보틀 워터 월드Bottle Water World' 최고상을 받았다.

로스 러브그로브는 창조의 경계를 사뿐사뿐 자유롭게 넘나든다. 의자 같은 가구를 비롯해 자동차, 자전거, 카메라, 조명, 시계, 카펫, 여행용 트렁크 등 그처럼 다양한 영역을 두루 섭렵하는 디자이너는 그리 흔치 않다. 시공간을 뛰어넘으며 종횡무진 활약하는 SF 영화의 흰 수염 도사나 카리스마가 작렬하는 교주 같은 외모와 은근히 어울리는 자유로운 행보다. 오묘하게 구부러진 지팡이를 휘두르면 미래의 별에서 잠시 외유를 온 조각가

≫ 티 난트 워터 보틀(2001).
유기적인 곡선을 이용해 용기를 물 자체로 표현하고 있다.
Photo from Lovegrove Studio

처럼 무엇이든 3D 형상으로 금세 빚어낼 것만 같다. "나는 (무엇이 됐든) 형태를 부여하고 뭔가를 만들어내는 데에서 순수한 기쁨을 느낍니다. 게다가 프로젝트를 하면 할수록 내 지식이 더욱더 견고해짐을 발견합니다. 혁신을 주도하는 사람으로서 나의 말과 행동에 점점 일관성이 생겨나는 것을 볼 수 있고요."

자기만의 원칙은 반드시 필요하다

수년 전부터 로스 러브그로브가 관심을 쏟는 분야는 '친환경'이다. 초자연적 감수성을 불러일으키는 그 특유의 디자인을 보노라면 당연한 귀결이다. 그는 디자인할 때 어떻게 하면 불필요한 낭비를 줄이는 방식으로 할 수 있을지, 어떻게 하면 환경에 해를 덜

≫ 친환경 대나무 자전거 '뱀부'(2008). Photo from Lovegrove studio

≫태양 나무(2007). 낮에 생산한 전기로 밤에 조명을 밝히는 태양열 가로등이다.
Photo from Lovegrove Studio

끼치는 소재를 택할지 심각하게 고민한다. 2007년 말에 오스트리아 빈의 링슈트라세 거리에서 선보인 태양열 가로등인 '태양 나무Solar Tree'는 이러한 맥락에서 그가 굉장히 애착을 가진 프로젝트였다. 환경친화적 가로등의 가능성을 시험하기 위한 한 달짜리 기획으로, 이탈리아의 전기 조명업체인 아르테미드Artemide 등과 함께 만들어낸 이 작품은 세간의 이목을 집중시켰다. 태양열 램프와 충전지, 전기 장치 등으로 구성된 이 가로등은 공해물질을 배출하지 않으며 예술의 거리와 어우러지는 미적 요소도 갖추었다.

이어 2008년에는 친환경 자전거 기업 바이오메가와 손잡고 강철 못지않게 튼튼하고 자연스러운 광택이 멋진 대나무를 사용한 자전거 '뱀부Bamboo'를 내놓았다. 또 자동차에도 도전했다. '막대 위의 자동차Car on a Stick'란 이름의 콘셉트 카인데, 이는 차가 주행을 하지 않는 밤에는 가로등으로 바뀐다는 재미난 상상력이 발휘된 작품이다.

그는 원래부터 환경에 관심이 많았다. "어릴 때부터 사람들이 어떻게 자원을 활용하고 소비하는지를 주의 깊게 봐왔어요. 자연에 대한 존중은 곧 인간에 대한 존중이죠. 디자이너들은 이 점에 대해 진지하게 생각한 뒤 얻은 깨달음을 실천에 옮겨야 한다고 생각합니다. 그래서 그러한 지적 성찰을 행동으로 옮기려는 고객들과 일하려고 노력합니다. 공해를 유발하는 인공적인 디자인을 통해 세상을 파괴하는 일에 동참하는 건 시간 낭비죠."

'우아함과 존엄만이 나를 움직인다'고 강조하는 흰 수염의 사나이 로스 러브그로브. 유난히 두드러지는 은발 때문에 자칫 60대로 보이는 오해도 생기곤 한다. 그런데 정작 그 자신은 자연과 점점 동화하려는 마인드 덕분인지 스스로 마치 20대처럼 젊게 느낀다고 꽤나 진지하게 강조한다. "백발 때문에 나이가 들어 보인다는 인식이 생길지는 모르지만 얼굴엔 주름이 잘 생기지 않아요. 전 20대 젊은이처럼 걸어 다닙니다. 그리고 구름처럼 유유히 다니면서 사람들을 대하지만 진정으로 '독특한' 차별성을 지닌 인물을 빠르게 포착할 수 있지요."

≫ Photo from AL_A Photo by Peter Guenzel

Amanda Levete

가장 나답게 행동하라
어맨다 레베트

남성이 지배하는 세계라 인식되는 건축 분야에서 자하 하디드라는 여성 거장을 배출한 영국에는 최근 여러모로 세간의 주목을 받고 있는 '여성 파워'가 한 명 더 있다. 바로 어맨다 레베트다. 영국의 3대 랜드마크로 꼽히는 버밍엄의 셀프리지 백화점 건물을 탄생시킨 건축회사 퓨처 시스템스의 '안주인' 역할을 20년간 맡아오다가 현재는 자신의 이름을 딴 스튜디오인 AL_A를 활기차게 경영하고 있다. 드라마가 따로 없는 인생사를 의연하게 받아들인 채, 건축과 가구 디자인을 유기적으로 연결시키며 동서양을 가로지르는 활약을 펼치고 있는 그는 유연하고 섬세하면서도 강인한 '소프트 파워' 크리에이터로서 진화와 확장을 보여주는 흐뭇한 예다.

자유분방한 소녀를 속에 품은 당찬 커리어 우먼

건축계의 노벨상으로 통하는 프리츠커 상을 받은 자하 하디드는 런던에서 공부했지만 원래 이라크 출신이다. 자하 하디드$^{Zaha\ Hadid}$가 남성이 장악해온 건축업계에서 '여제'로 불린다면 금발의 백인인 어맨다 레베트$^{Amanda\ Levete}$는 아마도 '백작부인' 정도가 어울릴지도 모르겠다. 우아한 외모만을 본다면 말이다. 하지만 그녀의 건축 행보를 들여다보면 고상한 백작부인이라기보다는 여성 특유의 부드러운 카리스마를 갖춘 현대형 여전사에 가깝다. 결코 억세어 보이지는 않지만 은근한 고집과 추진력, 배짱으로 경력을 개척해낸 야무진 캐릭터다.

어맨다 레베트는 언론에서 으레 눈독을 들이는 드라마틱한 인생사로 인해 더욱더 유명세를 탄 안타까운 인물이기도 하다. 2006년, 그녀는 전남편이자 20년간 건축 동반자였던 체코 출신의 천재 건축가 얀 카플리츠키와의 이혼했다. 그리고 3년 뒤 맞이한 그의 갑작스러운 죽음 등 일련의 사건으로 미디어의 집중 조명을 받았다.

런던 서쪽의 노팅힐에 자리 잡은 그녀의 일터는 항공기 격납고를 연상시키는 커다란 창고형 공간이었다. 허름한 느낌의 건물 외벽에 환한 핑크빛 문이 유난히 튀어 절로 미소를 머금게 만들었는데, 안으로 들어가보니 더욱더 '끼'가 느껴지는 분위기의 사무실 풍경이 펼쳐졌다. 흰색 책상과 의자 들이 즐비한 가운데 온통 엷은 핑크색을 띤 카펫이 길게 깔려 있다. 수십 명의 직원이 거의 맨발로 그 위를 거닐고 있었다. 깔끔한 흰색 셔츠를 입고 나타난 어맨다 레베트 역시 가뿐한 맨발이었다. 50대 중반이란 사실이 믿기지 않는 '동안'과 작지만 다부지고 맵시 있는 몸매를 지닌 그녀는 "핑크 계열의 색상을 좋아하느냐"는 질문에 장난기 있게 눈썹을 살짝 치켜떴다. "음, 사람들이 길을 잃지 말라고 눈에 띄는 색을 골랐죠." 그러다가 몇 초도 되지 않아 싱긋 웃으며 제대로 고백했다. "사실은 좋아해요."

≫ 드리프트 벤치. 미래지향적인 감각을 지닌 어맨다 레베트의 특색이 잘 드러나는 작품이다.
Photo from Established & Sons

≫퓨처 시스템스의 명작으로 꼽히는 버밍엄의 셀프리지 백화점.
Photo by Søren Aagaard(왼쪽), Photo by Norbert Schoemer(위).

꾸준히 고수해온 미래지향적인 디자인 신념

아직도 소녀 같은 귀여움과 우아함을 동시에 간직한 '주인'을 닮은 하얀 소파에 자리를 잡고 주위를 천천히 둘러보니 그녀가 영국의 대표적인 디자인 브랜드인 이스태블리시드 앤드 선스Established & Sons와 손잡고 내놓은 작품들의 모형이 시선을 잡아 끌었다. 그중 탁자인지 벤치인지 모를 가구에 시선이 꽂혔다. 일명 '드리프트Drift'(2006)라고 하는 이 벤치는 그 이름처럼 물 흐르는 듯한 자태가 수려하다. 그녀는 이스태블리시드 앤드 선스와의 성공적인 협력 관계를 계기로 가구 디자이너로서도 명성을 날리고 있다. 대규모 건축 프로젝트에서 얻기 힘든 세밀하고 친밀한 작품의 완성도를 느끼면서 작업할 수 있다는 점에서 그녀의 흥미를 끄는 것이다. 그녀는 가구 디자인에서 일종의 해방감을 느끼고 있었다.

그녀의 건축과 가구 디자인은 어딘지 모르게 닮았다. '어맨다 레베트'라는 꼬리표를 단 건물에서 외벽을 타고 흐르는 곡선미와 가구의 선을 보노라면 같은 테두리 안에서 서로 영향을 주고받은 것이 느껴진다. 어맨다 레베트에게 건축이나 가구 디자인이나 기본 맥락은 한곳을 향하고 있다. 같은 방식으로 다른 분야의 디자인을 할 뿐이다.

대담하고 날렵한 선이 돋보이는 그녀의 의자 디자인에서는 미래지향적인 건축 철학이 또렷이 엿보였다. 그게 바로 그녀의 건축과 디자인이 바라보는 '한 방향'이다. 하이테크 기법을 통해 힘이 있고 유려한 곡선을 특징으로 하는 유기적인 조형미가 빚어지는 그녀의 진보적인 디자인 세계. 이 같은 초현대적인 느낌은 전 남편의 영향을 받은 것이다. 그녀의 전 파트너이자 남편인 얀 카플리츠키의 디자인 색깔을 잘 보여주는 예는 버밍엄의 셀프리지Selfridges 백화점(2003)이다. 은빛의 알루미늄 원반 1만 5,000개가 조화를 이루며 독특한 외벽의 곡선미를 뿜어내는 작품이다. 새로운 재료와 구조적인 방식을 채택하는 실험적인 프로젝트와 실제로 구현 가능한 현실성 사이에서 줄타기를 하다가, 결국에는 균형 잡힌 접점을 찾아내는 이들의 건축 세계는 많은 이들을 매료시켰다.

"건축을 공부하던 학생 때부터 그런 미래주의에 심취해 있었어요. 흐르는 듯한 유기적인 형태들이 좋았거든요. 물론 얀의 영향이 매우 큰 게 사실이고요." 그녀는 부정하지 않았다.

≫ 나폴리 메트로Naples Metro (오른쪽 위). Photo from AL_A
벤치 오브 플레이츠bench of Plates (오른쪽 아래). Photo by Stephen Citrone

내 길을 찾는 데는 시행착오가 필요하다

자그마한 체구에 단아하고 여성스러운 외모만 보면 여리게 느껴질 수도 있지만 어맨다 레베트의 눈빛은 다른 이야기를 한다. 누구보다도 강인하고 자유분방하면서도 뚝심이 느껴지는 눈매다. 실제로 어맨다 레베트는 스스로도 인정하기를 '자유로운 영혼'에 가깝다. 소녀 시절에도 반항기가 다분했으며, 하고 싶은 게 있으면 덤벼들었고 싫으면 미련 없이 그만두고 떠났다. 하지만 건축가가 될 것이라고 생각해본 적은 단 한 번도 없었다. 집안 환경이나 성장 과정에서 특별히 건축에 영향을 받은 적은 없었다. 다만 그림을 좋아하고 잘 그리는 편이어서 런던의 해머스미스에 있는 예술학교로 진학했다.

≫2016년 완공될 빅토리아 앤드 앨버트 뮤지엄 리뉴얼 프로젝트에서 AL_A가 새롭게 선보일 갤러리의 구상. Photo from AL_A

그러나 별 재미를 못 느껴 1년 만에 그만뒀다. 그녀의 집에서는 미술 공부를 한다고 했을 때도, 심지어 학교를 그만두겠다고 했을 때도 별다른 간섭을 하지 않았다. 예술학교를 떠난 그녀는 여행 삼아 유럽을 떠돌다가 돌연 미국으로 향했다. "뉴욕의 한 식당에서 웨이트리스로 일하기도 했어요. 그때 같은 식당에서 일하던 요리사가 누군지 알아요? 줄리언 슈나벨영화〈잠수종과 나비〉의 감독이었어요. 꽤 재미있는 경험이었죠."

10대의 풍성한 호기심을 채우며 뉴욕에서 즐거운 방랑을 마친 그녀는 런던으로 돌아와 AA 건축학교에 들어가 건축을 정식으로 공부하기 시작했다. 변변한 기초 공부 없이도 건축 분야의 세계적인 명문인 AA 건축학교에 들어가다니! "책을 읽으면서 건축에 흥미를 가지게 됐는데, 사실 따로 준비한 건 없었어요. 저도 '수학을 많이 공부했어야 하

지 않을까' 하는 생각을 하긴 했었죠. 그런데 학교에서 포트폴리오로 제출한 그림만 보고 괜찮다고 하더라고요(웃음)."

AA 건축학교를 무사히 졸업한 그녀는 유수의 건축 사무소에서 실력을 쌓다가 영국의 건축 대가 리처드 로저스를 상사로 맞이했다. 4년을 넘게 함께 일하면서 그녀 인생의 멘토이자 친구가 된 인물이다.

인생과 건축의 동반자를 만나다

하지만 그녀에게 압도적으로 큰 영향력을 행사한 인물은 누가 뭐래도 얀 카플리츠키다. 괴짜 천재로 이름을 날렸던 얀 카플리츠키라는 인물을 빼놓고 어맨다 레베트의 인생을 논할 수는 없을 것이다. 그는 1968년 러시아의 침공으로 아픔의 눈물을 삼키며 고국인 체코를 떠나 영국으로 향해야 했던 촉망받는 건축인이었다. 단돈 50파운드만을 갖고 런던에 입성한 이 30대 초반의 젊은이는 렌초 피아노, 리처드 로저스, 노먼 포스터 등 당대의 건축 거물들과 일하며 업계에서 두각을 나타냈다. 그리고 1979년 데이비드 닉슨과 함께 퓨처 시스템스를 설립했다. 우수와 열정이 공존하는 그의 인상적인 캐릭터는 건축 스타일에도 묻어났다.

어맨다 레베트가 그와 사랑에 빠진 건 30대 초반. 이미 그의 출중한 카리스마와 재능에 탄복하고 있었던 어맨다 레베트는 1987년 프라하에서 얀 카플리츠키가 진행했던 강연에 참석했는데, 조국 땅에 돌아와서 그런지 훨씬 더 부드럽고 활기찬 그의 모습에 반했다. 이 둘은 1989년 퓨처 시스템스의 공통 파트너가 됐다. 이어 1991년 결혼하며 귀여운 아들도 얻었다.

그들의 동반자적 건축 여정은 찬란했다. 버밍엄의 셀프리지 백화점과 로드 크리

≫ 천재 건축가로 명성을 날렸던 전남편, 얀 카플리츠키와 함께했던 시절의 걸작으로 꼽히는 미디어센터(위). Photo by Richard Davies
≫ EDP 파운데이션 컬처럴 센터 Foundation Cultural Centre(아래). Photo from AL_A.

켓 경기장Lord's Cricket Ground의 미디어센터Media Centre(1999) 같은 걸작을 함께 완성시켰다. 미디어센터는 '21세기 건축을 위한 어젠다를 규정했다'고 일컬어지는 퓨처 시스템스의 작업을 대표했다. 조선업자들을 동원하고 580만 파운드라는 비용을 들인 엄청난 규모 때문에 이들 커플을 파산 위기로 몰아넣기도 했지만 결과적으로는 '성공작'이었다. 영국의 대표적인 건축상인 스털링 상Stirling Prize을 받으면서 퓨처 시스템스의 비즈니스에도 탄력을 불어넣었기 때문이다. 전면적으로 알루미늄 소재를 사용하고 항공 기술인 모노코크외판만으로 하중을 지탱하도록 한 구조 구조를 부분적으로 차용한 이 혁신적인 건축물은 공기역학적인 외형의 곡선도 일품이다.

그러나 2006년 그들은 15년간의 결혼 생활을 끝으로 부부의 인연에 마침표를 찍었다. 열여덟 살의 나이 차보다 빛과 어둠처럼 대비되는 성격 차가 더 컸다. 까다로운 완벽주의자이자 '불가능은 없다'는 식으로 자신의 아이디어를 강하게 밀어붙이는 천재형 독불장군이었던 얀과 밝고 외향적이며 네트워킹에 탁월한 그녀 사이에 충돌이 없었을 리 만무했다.

"얀은 카리스마가 넘치는 '대장' 스타일이라 할 수 있죠. 난 팀 프로젝트에서 일어나는 시너지를 사랑했고요. 참 많이 달랐죠."

하지만 그들에겐 서로를 채워주는 상호 보완적인 측면도 많았다. 얀 카플리츠키가 출중한 재능을 지녔지만 좀처럼 타협을 허하지 않는 이상주의자였다면, 그녀는 조화

≫ 측면에서 본 EDP 파운데이션 컬처럴 센터의 모습. Photo from AL_A

로운 에너지를 뿜어내는 행동가였기 때문이다. 그래서 어맨다 레베트 없이는 퓨처 시스템스가 적어도 상업적인 성공은 거두지 못했을 것이라는 말도 나온다. 이러한 '공생의 미학' 덕분인지 이들의 건축 파트너십은 이혼을 한 뒤에도 몇 년이나 지속됐다. 그리고 2007년, 각자 재혼을 한 이들은 이듬해 마침내 경력 노선에서도 각자의 길을 걷기로 한다.

일찌감치 조국을 등지고 떠나야 했지만 얀 카플리츠키의 가슴에는 언제나 '프라하의 봄'이 새겨져 있었던 모양이다. 그는 체코가 민주화된 이래 최초의 국제 공모였던 프라하 국립도서관 프로젝트를 따냈지만 이 야심작을 완성시키지 못한 채 2009년 1월의 어느 날, 길거리에서 돌연 사망했다. 재혼한 부인인 체코의 TV 프로듀서 엘리슈카 푹스코바가 딸을 낳은 지 불과 몇 시간도 지나지 않은 상황이었다. 안타깝게도 딸의 생일에 운명을 달리한 것이다.

이때, 어맨다 레베트는 독립 노선을 걷기 시작한 이래 가장 큰 규모의 프로젝트를 위해 태국 방콕에 머물고 있다가 아들에게 비보를 알리기 위해 고국으로 급히 떠났다. 그리고 며칠 뒤 프라하에서 열린 장례식에서 그녀는 전남편의 부인과 딸을 마주쳤다. 당시의 심정을 영국 일간지 「텔레그래프」와 가진 인터뷰에서 털어놓았다.

"정말로 끔찍하게 슬픈 날이었지요. 우리는 서로를 안아줬어요. 그런데 더욱 믿기 힘든 사실은 우리 아들이 얀의 생일에 태어났다는 점이에요. 어찌 보면 참 '얀다운' 일이지요."18

삶은 계속된다, 새로운 시장에 도전하다

이처럼 드라마에서나 벌어질 법한 일을 겪었지만 애정과 존경심을 담아 추억을 얘기하는 어맨다 레베트는 담담하고 평온해 보였다. 그녀는 진행하고 있는 프로젝트가 많아 일이 워낙 바쁘고, 재혼해 꾸린 가정에서 세 명의 아이를 키우느라 정신이 없었다. 아직 한국을 방문한 적이 없다는 어맨다 레베트는 방콕의 프로젝트를 계기로 아시아로 활동의 영역을 넓히면서 관심을 키워가고 있다. 37층짜리 6성급 호텔 파크 하얏트와 8층짜리 쇼핑몰을 짓는 대형 프로젝트다. 올해 방콕의 상업 중심가인 펀칫 Phloen Chit 지역에 들어설 예정인 '센트럴 엠버시 Central Embassy'라는 이 건축물은 이 도시의 새로운 랜드마크로 떠오를 것으로 점쳐지고 있다.

머지않아 환갑을 바라보는 나이에 대체 그토록 건강한 몸매와 혈색은 어떻게 유지할까? "점심 때 동료들이랑 공원을 돌며 산책을 하거나 조깅을 자주 해요. 피트니스 센터는 싫어하거든요. 여성이 건축 일을 하면 힘들지 않느냐고 하는데, 저는 그렇진 않았어요. 물론 장시간 매여 있어야 하는 이 분야 일의 특성상 결혼하고 애를 키우면서 일하기는 만만치 않죠. 건축 학교에선 성비가 5대 5라 하더라도 실제 현장에선 확 바뀌는 게 현실이죠. 그렇지만 개인적으로는 육체적으로 힘든 건 잘 모르겠어요."

어맨다 레베트는 세 아이의 엄마 노릇과 세계를 무대로 건축 프로젝트를 병행하기는 쉽지 않지만, 그래도 할 만하다는 듯 시원하게 웃는다. 새로운 문을 하나씩 두드리고 열면서 꿈을 펼쳐나가는 50대의 모습. 강인하고 섬세한 아름다움이란 바로 이런 것을 말하는 게 아닐까?

≫ 방콕 센트럴 엠버시(왼쪽). Photo from AL_A

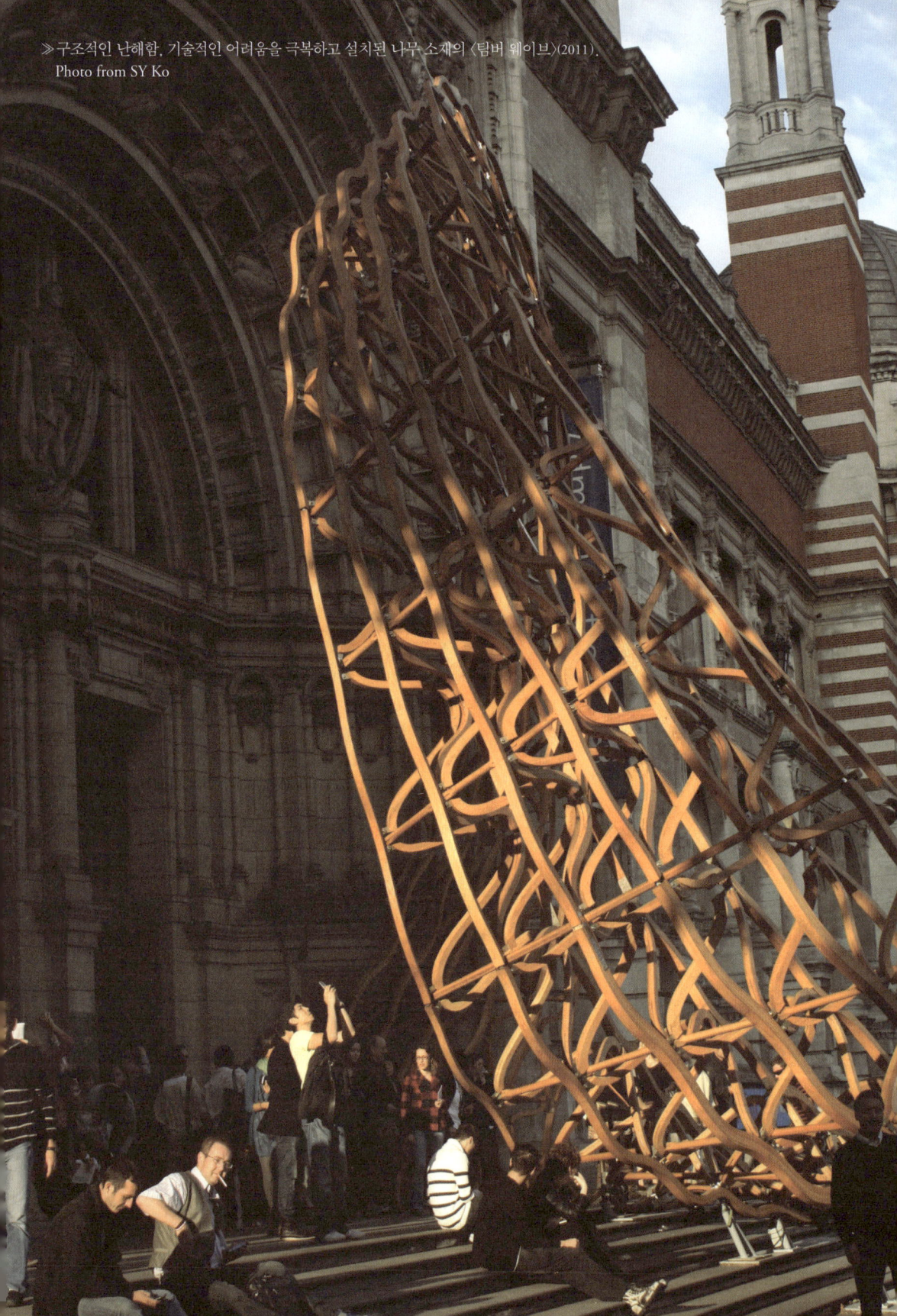

≫ 구조적인 난해함, 기술적인 어려움을 극복하고 설치된 나무 소재의 〈팀버 웨이브〉(2011).
Photo from SY Ko

칼
럼

창조적 영혼들이 춤추는 런던 디자인 페스티벌

빅토리아 앤드 앨버트 뮤지엄 입구의 조형물인 '팀버 웨이브' 설치 프로젝트의 핵심 과제는 런던 디자인 페스티벌의 본부 역할을 맡게 된 이 뮤지엄의 존재감을 명백하게 드러내는 것이었다. 우리는 빅토리아 앤드 앨버트를 거리로 데리고 나오고 싶었다.
__'런던 디자인 페스티벌' 공식 인터뷰 중에서

'창의산업의 허브'로 불리는 런던은 온갖 국제 행사가 열리는 동적이고 활기찬 도시인 동시에 창백하고 싸늘한 얼굴을 하고 으슬으슬한 기운을 내뿜기도 하는 묘한 양면성을 지닌 도시다. 하지만 해마다 초가을로 접어들 즈음, '런던 디자인 페스티벌'이 열리면 도시 자체가 후끈 달아오르며 생동감 넘치는 축제의 터전이 된다. 디자인 페스티벌에서 단연 시선을 끄는 볼거리는 런던 시내의 랜드마크를 완전히 새롭게 탈바꿈시키거나 분위기를 바꾸는 요소를 살짝 더하는 식으로 변신의 마법을 부리는 설치물이다. 내로라하는 건축가들의 수준 높은 설계 솜씨가 뒷받침된 설치 작품들은

규모는 물론이고 뇌쇄적이기까지 한 색감과 자태의 조화, 그리고 특출한 발상으로 보는 이들을 사로잡으며 톡톡한 눈요기감이 된다. 시내 곳곳에 둥지를 튼 설치물의 향연만으로 충분히 즐길 만하다는 생각이 들 정도다. 더구나 설치 작품이란 대개 일정 기간에만 전시되고 사라지는 유한한 '수명'을 지녔기에 더욱 가치가 높은 것이 아니던가!

위풍당당하거나 뇌쇄적이거나

2011년 빅토리아 앤드 앨버트 뮤지엄^{Victoria and}

Albert Museum은 런던 디자인 페스티벌의 허브 역할을 담당했다. 이 박물관 앞에는 어맨다 레베트가 이끄는 스튜디오 AL_A에서 설계한 〈팀버 웨이브Timber Wave〉(2011)가 정문 앞에 모습을 드러내 그 위용을 뽐냈다. 미국산 참나무를 재료로 삼아 정밀하게 설계된 이 작품은 커다란 비대칭 원형을 둘러싼 격자의 매력을 무기로, 행인들의 발길을 자연스럽게 박물관으로 인도하는 도우미가 되었다.

박물관 안으로 발걸음을 옮기면 갤러리 공간을 활용한 이색적인 설치 작품들이 또 다른 방식으로 걸음을 멈추게 했다. 프랑스 출신의 스타 듀오 로낭과 에르완 부를레크 형제가 덴마크 텍스타일 업체 크바드라트Kvadrat와 손잡고 선보인, 널찍한 카펫 설치물 〈텍스타일 필드Textile Field〉는 그중에서도 단연 눈길을 사로잡았다. 뮤지엄 내 라파엘 코트Raphael Court의 240제곱미터 넓은 바닥을, 푸른색 계열 줄무늬가 물결치는 카펫으로 감싸는 방식으로, 고전 명화의 품격이 진하게 느껴진다. 이를 방문객들에게 자유롭게 쉬다 갈 수 있는 편안한 '텍스타일 라운지'로 바꾼 것이다.

17세기 건축물인 세인트폴 대성당에 마련된 미니멀리즘 건축가 존 파우슨John Pawson의 크리스털 렌즈 〈퍼스펙티브스Persepectives〉도 관심을 한 몸에 받았다. 크리스털 브랜드 스와로브스키와 협력해 만든 이 커다란 렌즈는 성당을 건축한 크리스토퍼 렌의 건축물을 한층 돋보이게 한다. 그가 만든 '기하학적인 계단'을 방문자들이 흔히 보지 못하는 관점에서 관찰할 수 있도록 하여 원작자의 천재성을 부각시켰다. 렌즈와 볼록거울 장치 덕분에 밑에 서서 올려다보면 성당 꼭대기까지 한눈에 들어오는데, 이는 육안의 수준을 넘어서는 뭔가를 볼 수 있도록 한다는 의도다.

≫ 스위스 건축가 페터 춤토어가 설계한 서펜타인 갤러리의 파빌리온(2011). 안은 카페처럼 휴식을 취할 수 있게 되어 있다. Photo by SY Ko

매해 여름 다른 느낌의 사랑스러운 쉼터

내가 런던에서 가장 사랑하는 설치물의 전당은 로열 앨버트 홀 건너편에 자리잡은 켄싱턴 파크의 작지만 근사한 서펜타인 갤러리 Serpentine Gallery다. 이곳에서 매년 7월 초부터 10월 중순까지 모습을 드러냈다가 사라지는 파빌리온은 이미 알 만한 이들 사이에서는 런던의 명물로 자리 잡은 지 오래다.

세계적으로 명성이 자자한 건축가 중 영국 출신이 아닌 인물에게 맡기는 이 서펜타인 갤러리의 파빌리온 프로젝트는 2000년 자하 하디드를 시작으로 이토 도요, 프랭크 게리, 장 누벨 등 쟁쟁한 이름들을 거쳐왔다. 스위스 출신의 세계적인 건축가 페터 춤토어가 설계한 2011년의 파빌리온은 켄싱턴 파크를 배경으로 삼은 듯한 '작은 정원'을 표방한 작품이다. 특히 나무에 검은색 캔버스 천을 씌워 질감과 색감이 정감 있다. 은근히 동양적인 정서도 전해줬는데 단지 눈을 즐겁게 할 뿐만 아니라 마음까지 정화시켜주는 듯했다. 2012년 파빌리온의 주인공은 '팀 team'이었다. 2008년 베이징올림픽 경기장 건축 프로젝트를 담당했던 스위스 건축가 듀오 헤어초크 앤드 드 뮈롱과 중국의 아티스트 아이웨이웨이의 만남이었다. 11년 동안 존재해온 파빌리온의 흔적을 읽을 수 있도록 건축한 이들의 설치물은 지면에서 1.4미터 높이에 떠 있는 원형 지붕의 평평한 표면에 물을 채워 하늘이 비치도록 했다. 이를 통해 나타나는 런던 하늘의 갖가지 모습에서 이 도시의 변화무쌍한 잠재력을 엿볼 수 있게 한다는 의도를 담은 것이다.

2013년 서펜타인 갤러리 파빌리온을 맡은 인물은 기존의 건축 언어에 휘둘리지 않는 일본의 젊은 건축가 소우 후지모토. 격자 모양의 하얀 강철봉들이 구름을 연상케 하는 구조미를 뽐내는 '수작'이다.

≫Photo from IDEO

Tim Brown

나는 손으로 사고한다
팀 브라운

IDEO는 단순한 디자인 업체가 아니다. 머리와 가슴, 그리고 손으로 하는 디자인적 사고를 통한 혁신을 주도하는 '디노베이션' 기업이다. 디자인 업계의 매킨지에 비견되는 이 '작지만 강한' 기업의 사장 겸 최고경영자인 팀 브라운은 '디자인 싱킹'을 통해 세상을 바꿔나가는 디노베이터다. 국내에서도 『디자인에 집중하라』라는 책을 내며 베스트셀러 저자로 이름을 떨치는가 하면, 세계적인 지식 컨퍼런스인 TED의 강연자로 등장해 화제를 모으기도 했다. 산업 디자이너에서 세계에서 가장 창의적인 조직 중 하나로 꼽히는 IDEO를 이끄는 경영자로 성공적으로 변신한 팀 브라운의 비결은 무엇일까?

'디자인 싱킹'을 경영에 접목하다

"디자이너처럼 사고하라. 그리하면 제품, 서비스, 프로세스, 심지어는 경영 전략까지도 획기적으로 바꿀 수 있다."

2008년 6월, 세계적인 경영 저널인 「하버드 비즈니스 리뷰」에 '디자인 싱킹'이라는 제목과 함께 이러한 내용으로 운을 뗀 글이 실렸다. 미국 캘리포니아 주에 본사를 둔 다국적 디자인 컨설팅 기업 IDEO의 CEO인 팀 브라운Team Brown이 기고한 이 글은 상당한 반향을 일으켰다. '탁상공론'식의 경영 이론이 아닌 생생한 경험이 스며 있는 흥미로운 사례를 '창조적 혁신의 전당'으로 통하는 IDEO 특유의 시각으로 풀어냈기 때문이다. 국내에서도 삼성전자, LG전자, 현대카드, 웅진코웨이 등 다수의 기업을 고객 명단에 올려온 IDEO는 단순한 디자인 업체가 아니라 머리와 가슴, 그리고 손으로 하는 디자인적 사고를 통한 혁신을 주도하는 '디노베이션d-innovation '19 기업이다.

세계를 무대로 창조적 혁신의 씨앗을 뿌리다

그의 책 『디자인에 집중하라』를 한국어로 옮기게 된 인연으로 IDEO 본사가 위치한 미국 팰로앨토Palo Alto를 찾아가 팀 브라운을 만났다. 우선 그 공간이 주는 분위기에 반하지 않을 수 없었다. 숨이 탁 트이는 높은 천장, 푸른 하늘을 벗삼아 공상에 잠길 수도, 수다를 떨 수도 있는 옥상의 낭만적인 쉼터…… 그리고 다채로운 색깔의 포스트잇과 스토리보드로 도배되다시피 한 벽이 곳곳에 널려 있는 자유분방한 분위기도 역시나 매력적이었다. 다수가 머리를 맞대 한 시간에 100가지도 너끈할 정도로 폭발적으로 아이디어를 쏟아내는 브레인스토밍brainstorming을 잘 활용하는 것으로 유명한 회사다운 모습이

≫코웨이 초슬림 공기청정기 AP-1008(위).
≫팀 브라운이 쓴 책 『Change by Design』.
국내에서는 '디자인에 집중하라'라는 제목으로
출간되었다(아래). Photo from IDEO

다. 그리고 이력이 말해주듯 장수 경영자의 관록이 느껴졌다. IDEO는 직원이 520명에 불과하지만 샌프란시스코, 뉴욕, 런던, 상하이, 뮌헨 등에 지사를 둔 글로벌 혁신 기업이다. 그런 만큼 진부한 질문 같지만 '한국 고객'도 꽤 상대해온 그의 소견이 궁금하지 않을 수 없었다. IDEO는 특히 삼성전자와는 1990년대 초반부터 PC, 가전제품 등의 프로젝트로 인연을 쌓아왔다.

"한국 기업 임원들은 언제나 미래를 내다보면서 전략과 전술을 짜고 발 빠르게 행동하는 것 같습니다. 실천력이 상당히 인상적이지요. 저희와 인연을 맺기 시작했을 당시 삼성은 글로벌 기업으로 도약하려던 시기였어요. 그런데 지금은 모두가 삼성을 닮고 싶어할 만큼 엄청나게 성장했죠. 과거엔 모두가 소니를 닮고 싶어했는데 이젠 달라요. 솔직히 학창 시절 디자인 공부를 할 때 저도 소니를 숭배했거든요."

그는 삼성의 성장을 견인한 동력에는 디자인 역량도 포함된다고 말했다. 그러나 아직 아시아 기업들은 디자인의 영역을 주로 제품에만 한정하는 경향이 있다는 점을 지적했다. '디자인 싱킹'을 활용할 영역이 생각보다 훨씬 더 많다는 점에 주목하고 이젠 서비스와 체험 디자인에 혁신의 기운을 불어넣는 방법을 적극 수용할 때라는 조언이다.

가슴이 벅찼던 첫 순간을 떠올리다

팀 브라운은 '손으로 사고'하는 경험의 희열을 아주 일찍부터 맛봤다. 교육자 어머니와 사진가 아버지를 두고 잉글랜드 시골의 평범한 중산층 가정에서 자라난 그는 레고 블록을 갖고 노는 걸 몹시도 좋아하는 소년이었다. 혹독한 경기 침체와 더불어 광부들의 농성 때문에 정전이 잦았던 1970년대 초, 당시 열 살쯤 됐던 그는 어머니가 칠흑 같은 어둠 때문에 저녁 시간에 요리를 하는 데 어려움을 겪는 모습을 지켜보게 됐다. 그러다가

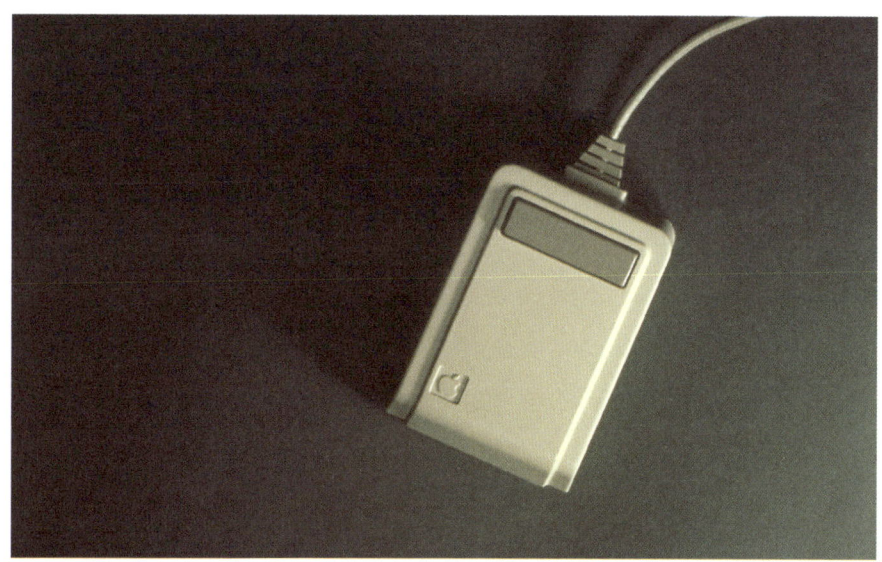

≫1981년 IDEO가 애플의 의뢰로 개발한 컴퓨터 마우스. 1968년 미국의 더글러스 엥겔바트 Douglas Engelbart가 개발한 마우스에 비해 성능은 훨씬 더 안정되고 저렴한 가격을 내세워 혁신을 꾀한 제품.
Photo from IDEO

자신의 레고 장난감을 활용해 어머니가 저녁 식사를 준비할 수 있도록 돕겠다는 기특한 생각을 해냈다. 어둠 속에서도 빛을 발하는 블록을 사용해 큰 손전등을 만든 것이다. 뿌듯한 마음으로 가득 찬 그는 자신의 '작품 1호'를 어머니에게 선물했다.[20] 팀 브라운에게는 레고가 생애 최초의 프로토타입이자 제품이 된 셈이다.

별것 아닌 이 작은 경험은 팀 브라운에게 '꼬마 발명가'로서의 자긍심을 길러준 사랑스러운 기억으로 남아 있다. 소박한 추억이 모이고 쌓이면 꿈으로 성장하게 마련이고, 행동이 뒷받침되면 현실로 승화시킬 수 있다. 어린 시절부터 반드시 예술학교에 들어가고 싶었다는 그는 뉴캐슬의 노섬브리아 대학에서 산업디자인을 공부한 뒤 엘리트 코스와도 같은 왕립예술학교에 진학해 석사학위를 받았다.

재능은 의미 있게 쓰여야 한다

팀 브라운이 여느 산업 디자이너와는 현격히 다른 행보를 보이게 된 계기는 사회에 막 발을 들였을 때 찾아왔다. 그는 대학 시절 잉글랜드 북부의 유서 깊은 회사의 의뢰를 받아 목공용 기계를 만들었는데, 이 기계는 산업 디자이너로서 첫발을 내딛게 한 의미 있는 물건이었다. 그러나 뿌듯함이 채 식기도 전에 그 회사는 문을 닫아버렸고 이와 함께 그의 소중한 '작품'도 운명을 달리했다.

그는 졸업 직후 IDEO의 전신인 ID TWO에서 일하게 됐고, 이번에는 팩스를 디자인하는 프로젝트를 맡았다. 그런데 당당하게 선보인 그의 야심작은 불과 1년 반 만에 세상에서 자취를 감춰버리고 말았다. 전자제품의 특성상 수명이 짧았던 것이다. 이렇게 두 번의 씁쓸한 경험을 거치면서 그는 느끼는 바가 굉장히 컸다고 술회한다.

"당시 디자인했던 두 가지는 사실 제품 자체로는 문제가 없었어요. 솔직히 지금도 잘 만들었다고 자부하고 있으니까요. 하지만 보다 분명한 건 내가 산업 디자이너로서 하고 있던 작업이 그리 중요하지 않았다는 사실이죠. 나는 '큰 그림'을 보지 못한 채 소소한 문제에 매달리고 있었다는 생각을 하게 됐죠. 내겐 그러한 일을 하는 것만으로는 충분치 않았어요. 항상 '다음 버전Next Version'을 부르짖는 산업디자인 업계의 관행에도 정이 가지 않았죠. 내 재능을 보다 더 의미 있는 일에 사용하고 싶었다는 말이 더 적합하겠네요."

나무가 아니라 숲을 바라볼 수 있는 위치에 있어야 자신의 이상을 제대로 추구할 수 있다는 것. 그것은 일종의 '각성'이었다. 다행히도, 그는 자신의 뜻을 펼칠 수 있는 일터에 몸담고 있었다. IDEO는 적어도 그러한 생각의 방향을 확실히 바라보면서 달리는 것이 가능한 회사였다.

≫ 발상의 자유를 선사하는 IDEO 건물의 내부. Photo from IDEO

디자인은 어디를 향해야 하는가

그가 새롭게 품게 된 비전은 그다지 순탄하게 실현되지는 않았다. 샌프란시스코 지사와 유럽 지역 총책임자를 거친 그가 IDEO의 공동 창업자인 데이비드 켈리로부터 CEO의 바통을 이어받은 것은 2000년이었다. 그의 표현에 따르면 스탠퍼드 대학에서 교편을 잡기로 결심한 데이비드 켈리는 그야말로 '절묘한 타이밍 감각'을 발휘했다. 팀 브라운이 수장이 되자마자 소위 '닷컴'의 붕괴로 실리콘밸리에 엄청난 시련의 바람이 몰아닥쳤기 때문이다. 갑자기 고객들이 증발하기 시작했다. 유례없이 상당 규모의 감원까지 단행해야 했던 가슴 아픈 시기가 닥쳤다.

그러나 당시의 고통은 진정한 각성을 토대로 한 본격적인 전환의 계기를 만들어주었다. "우리는 이미 무엇을 만들지를 정해놓고 있는 기업의 도구로만 일해서는 안 되겠다고 생각했어요. 그리고 우리의 자산을 최대한 활용해 고객이 진정으로 원하는 것, 바람직한 것을 찾을 수 있도록 도와주고 문제를 해결하는 역할을 해야겠다고 신념을 굳혔죠. 이때에야 비로소 디자인의 역할, 디자인 싱킹의 역할에 대해 전체적인 시각에서 진지하고 심각하게 고민하게 되었습니다."

실제로 IDEO는 그 뒤로 괄목할 만한 성장을 이루었다. 특히 서비스 디자인 영역에서 발군의 실력을 뽐내왔다. 2005년 뱅크 오브 아메리카[BOA]와 시작한 '잔돈은 넣어두세요[Keep the Change]' 프로젝트는 가장 성공적인 사례다. 많은 사람들이 잔돈을 저금통에 넣어버린다는 사실에 착안, 직불카드로 결제한 금액을 자동으로 반올림한 뒤 그 차액을 고객의 계좌로 이체하여 자연스럽게 저축을 유도하는 것이 이 서비스의 핵심이다. 예컨대 커피 한 잔 가격이 3.75달러였다면 4달러로 계산되고, 나머지 25센트는 자동으로 저축되는 것이다. 이처럼 까다롭지 않은 방법으로 조금씩 저축하고 싶은 사람들의 욕구를 충족시키는 방식은 크게 주효했다. 뱅크 오브 아메리카 저축예금 계좌는 기하급수적으로

≫ 현대카드(위)와 BOA 프로젝트(아래). Photo from IDEO

≫ 자유분방함과 질서정연함이 공존하는 IDEO 본사. Photo from IDEO

늘어났고, 불과 수년 만에 1000만 명이 넘는 고객을 끌어들였다. 기발한 발상이라고 찬탄만 할 게 아니다. 이 사례에서 팀 브라운이 눈여겨보라고 강조하는 성공의 '이면'은 만약 저축의 효과에 대해 장황하게 떠들어대거나 강요했다면 도저히 얻지 못할 성과였을 것이라는 점이다. 대부분의 은행들이 과연 어떤 식으로 저축 상품을 장려하고 있는지 한번 생각해보라.

분야를 넘나드는 인재가 필요하다

사실 세상에는 '혁신'이라는 단어의 추상적인 속성을 공격하는 이들도 적지 않다. 하지만 IDEO가 말하는 혁신의 알맹이는 상당히 구체적이다. 그리고 그 근간은 '사람'이다. 적어도 한 가지 분야에서 전문가 수준의 깊이를 지닌 동시에 다방면에 박식한 이른바 'T자형' 인재는 IDEO의 자랑이다. 예컨대 고고인류학을 전공한 엔지니어, 작가 출신의 심리학자, MBA 학위를 취득한 디자이너 등이다. IDEO에는 관찰하고 브레인스토밍하는 과정에서 확실한 강점을 갖는 그들만의 방법론이 있다. 하지만 그러한 도구의 효과도 누가, 어떻게 사용하는지에 따라 천양지차로 달라진다는 것이 팀 브라운의 생각이다.

물론 그러한 인재를 보유하는 것은 쉽지 않다. 좋은 학교 출신들은 널렸지만 IDEO에 어울리는, IDEO에 신선한 충격을 던져줄 발군의 재능을 발견하는 건 어렵다. 그래서 IDEO는 '교육'에도 성심껏 투자한다. IDEO의 인재들이 학교에 가서 강의를 하도록 하고 우수한 학생들을 뽑기도 한다. 면접을 보는 것보다 인재를 파악하는 데 훨씬 더 효과적인 방법이라는 주장이다.

하지만 더욱 중요한 것은 '팀 차원의 협력에서 빚어진 시너지'다. IDEO는 "우리 모두를 합하면 어떤 개인보다도 뛰어나다"는 구호를 신봉한다. 개인의 재능이 아무리 뛰어날지라도 다양한 분야의 전문가로 이뤄진 다학제적 interdisciplinary 팀의 구성원들이 잘 어우러질 때 솟아나는 시너지에는 당할 수 없다는 것이다.

그리고 그 힘을 모으는 방식에는 '손으로 하는 사고 Thinking with Your Hands'와 '낙관주의'가 필수적이다. 이는 아이디어가 있을 때 망설이지 않고 실험해보는, 프로토타입, 다시 말해 표준 모형을 제작하는 행동이 적극 장려된다는 뜻이다.

"실험적 태도를 갖추지 않고 머릿속에서 발상을 이리저리 굴려본다고 해서 이상적인 답이 나오는 게 아닙니다. 일단은 간단하게라도 프로토타입을 만들어봐야지요. '실패는 일찍 하는 게 낫다'고도 하잖습니까. 더불어 낙관적인 분위기도 정말 중요합니다. 냉소적인 분위기가 팽배한 조직에서는 호기심이 싹트지 못하니까요."

이렇게 만들어지는 프로토타입은 실제로도 정말 단순한 경우가 많다. IDEO가 한 병원 프로젝트를 담당하게 되면서 디자이너들이 외과 의사들을 만났을 때 즉석에서 급조한 프로토타입을 보면 실소가 나올 정도다. 의사가 자신이 필요로 하는 외과 기구를 설명하자 한 디자이너는 마커 하나와 작고 동그란 롤 필름 통, 그리고 빨래집게를 연결하고는 테이프로 대강 붙여서 프로토타입을 만든 다음 이렇게 물었다. "이런 거 말씀하시는 거죠?" 그야말로 '손으로 하는 사고'가 익숙해진 데서 절로 나온 행동이었다. 중요한 점은 이처럼 머릿속 아이디어를 재빨리 끄집어내 현실로 구체화시키는 능력이 실제로 프로젝트에서는 시간을 단축시킬뿐더러 효과적인 힘을 발휘할 수 있다는 것이다.[21]

IDEO는 디자인 업계의 매킨지 혹은 컨설팅 업계의 신흥 강자

이러한 성공 사례가 연달아 터진 덕분인지 이미 오래전부터 IDEO는 단순한 디자인 기업을 넘어섰다는 평가를 받고 있다. '혁신 컨설팅 업체', '디자인 업계의 매킨지'

등으로 불리기도 한다. 「비즈니스 위크Business Week」는 2004년 5월 '디자인의 힘The Power of Design'이라는 제목의 기사를 통해 IDEO의 혁신성에 대해 상세히 다룬 적이 있다. 당시 이 잡지는 "IDEO는 매킨지, BCG, 베인 등과 같은 경영 컨설팅 업계의 전통적인 강자들의 경쟁자로 부상했다"며 '디자인 싱킹'에 주목했다. 비즈니스 스쿨의 프리즘을 통해 비즈니스 세계를 보는 게 아니라 인류학자, 그래픽디자이너, 엔지니어, 심리학자의 눈으로 소비자들의 세계에 대해 가르침을 제공하는 IDEO의 방식이 신선하면서도 설득력 있게 받아들여지고 있다는 것이다.

분명 일리가 있는 분석이다. 이쯤 되면 덩치는 작지만 전혀 다른 종류의 강력한 무기를 지닌 전략 컨설팅 업계의 떠오르는 별이라고 볼 수도 있겠다. 실제로 현재 IDEO의 프로젝트 구성을 보면 제품 디자인의 비중이 그리 크지 않다. 팀 브라운의 개인적인 추산으로는 40퍼센트 정도다. 이것이 제품 디자인에 편중된 수많은 디자인 컨설팅 업체들과 차별되는 속성이며 경쟁 우위인 것이다.

"어떤 의미에서는 전략 컨설팅 업체로 볼 수도 있을 겁니다. 기업 문화의 혁신, 서비스 디자인 전략 등의 영역에 초점을 둔 것은 우리가 의도한 바였지요. 제품을 디자인하든 서비스를 창조하든 흥미로운 문젯거리를 해결하는 일이야말로 우리를 신나게 일할 수 있도록 만들어주는 원동력입니다. 바로 그런 경험을 거치면서 IDEO가 창조적인 성장을 꾀할 수 있으니까요. IDEO 사람들은 늘 새로운 종류의 문젯거리를 찾아 다닙니다."

사실 정체성과 경쟁력을 잃지 않는다면 어떠한 별칭으로 불리든 무슨 상관이랴. 다만 팀 브라운은 다소 특이한 바람을 내비치고 있다. 다양한 요소를 갖춘 '약간은 이상하고 별난 회사'로 봐줬으면 좋겠다는 것이다. 자신들이 가진 재료들을 점점 더 맛나고 영양가 있게 버무릴 수 있는, 기묘한 구석이 있는 기업으로 성장하고 싶다는 강력한 소망이다.

> Photo by SY Ko

Kevin Roberts

머리가 아닌 가슴에 호소한다
케빈 로버츠

"자동차에 관해서라면 사치 앤드 사치는 결코 도요타를 능가할 수 없을 거예요. 그러나 자동차를 구매하는 소비자에 대한 이해라면 우리는 절대로 사치 앤드 사치를 뛰어넘지 못할 것이라 생각합니다." 이는 14, 5년 전, 전성기를 구가하고 있었던 도요타 자동차의 미국법인 대표 이시자카 요시오 사장이 글로벌 광고회사인 사치 앤드 사치 Saatchi & Saatchi의 최고경영자 케빈 로버츠에게 건넨 말이다. 광고대행사가 클라이언트로부터 들을 수 있는 최고의 찬사인 셈이다. 전 세계 80여 개국에 6,000여 명의 임직원을 거느린 사치 앤드 사치는 도요타 이외에도 렉서스, 피앤지, 아디다스, 칼스버그, 기네스 등 쟁쟁한 브랜드의 광고에 충만한 감성의 숨결을 불어넣어온 자칭 '아이디어 컴퍼니'다.

'광고업계의 람보'로 불리는 괴짜 CEO

1997년부터 줄곧 사치 앤드 사치를 이끌고 있는 '장수 CEO' 케빈 로버츠$^{Kevin\ Roberts}$. 광고업계에서는 '초짜'나 다름없었지만 '지휘봉'을 쥐자마자 경영난에 처한 회사를 극적으로 회생시킨 주인공이다. 경영 실력뿐 아니라 걸출한 입담과 기행으로 화제를 몰고 다니는 '괴짜 CEO'로도 유명하다. 일각에서는 '광고업계의 람보'라고 불릴 정도다. 그는 2004년 발간된 저서『러브마크: 브랜드의 미래』로 베스트셀러 작가 반열에도 올랐다. '평범한 브랜드의 시대는 끝났다'는 주장과 함께 '오직 소비자의 사랑과 충성을 이끌어내는 브랜드만이 경쟁력을 가진다'는 게 이 책의 요지다. 신비감, 감각, 친밀감 등 3대 핵심 요소를 내세운 '러브마크^{Lovemark} 이론'에 반한 미국의 대형 유통업체 J.C. 페니는 2006년 4억 3000만 달러 규모의 계약을 사치와 체결하기도 했다.²² 이 같은 배경에서 사치 앤드 사치는 '러브마크 컴퍼니'라고도 불린다. 케빈 로버츠는 광고 카피 문구처럼 톡톡 튀는 러브마크 이론으로 자신의 개인 브랜드를 강력히 구축하며 업계의 '아이콘'으로 발돋움했다.

≫ 케빈 로버츠 런던 사무실에서. Photo by SY Ko

≫ 통증 완화 약품으로 유명한 볼타렌 제품 광고에 자유의 여신상 이미지를 활용했다.
Voltaren/Voltarol 'Liberty' by Saatchi & Saatchi China

'러브마크' 이론의 탄생

케빈 로버츠가 러브마크의 개념을 정립하게 된 것은 앨런 웨버와 만난 뒤였다. 최신 조류를 다루는 경제경영 잡지「패스트 컴퍼니 Fast Company」를 창간한 앨런 웨버 Alan Webber는「하버드 비즈니스 리뷰」편집장 출신으로, 시대의 흐름을 읽는 감각이 탁월했다. 케임브리지 대학에서 열린 CEO 포럼에 참가한 앨런 웨버는 '브랜드의 새로운 미래'에 대해 케빈 로버츠의 의견을 물었다. 케빈 로버츠가 "이제는 신뢰를 바탕으로 한 브랜드만이 살아 남는다"는 대답을 내놓자 다소 부정적인 반응이 돌아왔다. "그다지 흥미롭지 않군요. 게다가「패스트 컴퍼니」의 성격과 잘 들어맞지 않습니다. 우린 항상 최첨단을 주도하는 걸 목표로 하고 있습니다. 돌아가셔서 다시 곰곰 생각해보시면 좋겠습니다."

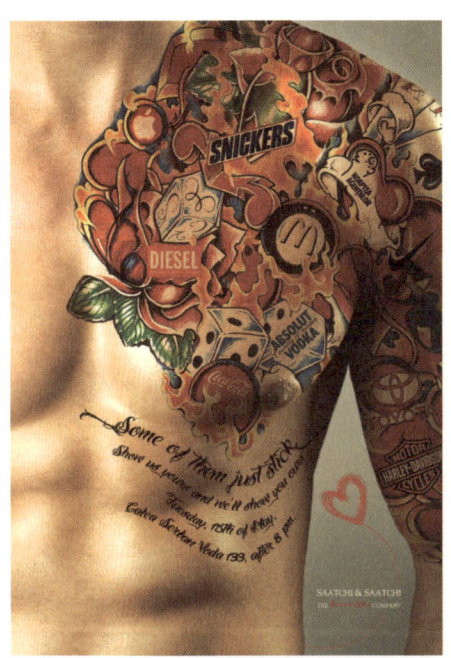
≫ The Lovemarks Tattoo by Saatchi & Saatchi Romania

그날 저녁, 뉴욕에 있는 자신의 아파트로 돌아온 케빈 로버츠는 심기가 불편해 잠을 이루지 못했다. 창의적인 아이디어로 먹고사는 광고업계의 리더로서 아이디어가 막힌다는 건 자존심이 걸린 문제였기 때문이다. 확실한 것은 '소비자의 신뢰'라는 요소만으로는 뭔가 부족하다는 사실이었다. 까다롭고 냉소적인 소비자와 평생을 함께할 수 있을 정도로 깊은 유대 관계를 맺으려면 충성과 헌신을 이끌어내는 보다 강력한 요소가 필요하다는 점을 그도 느끼고 있었다. "그게 대체 뭘

≫ 케빈 로버츠는 '러브마크'라는 발상으로 마케팅의 새로운 흐름을 표현했다. Photo from Saatchi & Saatchi

까?" 혼자서 와인을 몇 병이나 비우면서 생각에 골몰해 있던 그는 새벽녘에 불현듯 뭔가를 떠올렸다.

그러고는 작은 하트를 그리기 시작했다. '하트, 마크, 러브마크……' 하트 모양을 유심히 보던 그는 마침내 '러브마크'에 방점을 찍었다. '그렇다. 인간의 감정 중에서 가장 심오한 게 무엇이겠는가? 결국 사랑이 아니겠는가. 진심으로 사랑하는 대상은 쉽게 내치지 못하는 법이다.' 이런 결론에 도달한 그는 앨런 웨버 편집장에게 연락을 취했다. 그로부터 3주 뒤, 앨런 웨버는 그의 잡지에 '러브마크'에 대한 글을 실었다. 바로 2000년 「패스트 컴퍼니」 9월호에 실린 '미래에 대한 신뢰Trust in the future'라는 제목의 기사다. 케빈 로버츠를 그린 삽화와 함께 게재된 이 기사는 엄청난 반향을 일으켰다.

다음은 러브마크 이론의 결정적인 산파 역할을 한 웨버 편집장의 회고록 일부다. "신조어는 시장에 내놓는 상품 이상의 의미를 갖습니다. 그것은 일상의 대화를 바꿔놓으며, 사람들은 그 새로운 틀에 따라 생각하고 얘기를 나누죠. 전에는 존재하는지조차 몰랐던 카테고리들을 자신들의 경험 속에서 창조해나가기 시작하는 것입니다. 우리 잡지가 실었던 케빈 로버츠의 기사는 바로 그런 역할을 했다고 생각합니다. 그 기사는 사람들이 기업 활동을 인식하는 데 완전히 새로운 시각을 제공했습니다."

모든 것은 자신의 뿌리에서 시작된다

막상 런던 사치 앤드 사치 집무실에서 만난 그의 외모는 괴짜스럽기는커녕 자상한 이웃집 아저씨 같은 느낌이었다. 눈빛만큼은 날카롭고 강렬했지만 시원한 말투, 거리낌 없는 태도, 호탕한 웃음소리는 금세 이방인의 거리감을 좁히며 친근한 분위기를 자아냈다. 업무는 대부분 뉴욕 본사에서 진행하고, 주로 뉴질랜드에 거주하는

≫ 책과 함께 하는 여행이라는 '펭귄북스'의 캠페인(위). 코막힘에 대한 광고를 재미있게 풀어낸 오트리빈 광고(아래). Penguin Group 'Railway Children' by Saatchi & Saatchi Malaysia / Otrivin 'Balloon' by Saatchi & Saatchi Poland

그는 오랜만에 방문했다는 잉글랜드의 고향 얘기부터 꺼냈다. 잉글랜드 북부 호수 지방의 그래스미어 Grasmere라는 아담한 마을에 자리 잡은 자신의 별장에서 고향 친구들과 즐거운 주말을 보내고 온 터라 아직도 감흥에 젖어 있는 모습이었다.

"혹시 가본 적 있나요? 위대한 낭만파 시인 윌리엄 워즈워스가 탄생한 정말로 아름다운 곳이죠. 제가 태어난 마을과도 그리 멀지 않은 곳에 별장이 있어요." 이 지방은 윌리엄 워즈워스를 비롯한 낭만파 시인들뿐 아니라 『피터래빗 이야기』로 유명한 동화작가 베아트릭스 포터 작품의 배경이 되기도 했다. 이곳은 크고 작은 빙하호들이 초록의 숲에 둘러싸인, 목가적인 자연경관이 탄성이 나올 만큼 수려하기로 정평이 난 곳이다. 1949년생인 케빈 로버츠는 호수 지방 아래쪽에 위치한 상공업 도시 랭카스터의 변두리 시골 마을에서 태어났다. 덕분에 자연의 정기를 듬뿍 받으며 자랐다. 그의 역동적인 인생 전반에 걸쳐 든든한 자양분이 되어준 풍부한 감성은 이렇게 축복받은 자연환경과 윤택한 문화적 자산에 뿌리를 두고 뻗어나갔다. 물질적으로는 결코 풍요롭지 않았다. 그는 정부 보조금으로 간신히 생활하는 가난한 부모를 뒀기 때문에 유복한 환경과는 거리가 먼 생활을 했다. 부모님은 둘 다 10대에 학교를 그만둬 제대로 교육을 받지도 못했다.

하지만 소년 케빈은 똑똑하고 부지런하고 활달한 덕에 어린 시절 교육만큼은 남부럽지 않은 수준으로 누렸다. 그는 마을 최초로 장학금을 받아 인근 명문학교인 랭커스터 로열 그래머 스쿨에 입학했다. 작은 마을 출신인 만큼 '동네의 자랑'이 됐다. 그는 엄격한 규율과 숭고한 가치를 강조하는 학교생활을 감사한 마음으로 즐겼다. 지금도 그의 뇌리 속에 박혀 있는 모교의 모토는 라틴어로 'Praesis ut Prosis!' 그의 설명에 따르면 이는 '자신이 이끄는 사람들을 위해 열성을 다해 봉사할 수 있는 지도자가 되어라!'라는 뜻을 담은 문구다. '서번트 리더십 servant leadership'을 강조하는 메시지를 담고 있는 것이다. 운동에도 남다른 소질이 있던 그는 학교 크리켓 팀, 럭비 팀의 주장을 맡으며 자연스럽게 서번트 리더십의 요체를 체득했다. 특히 그의 학창 시절에서 압도적인 비중을 차지한 럭비는 의리와 협력이 유달리 강조되는 스포츠다. "럭비 선수들 간의 유대감은 남다르게 강합니다. 우린 프로 선수는 아니었지만 그 의미를 충분히 느끼고 있었습니다. 동료들은 피를 나눈 내 형제와도 같은 존재였죠." 그는 마오리족 언어로 '깨뜨릴 수 없는 유대'를 뜻한다는 '와카파파whakapapa'라는 단어를 손수 종이에 적어주기까지 하며 럭비의 '끈끈함'을 강조했다.

하지만 그는 열일곱 살 때 그토록 자랑스럽게 여겼던 학교의 럭비 팀 주장 자리에서 쫓겨나고 만다. 당시 사귀고 있던 여자 친구가 임신을 하는 예기치 않은 '사고'가 터졌기 때문이다. 그의 모교는 주저 없이 '퇴학'을 명했다. 럭비도, 장학금도, 명문학교 졸업장도 한꺼번에 인생에서 사라졌다. 그는 극도의 분노를 체험했다. 비록 규율을 어겼지만 교육받을 권리마저 박탈한 학교의 강경한 처사를 이해할 수 없었다.

"사실 난 창피하지 않았어요. 아빠가 될 수 있어 자랑스러웠죠. 그때 태어난 첫딸과 나는 예나 지금이나 사이가 아주 좋습니다. 무척 대견한 딸아이랍니다. 그런데 내 모교는 한 사람을 완전히 망가뜨릴 수도 있었던 잔인한 처벌을 내린 것이죠."

'명예로운 장학생'에서 '사고뭉치' 신세로 전락한 케빈 로버츠는 한동안 충격과 상심의 늪에서 헤어나지 못했다. 특히 목숨과도 같았던 럭비 팀 주장 배지와 저지선수용 서츠를 가차없이 몰수당한 기억은 그의 자긍심에 치명상을 입혔다. 분명한 것은 이 사건을 통해 그가 누구 못지않게 성공하겠다는 강한 다짐을 하게 됐다는 점이다. 이 일은 "어느 누구도, 다시는, 내게서 소중한 걸 빼앗아가는 상황에 처하지 않도록 성공해야겠다"라는 마음을 굳게 먹게 된 계기가 되었다. '퇴학'이란 상처의 잔흔이 짙긴 짙었던 모양이다. 일자리를 찾아 런던으로 떠난 케빈 로버츠는 32년이란 긴 세월이 흐르는 동안 단 한 번도 고향을 찾지 않았다. 미처 뒤를 돌아볼 여유도 없이 앞만 보고 줄기차게 내달리느라 바빴던 것도 사실이지만, 가슴 한 켠에 쌓인 원통함과 자격지심이 고향으로 향하는 그의 발걸음을 막았기 때문이기도 했다.

현재를 누리며 미래를 위해 산다

보란 듯이 '글로벌 CEO'로 이름을 날리게 된 그가 다시 고향을 찾은 것은 이미 50대에 접어들어서다. 2001년 어느 날, 모교에서 연락이 왔다. 과거의 처사에 대해 정중히 사과하며 강연 요청을 한 것이다. 어린 후배들 앞에 설 수 있는 기회였기에 그는 흔쾌히 수락했고, 공식 연설에 앞서 럭비 팀의 학교 대항전을 관전하는 기회까지 가졌다. 그날, 모교 팀은 승리를 거뒀고, 케빈 로버츠는 후배들에게 축하의 말을 건네기 위해 탈의실로 갔다.

그런데 그곳에는 뜻밖의 감동이 기다리고 있었다. "저도, 제 동료들도 모두 선배님 얘기를 잘 알고 있습니다"라며 모교의 럭비 팀 주장이 자신의 운동 셔츠를 벗어 그에게 건넨 것이다. 까마득한 후배로서 표할 수 있는 최대한의 경의였다. 그리고 그날 저녁, 그의 귀향을 축하하는 만찬에서는 예상치 못했던 재회가 이뤄졌다. 그가 어릴 적 형제애를 다졌던 럭비 팀 동료들이 한 명도 빠짐없이 찾아온 것. 한없이 가슴이 뭉클해지는 순간이었다. "그제야 내 가슴에 뭔가 쓰라린 통증이 존재했다는 걸 깨달았어요. 미처 느끼지 못하고 있던 해묵은 상처가 아물게 된 거죠." 한과 분노로 뭉친 응어리를 풀어버린 그는 이제 모교의 재단에서 이사직을 맡고 있다. 또 고향을 찾을 때마다 동창들을 만나 회포를 푼다. 그래서 그래스미어의 별장도 마련해둔 것이다.

하지만 영원한 귀향을 꿈꾸지는 않는다. '과거는 과거일 뿐, 난 현재를 누리기를 원하고, 미래를 위해 사는 것'이라 강조하며 손사래를 친다. 그에게는 평생의 거주지로 낙점한 뉴질랜드가 있다. 절대 떠나는 일이 없을 것이라고 장담할 정도로 뉴질랜드에 대한 그의 애정은 깊다. '고향의 시골을 닮은 전원', '학력, 출신, 재력으로 차별받지 않는 평등함', '넓은 공간' 등을 매력으로 꼽았다. "뉴질랜드는 물리적인 공간뿐 아니라 감성적, 창의적인 공간도 넉넉한 나라랍니다. 성과에 대한 압박감이 없진 않지만, 깊은 사고와 명상

≫ 중국, 태국, 미국 뉴욕 등 세계 각지에 있는 사치 앤드 사치의 사옥 내외부. '아이디어 컴퍼니'를 지향하는 회사답게 독특한 인테리어가 눈에 띈다. Photo from Saatchi & Saatchi

을 위한 여유가 존재하지요." 게다가 그가 그토록 열광하는 럭비로 최강임을 자부하는 나라가 바로 뉴질랜드가 아니던가. "올 블랙스All Blacks, 뉴질랜드 국가대표 럭비 팀은 최고죠!" 럭비 이야기가 나오자 이내 탄성을 내지르는 그는 올 블랙스의 열혈 팬이다. 뉴질랜드 럭비협회RFU의 이사로 활동한 적도 있다.

행운이란 준비된 자가 기회를 만날 때 생겨나는 것

다시 청춘으로 돌아가 고등학교 졸업장도 없이 직업전선에 뛰어들게 된 20대 초반의 케빈 로버츠를 만나보자. 비장한 마음을 품은 채 고향을 등지고 떠나온지라 그에겐 물러날 곳이 없었다. 다행히도 학창 시절 열심히 공부를 해둔 덕에 그에게는 스페인어와 프랑스어 구사 능력이라는 꽤 쓸모 있는 지적 자산이 있었다. 덕분에 1969년, 미니스커트를 유행시킨 패션그룹 메리 퀀트Mary Quant 계열의 화장품 업체에 일자리를 얻게 되었다. "일단 운이 좋았죠. 하지만 난 '행운이란 준비된 자가 기회를 만날 때 생겨나는 것'이라는 말을 신봉합니다. 메리 퀀트는 유럽에서 사세를 확장하던 중이었는데 당시에는 외국어를 잘하는 영국인이 흔치 않았고, 나는 그런 틈새를 파고든 것이지요."

물론 외국어 능력만으로 성공 가도를 달리기는 힘든 법. 틈틈이 도약의 기회를 노리던 그는 어느 날, 상사의 승진으로 인한 공백을 노려 당돌한 제안을 냈다. 첫 6개월 동안 전임자가 받던 월급의 반만 받고 일할 테니 한번 맡겨보라는 요청이었다. "좋아. 자네가 한번 해보게." 당시 해외사업부의 토니 에번스 사장은 이 제안을 수락했고, 그는 자신의 가치를 증명했다. 단숨에 매니저 자리를 꿰찬 그는 성장의 발판을 다져나갔다. 특히 까다로운 여성 소비자들을 주로 상대하며 신제품에 대한 소비자의 반응을 살피는 업무를 맡게 된 덕에 일찌감치 '감성'의 중요성에 눈뜨게 됐다. 여성의 마음을 보다 현실감 있게

≫ 서민적인 빵임을 강조하는 '델리프랑스'의 광고.
Delifrance 'Ready to Bake at Home' by Saatchi & Saatchi Germany

느끼려고 자신의 얼굴에 마스카라를 바르고 립스틱을 칠하는 일도 마다하지 않았다. 키스를 해도 잘 지워지지 않는 방수 립스틱과 눈물이 흐르거나 비를 맞아도 견딜 수 있는 방수 마스카라는 이 시절의 '작품'들이었다.

현재 그의 부인인 로위나는 이때 메리 퀀트의 패션 자회사인 진저그룹Ginger Group에서 일을 하던 직장 동료였다. 서로 속한 계열사는 달랐지만 '사내 커플'이 탄생한 셈이다. "로위나는 곧잘 나의 기를 북돋워주곤 했죠. 지금도 나를 가리켜 자신이 아는 메리 퀀트 출신 중 단연 '최고의 일꾼'이라고 말한답니다." 그는 이렇게 말하고 나서 다소 쑥스러운 듯 너털웃음을 터뜨렸다.

비전을 제시하는 것이 관건이다

케빈 로버츠의 아내는 '사람 보는 눈'이 탁월했던 것 같다. 메리 퀀트에서 쌓은 경험을 바탕으로 그는 세계 무대를 종횡무진 활보했다. 1972년 해외 신제품 담당 매니저로 면도기 회사 질레트Gillette에 합류해 3년을 보낸 데 이어 1975년 굴지의 생활용품 기업 피앤지P&G에 입성한다. 그의 나이 26세. 메리 퀀트가 감성의 세계를 알려준 초석이었고, 질레트가 다국적 기업의 치열한 생태계를 맛보게 해준 징검다리였다면, 피앤지는 인생을 획기적으로 바꿔놓은 이정표였다. 타이드Tide, 팸퍼스Pampers, 아리엘Ariel 등 수십억 달러 규모의 소비재를 다루는 피앤지는 브랜드 전략을 배우기에는 최상의 사관학교였다. 일용품은 봇물처럼 쏟아지는 유사제품 속에 파묻히기 쉬웠기에 브랜드의 차별화가 더욱더 중요시됐다.

"피앤지에서 창조한 규율은 내 삶의 기준이 됐어요. 1970년대 피앤지의 브랜드 관리자가 된다는 것은 '세계의 왕'이 되는 것과 같았습니다." 케빈 로버츠는 이렇게 회상했다. 하지만 그는 MBA 출신들의 틈바구니 속에서 '현실'을 통감하기도 했다. 학력 차는 아무리 잠을 덜 자며 노력해도 당장 좁힐 수 없는 간격이었다. 대신 '사람'에 집중하기로 했다. 실무를 진행하는 현장의 전문가들, 그리고 거리의 소비자들은 그에게 귀중한 경험과 산 지식을 선사했다. 특히 피앤지의 브랜드 매니저로 장기간 체류했던 카사블랑카, 알아인 등 중동 지역은 그에게 새로운 시각을 제공했다. 신뢰와 인간관계를 중시하는 아랍인들과의 교류를 통해 소비자와 관계를 맺는 법, 발아기 단계의 낯선 시장에 접근하는 법 등에 대한 노하우를 얻게 됐다.

1982년, 각별한 애정을 지녔던 피앤지를 뒤로 하고 그는 또 다른 도전에 나섰다. 이번엔 코카콜라와 나란히 세계 콜라 시장을 평정하고 있는 펩시^{Pepsi}였다. 이라크에 일곱 군데의 공장을 건설하는 등 중동 지역에서 맹활약을 펼치던 그는 1987년 펩시콜라의 캐나다법인 CEO로 임명됐다. 38세란 젊은 나이에 처음으로 조직의 수장이 된 그는 '상식을 뛰어넘는' 끼를 본격적으로 드러내기 시작했다.

그 첫 번째 에피소드는 '기관총 사건이다'. 그는 어느 날 토론토의 대형 호텔에서 펩시 직원과 업계 관계자들을 상대로 한 기조연설자로 나섰다. 열변을 토하던 그가 갑자기 연단 위의 커튼을 열어젖히자 경쟁 브랜드 코카콜라의 커다란 자판기가 모습을 드러냈다. 그는 숨겨져 있던 기관총을 집어 들고는 자판기를 향해 난사했다. 장내는 아수라장이 됐다. 물론 '각본 있는 연출'이었고, '의도된 사건'이었다. 사실 자판기 안에는 간단한 폭발 장치가 장착돼 있었고, 총탄은 고무에 불과했다. 경찰에도 미리 안전 지원 요청을 해 놓았다. 하지만 좌중을 소스라치게 놀라게 한 이 사건은 세상을 떠들썩하게 했다. 수많은 신문과 잡지의 지면을 도배했고 방송도 탔다. 그는 졸지에 '스타 경영자'로 떠올랐다.

그러나 변변한 실적도 없이 미디어 효과로만 주목 받은 것은 아니다. 그가 캐나다법인 대표로 부임했을 때, 캐나다 시장에서 펩시는 중동에서와는 달리 코카콜라에 밀리고 있었다. 2위 자리도 위태한 상황이었다.

≫피앤지의 세제 광고. 케이크가 얼룩 모양으로 만들어져 있다.
Ariel 'Cake' by BBR Saatchi & Saatchi

≫ 리츠칼튼 호텔 광고(위), 세계 식량의 날을 기념하여 만든 광고(아래).
The Ritz-Carlton 'Cucumber' by Saatchi & Saatchi LA / UNICEF 'World Food Day 2012' by Saatchi & Saatchi Switzerland

'3등으로 밀려나는 것을 피하는 최선의 방법은 1등이 되는 것'이라는 결론을 내린 그는 맹공을 퍼부었다. 레모네이드 시장의 규모가 큰 캐나다의 특성을 고려해 세븐업 브랜드를 사들이는 승부수를 띄웠고, 다이어트 펩시에 공을 들이면서 점유율을 끌어올렸다. 이처럼 저돌적인 공격에 힘입어 그가 이끄는 펩시는 결국 캐나다에서 코카콜라를 추월하는 데 성공했다.

그로부터 2년 뒤인 1989년, 그는 제2의 고향이 된 뉴질랜드의 항구도시 오클랜드로 향했다. 주류기업인 라이언 나단Lion Nathan의 최고영업책임자COO로 부임한 것이다. 이때 그는 또 하나의 기행으로 유명세를 탔다. 특유의 '깜짝쇼'가 벌어진 건 회사의 재무분석 담당자들과 첫 대면하는 자리였는데, 케빈 로버츠가 등장하자 다들 믿을 수 없다는 표정으로 시선을 고정했다. 그의 옆에 회사의 상징인 사자, 인형이 아니라 진짜 사자가 위엄을 뿜내고 있었기 때문이다. 직원들의 뇌리에 강렬하게 각인되기 위해 동물원에서 빌려 온 것이다. 인상적인 출발선을 끊은 그는 라이언 나단을 대형 양조업체에서 아시아태평양 음료 시장의 선도적인 기업으로 탈바꿈시키는 데 또 다른 7년을 바쳤다.[22]

광고업계 경력이 전무한 케빈 로버츠가 세계적인 광고회사 사치 앤드 사치의 러브콜을 받은 건 1996년 말이었다. 사치 앤드 사치는 그가 COO로 재직하고 있던 라이언 나단의 광고를 맡았던 회사였다. 케빈 로버츠는 그들의 고객이었던 셈이다. 사치 앤드 사치는 "당신은 우리가 겪어본 광고주 가운데 가장 영감 넘치는 인물"이라며 CEO직을 제안했다. 케빈 로버츠가 돈독한 유대관계를 맺고 있던 피앤지 같은 대기업을 고객으로 영입할 수 있다는 가능성도 그에게 눈독을 들이는 요인이었다. "광고 일을 한 적은 없지만, 30년 가까이 소비재를 다루는 업계에 몸담아왔던 터라 광고주 입장에서 사치 앤드 사치와는 어떤 식으로든 얽혀 있었지요. '그래, 세상을 변화시키는 일을 해보자'고 결심했죠."

그의 결정은 도박에 가까웠다. 당시만 해도 사치 앤드 사치는 내부 분열과 경영난으로 심각한 위기에 봉착한 상태였기 때문이다. 1995년 창업자인 찰스 사치와 모리스

≫ 사치 앤드 사치의 자회사 중에는 렉서스 브랜드의 런칭으로 유명해진 '팀원Team One'이 있다.
Photo from Team One USA

사치 형제가 물러난 뒤 직원들의 사기는 땅에 떨어졌고, 회사는 빚에 허덕이고 있었다. 그런데도 그에게는 사치 앤드 사치의 정상화 작업이 그다지 힘들지 않았다. 그는 위기 상황에서 등장한 구원투수 역할처럼 "내 멋대로 행동할 자유가 주어졌다"고 해석했다. 대형 식료품업체인 제너럴푸드 사장 출신으로, 케빈 로버츠보다 곤경에 처한 사치 앤드 사치에 먼저 합류한 밥 실러트Bob Seelert 회장과의 '궁합'도 좋았다. 물론 주위에서 '훈수'를 두는 사람들은 많았다. 우선 구조조정 압력이 자연스레 불거졌다. 하지만 그의 판단으로는 조직의 내실이 아니라 비전을 제공하지 못하는 경영진이 문제였다. "부족한 건 자신감뿐이었어요. 인적자원과 고객, 브랜드 가치 등은 나무랄 데 없었죠. 내가 한 일은 본연의 모습을 찾도록 영감을 제공한 게 다였어요."

'구조조정의 채찍'과 '감원의 칼날'을 휘두르지 않은 건 그가 진정 회사에 대해 깊은 신뢰를 가졌다는 방증일 터다. 그는 심지어 2년간 부서 이동조차 추진하지 않았다. 대신 "단순한 광고대행사가 아니라 지상 최고의 '아이디어 컴퍼니'로 전환시키자"고 새 비전을 외치며 직원들을 독려했다. '광고'라는 단어도 회사명에서 아예 빼버렸다.

그의 믿음은 배반당하지 않았다. 사치 앤드 사치의 성장세는 1년 만에 거짓말처럼 정상 궤도에 올랐다. 이듬해 국제광고제에서 각종 상을 쓸어 담았고, 수백억 원대 흑자를 냈다. 1997년의 신규 광고수주 규모는 전년도에 비해 5억 달러나 증가했다. 그것도 피앤지, 아디다스, 도요타 같은 굵직굵직한 글로벌 기업을 고객으로 끌어들였다. 1년차 CEO의 성적표는 그야말로 화려했다. 사치 앤드 사치는 순조로운 성장 가도를 달리다가 2000년 굴지의 커뮤니케이션 기업인 프랑스 퍼블리시스Publicis 그룹에 인수됐다. 인수 금액은 15억 달러. 세계 5대 광고기업의 탄생이었다. 파리에 본사를 둔 퍼블리시스는 세계 100여 개 국가에 진출해 있는 '공룡기업'으로 사치 앤드 사치를 비롯해 레오버넷, 웰콤 등 쟁쟁한 자회사를 거느리고 있다. 국내에선 휘닉스 커뮤니케이션스와 제휴를 맺고 합작법인을 운영하고 있다.

사랑하는 사람과 있어야 영감이 솟는다

강렬한 카리스마와 열정으로 점철된 역동적인 인생을 살아온 CEO에게 자연스럽게 연상되는 '일벌레'의 이미지와 달리 케빈 로버츠는 지극히 가정적인 사람이다. "가난한 집안에서 자라서인지 가정이 특히 소중하게 느껴지는 것 같다"는 그는 지구촌 곳곳으로 출장을 다니면서도 가족을 끔찍하게 챙기는 편이다. 일과 사생활의 통합론work-life integration을 주장할 정도다.

"흔히들 일과 가정의 양립, 또는 균형work-life balance을 얘기하지요. '가족이나 친구와는 절대 사업을 벌이지 말라'는 오래된 경구도 있고요. 하지만 전 가족과 일이 인생에 녹아들기를 바랍니다. 사랑하는 사람들과 많은 걸 공유하고 싶으니까요. 러브마크의 핵심이 '사랑' 아닙니까? 그래서 일을 할 때도 되도록 가족이 뭉칠 수 있는 시간을 어떻게든 짜내려고 노력합니다. 일과 휴가를 동시에 즐길 수 있는 구도를 만듭니다."

사랑하는 사람들과 함께 있어야 영감이 새록새록 샘솟고, 비즈니스에서는 전혀 창조적 영감을 못 받는다는 그는 사무를 위한 오찬, 만찬은 극구 사절한다. '업무는 사무실에서만 한다'는 게 그의 철칙이다. 나머지 시간은 창의적인 사람들과 사랑하는 가족, 친구들과 어울려 보내기에도 바쁘니까. 그래서 골프도 치지 않고, 경영서도 멀리 한다. 그러고 보니 그의 책 『러브마크』 시리즈도 일반적인 경영서의 범주에서 벗어나 있다. 활자가 커서 보기에 편하고 글씨체와 자간이 균일하지 않은 데다 그림과 사진이 압도적으로 많다. 이 같은 레이아웃이 나온 이유는 이 책이 사실 나이 지긋한 사람을 위해 쓰였기 때문이다. 그가 1년에 7~8개월을 같이 보낼 정도로 친한 자신의 장모를 염두에 두고, 경영에 대해 잘 모르는 사람들이 보기에도 쉽고 흥미로운 책을 내려고 의도한 것이란다. "그냥 아무 데나 펼쳐서 1~2분만 보고 다시 닫더라도 전혀 지장이 없지 않나요?" 그는 찡긋 윙크를 던졌다.

≫Photo by SY Ko

칼럼

나는 모두에게 영감이고 싶다

삶의 어떤 시점에서는 나 자신을 설명할 수 있는, 내세울 수 있는 하나의 단어를 찾아야 한다. 내게 있어 그 핵심 단어는 '영감'이었다. 나는 누구든 첫 만남을 가질 때 그 사람과 대하는 모든 순간들이 특별한 것이 되도록 최선을 다한다. 어떻게 하면 그들이 영감을 얻고 격려받을 수 있을지 파악하려고 한다. 레스토랑의 웨이터든, 택시 기사든, 기업 임원이든 상관 없다. __「스타일조선」과의 인터뷰 중에서

자타가 공인하는 브랜드 전문가로 살아온 케빈 로버츠는 사치 앤드 사치에 새 기운을 주입했던 것처럼 자신과 인연으로 얽히게 되는 모든 이에게 영감을 주고 싶다는 소망을 품고 있다. 상대방의 가슴에 러브마크를 남겨 놓겠다는 것이다.

자신의 장점을 안다는 것

"나는 누구를 만나든 마치 사치 앤드 사치의 고객을 대하듯 진심 어린 감동과 영감을 선사하고, 최선의 순간을 만들어내려고 합니다." 러브마크 이론이 '개인도 경쟁 우위를 위해서는 자신의 장점을 찾아 이를 상징적으로 부각시키라'고 누구나 강조하는 그의 '퍼스널 브랜딩' 전략으로 활용되고도 있음을 알 수 있는 대목이다. 그는 인터뷰를 진행하기 전에도 간단한 프로필과 자연스러운 인물사진을 미리 보내 달라고 요구하는 다소 독특한 면모를 과시했다. '사전 검열'을 하겠다는 게 아니라 어떻게 생긴 사람인지, 구체적으로 어떤 일을 하는지 등 상대의 '기본'은 파악하고 난 뒤 인터뷰를 하는 게 '예의'라는 의도에서였다. 이처럼 신상 정보를

취득한 덕분에 그는 정식으로 인사하기 전에 우연히 복도에서 마주치자, 꽤 거리가 있었는데도 이내 얼굴을 알아보고는 눈인사를 건넸다. 그러고는 "화장실은 저쪽"이라고 손으로 방향을 가리키는 친절함을 보였다.

만나는 모든 이에게 러브마크를 남기고 싶다

케빈 로버츠는 적어도 이날만큼은 감동을 이끌어내는 데 확실히 성공했다. 부끄러운 얘기지만 그와의 인터뷰를 시작하려는데 갑자기 녹음기가 작동하지 않는 사고가 발생했다. 분명히 미리 점검을 했을 때는 멀쩡했는데 말이다. 그는 혹시 충전 문제가 아니냐며 사람을 시켜 새 건전지를 가져오도록 했다. 하지만 배터리를 교체해도 말을 듣지 않았다(무슨 영문인지는 모르겠지만 정말 이상하게도 이 말썽꾸러기 녹음기는 인터뷰가 끝난 다음에는 제대로 작동했다). 여기저기를 만지작거리다가 그래도 말을 듣지 않자 나는 애써 당황한 기색을 감추고자 겸연쩍은 웃음을 띄우며 "녹음을 굳이 하지 않아도 되니, 시작하자"며 노트북을 꺼내 열었다. 그러자 그는 정말 괜찮겠느냐며 아무래도 녹음하는 게 나을 테니 잠깐 기다려 달라고 했다. 그러더니 한 직원을 불러 방송용 카메라로 녹화를 해달라고 부탁했다. 영상 없이 음성만 추린 파일로 만들어 보내주겠다는 것이다. 확실한 해결책이긴 했다. "초면에 실례가 많다"고 답례 인사를 하자 그는 빙그레 웃었다. "이제야 얼굴이 편해 보이네요. "사치 앤드 사치인데, 이 정도 문제쯤이야 해결하지 못하겠습니까?"

그렇다면 그 자신은 어떻게 감동을 받고 러브마크를 얻을까? 어떻게 창조적 발상으로 자신을 채우고, 삶의 동력을 유지할까? 그 비결은 '끊임없이 다양성과 소통하기'란다. "누군가에게 창조적 영감을 주려면 먼저 내 자신이 영감을 얻어야 합니다. 모든 건 상호적이지요. 그래서 전 심리학자, 작가, 언론인, 음악가, 운동선수 등 각양각색의 사람들을 만나는 데 주력합니다. 또 뉴욕과 런던의 뮤지컬 극장을 밥 먹듯이 찾고, 어디에 가든 아이팟을 지니고 다니지요." 영화감독, DJ, 음반기획자 등 문화예술계에서 다방면으로 활동하는 막내아들이 언제나 최신 흐름의 정수를 꿰뚫을 수 있도록 챙겨준다. 그가 럭비만큼 열광하는 스포츠인 축구도 빼놓을 수 없다. 잉글랜드 프리미어리그EPL의 맨체스터 시티 서포터라고 밝힌 그는 "한국 사람들은 한국인(박지성)이 소속 선수(인터뷰 당시엔 박지성이 이적하기 전이었다)라는 점 때문에 대부분 맨체스터 유나이티드의 팬인 것 같다"면서 은근한 경쟁심(?)을 드러내기도 했다. 다각도의 소통을 꾀하고 영감을 주고받기 위해 그는 브랜드 커뮤니티 사이트 www.lovemarks.com를 운영한다. 소비자들이 자신의 러브마크에 얽힌 이야기를 직접 올리고 공유할 수 있는 온라인 공간으로, 러브마크 순위까지 알려준다.

지에도 기고하고 있다. 글쓰기가 그에게 습관이 된 건 학창 시절 은사의 가르침 덕분이다. 돈이 없던 그에게 책을 선물해주면서 '늘 글을 써야 한다'고 격려했던 인물로 케빈 로버츠에게 '인생의 멘토' 중 한 명으로 꼽힌다. 평생에 걸쳐 다섯 명의 멘토를 만났다는 그는 지금도 멘토링을 받고 있다. 물론 회사 외부의 지인들이다. "사실 CEO도 나름대로 마음을 터놓고 논의할 상대가 필요하지 않겠습니까? 집에 고민거리를 안고 갈 수도 없고 말이지요. 제 성향상 보스를 모시기는 싫지만 멘토만큼은 필요한 존재라고 생각합니다. 그들 없이는 지금의 나는 없습니다. 그리고 이젠 내가 다른 사람에게 멘토 역할을 해주고 있습니다. 진심으로 즐기면서요."

글 쓰는 CEO, 멘토를 꿈꾼다

그의 '소통 욕구'는 상당 부분 글쓰기로도 해결된다. 사실 그의 저술활동은 웬만한 작가 뺨칠 정도로 왕성하다. 개인 블로그를 거의 매일 업데이트하며 뉴질랜드의 럭비 잡지와 이탈리아의 시사 잡

> Photo by Doh Lee

Mark Sanders

취 향 을 　 더 하 면
새 로 운 영 역 이 된 다
마 　 크 　 샌 더 스

번잡한 도심에서 유용한 접이식 자전거 시리즈로 자전거의 역사에 이름을 새긴 마크 샌더스. 그는 대학원 시절 고안한 미니 접이식 자전거 '스트라이다'를 비롯해 혁신적인 제품들을 평생에 걸쳐 세상에 내놓았고, 최근에는 체인 없는 전기 자전거 '만도 풋루스'의 디자인까지 성공적으로 이끌어냈다. 그에게는 엔지니어도, 디자이너도 아닌 '발명가'라는 호칭이 가장 잘 어울린다. 거대한 조직의 구속을 받지 않고 발명가의 자유로운 정신과 개인적인 삶의 균형을 지켜나가고자 1인 창조기업을 꾸려온 마크 샌더스의 소박한 웃음은 '해맑은 중년'이 어떤 것인지 보여준다. 그러나 그 친절한 미소의 기저에는 스스로를 보듬고 다스리고 채찍질하면서 차분히 앞으로 나아가는 굳건한 의지와 평생에 걸쳐 몰입하고 싶은 일이라는 '창조적인 발명'에 대한 진한 애정이 깔려 있다.

'스트라이다'를 탄생시킨 한 대학원생의 논문

2010년 '이슈 닷컴issuu.com'이라는 웹사이트에는 작성한 지 무려 25년이나 된 한 석사 논문이 공개돼 소위 '테키techie'라고 하는 기술 애호가들과 자전거 애호가들의 이목을 집중시켰다. 1985년 영국 최고 명문인 왕립예술학교와 공대로 명성 높은 임페리얼 칼리지가 공동으로 운영하는 인더스트리얼 디자인 엔지니어링IDE 과정을 밟고 있는 한 대학원생의 75쪽짜리 졸업 논문이었다. 제목은 「새로운 접이식 자전거의 설계The Design of a New Folding Bicycle」. 휴대 가능한 작은 자전거, 미니벨로의 세계에서 브롬튼Bromton과 더불어 접이식 자전거 분야의 스타 브랜드가 된 스트라이다Strida의 발명 초안이었다. 발명가가 실시한 시장조사 결과, 일일이 풀어낸 공학적 계산식, 초기 프로토타입의 일러스트레이션까지 담긴 발상의 보고였다. 놀라운 점은 여기에 공개된 초기 모델이 스트라이다의 최신 버전과 70퍼센트가량 유사하다는 사실이다. "많은 디자인 학교가 개념 자체의 질보다 시각적인 커뮤니케이션 효과, 능숙한 프레젠테이션 기술에 더 치중하고 있다. 인체 공학, 마케팅, 엔지니어링 같은 부분, 그리고 '정말로 새로운 것'을 시장의 상품에 적용하는 과정에서 이에 못지않게 중요한 다른 요소들에 대해 충분히 역점을 두지 않는 게 현실이다."

스트라이다를 보유하고 있다는 에릭이라는 디자이너는 이렇게 지적하며 이 논문에 포함된 참신한 발상이야말로 '진정한 디자인'이라고 감탄을 쏟아냈다. 자전거 왕국 네덜란드에 산다고 밝힌 이반이라는 인물은 "스트라이다는 지금껏 나온 접이식 자전거 디자인의 최고봉이며 자전거 전체를 통틀어서도 톱10에 든다고 본다"고 했다. 이토록 강도 높은 찬사를 받은 주인공은 마크 샌더스Mark Sanders. 국내에서도 스트라이다 동호회에 소속된 열혈 팬들의 지지를 꾸준히 받아온 그는 최근 자동차 부품업체 만도와 함께 '새로운 모빌리티'를 표방하는 체인 없는 전기 자전거e-bike '만도 풋루스'를 선보여 대중의 사랑과 인지도를 한층 더 폭넓게 누리게 됐다.

≫마크 샌더스의 상징이 된 스트라이다. Photo By Doh Lee

'1인 기업'의 삶을 즐기는 독특한 아이디어맨

이제는 50대의 관록을 갖추게 된 마크 샌더스는 단순한 산업 디자이너라기보다 '발명가'라는 칭호가 더 잘 어울리는 인물이다. 아니, '발명하는 사업가'라는 것이 더 적합한 표현이겠다. 그는 단지 스튜디오에 틀어박혀 본인의 이기적인 '창조 욕구'를 채우는 게 아니라 잠재 수요에 뿌리를 둔, 진정 쓸모가 있을 만한 아이디어를 탐색하고, 개발하고, 실용적인 물건을 만들어낸다. 마크 샌더스는 수많은 '아이디어맨'들이 보여온 흔한 행보처럼 기업이나 스튜디오를 세우거나, 자신을 보호해줄 안전한 보금자리를 찾지 않았다. 그는 개념을 잡는 일에서부터 연구, 테스트를 통한 개발까지 거의 모든 걸 혼자 꾸려나가는 '1인 기업'을 운영하고 있기 때문이다. 마크 샌더스는 그 이유를 내면에서 흘러나오는 욕구에서 찾는다.

"물론 규모를 추구할 수도 있었죠. 하지만 저는 조직에 휘둘리지 않고 일을 하고 싶었어요. 설계부터 부품을 다루는 일, 디자인까지 전부 다 아우르며 기계와 씨름하는 소소한 재미와 도전을 진심으로 즐기거든요."

마크 샌더스는 잉글랜드 남부 도싯 지방의 고요한 바닷가를 끼고 있는 한적한 마을 풀Poole에 자리를 잡고 MAS 디자인 프로덕트라는 스튜디오를 혼자 꾸려나가고 있다. 기차역까지 몸소 마중 나온 마크 샌더스는 아기자기한 건물들이 모여 있는 시내를 거쳐 스튜디오로 안내하며 동네를 자랑하기에 바빴다. 짭조름한 바다 내음을 맡으며 자전거를 타고 달리거나 조깅을 하기에 더없이 이상적인 환경. 아름다운 풍광이긴 해도 왠지 모르게 적적할 듯했지만 '천만의 말씀'이란다. 약사인 아내가 일이 많지 않을 때는 가끔씩 도와주기도 하지만 거의 혼자서 일을 다 처리하고, 이곳저곳으로 출장과 여행을 다니노라면 별로 한가할 틈이 없다는 것이다.

부부만 단란하게 살고 있는 스튜디오 겸 자택은 아담하고 소박한 2층집으로 바

≫ 마크 샌더스의 작업실 책상. 원터치 캔 오프너, 접이식 도마 등 마크 샌더스의 대표 발명품들이 눈에 띈다.
Photo by Doh Lee

다를 앞뜰처럼 바라볼 수 있는 곳에 자리하고 있었다. 그는 1층 안쪽 작업실 책상에 앉아 은은한 푸른빛 바다를 향해 뚫린 유리 없는 작은 창을 가리키며 말했다. "일부러 벽에 구멍을 냈어요. 현관 벽에도 큰 창이 있어 바다가 보이거든요. CAD 작업을 하다가 한 번씩 풍경을 내다보면 기막힌 휴식이 되죠."

≫ 만도 풋루스(왼쪽)와 스트라이다(오른쪽). Photo by Doh Lee

내가 갈구하는 건 스스로 만든다

이러한 전천후 1인 사업가로서의 소양과 성향은 부분적으로는 왕립예술학교, 임페리얼 시절부터 깨닫고 습득한 노하우 덕분이다. 물론 그도 처음엔 대기업에 몸담으면서 전도양양한 엔지니어로 커리어를 시작했다. 교사 부모를 둔 집안의 장남이었던 그는 버크셔 주 세필드의 철강업체 수석 엔지니어였던 조부의 영향으로 어릴 때부터 기계류에 관심이 무척이나 많았다. 그는 과학에 매료된 소년이었지만 예술도 몹시 사랑했던 탓에 고민하다가 결국 기계공학을 택했다. 명문 임페리얼 공대를 졸업한 그는 롤스롤이스 계열의 엔지니어링 기업이었던 앨런스Allens에서 일하다가 대형 식품업체인 마스Mars로 옮겨 벤딩 머신을 디자인하는 프로젝트를 맡았다. 그는 이 과정에서 디자인 컨설턴트들을 접하다가 속으로 '내가 더 잘할 수 있는데……'라고 생각했다고 한다. 당시 마침 앨런스 시절 동료의 부친이 다용도 목공 작업대와 명차로 꼽히는 로터스 엘란 등을 선보인 론 히크먼이라는 사실을 알았다. 이로 인해 디자인과 엔지니어링을 동시에 다루는 '발명 전문가'라는 직업에 대한 동경과 열망을 보다 구체적으로 품게 되었다.

"세상에 나가 실질적인 경험을 쌓게 되자, 비로소 내가 진정으로 원하는 것이 무엇인지 확실히 알 수 있게 된 것이죠."

새 꿈이 생긴 마크 샌더스는 자신의 부족함을 채우기 위해 좋은 직장에서 나와 왕립예술학교 진학을 감행했다. 게다가 당시 그는 최고의 디자인 컨설팅 업체인 IDEO의 전신 ID TWO에 몸담을 기회도 잡았다고 했다. 두 가지 길을 놓고 고민에 빠질 수밖에 없었다. 갈팡질팡하고 있던 그는 IDEO 창업자인 빌 모그리지를 만나고 결심을 굳히게 됐다. 빌 모그리지는 고용주 입장이었지만 마크 샌더스의 얘기를 자세히 듣더니 직장보다는 학교에 가는 게 좋겠다고 진솔한 조언을 해주었던 것이다.

그렇게 해서 시작한 왕립예술학교의 인더스트리얼 디자인 엔지니어링 과정은

≫ 다카Daka의 원터치 캔 오프너(왼쪽), 접이식 도마 춉투포트 플러스(오른쪽).
Photo from Mark Sanders

삼각형의 꼭짓점을 잇듯이 디자인과 기술, 비즈니스의 조화로운 혁신을 추구했고, 그에게 엄청난 자산이 됐다. 당시 착안한 스트라이다 프로젝트는 기술적, 미학적 욕구를 모두 채울 수 있는 프로젝트를 원했던 그에게 '하늘의 계시'와도 같았다. 하지만 우연한 영감이 아니라 약 40킬로미터나 되는 통학 거리가 골치였던 그의 절실한 필요를 바탕에 깐 직관이었다. 버스는 느렸고, 모터사이클은 위험했으며, 사이클링은 체력 소모가 너무 컸다. 기차는 편했지만 3킬로미터가량을 걸어야 했다. 접어서 기차에 실을 수 있는 접이식 자전거가 좋을 듯했지만 가볍고, 편안히 탈 수 있고, 학생인 그에게 가격도 적당한 상품을 찾을 수 없었다. 적어도 그의 기준에서는 그랬다. 직장 경력이 있었던 만큼 그는 시장성도 갖춘 프로젝트를 원했기에, '이보다 안성맞춤은 없다'고 판단했다.

≫ 조셉조셉의 접이식 도마 찹투포트. Photo from Mark Sanders

실용성과 기술의 우아함을 담은 발명품

스트라이다 프로젝트에 열정을 불사르게 된 또 다른 동인은 당시에 모터사이클 사고를 당한 남동생의 어이없는 죽음이었다. 비록 지금은 담담하게 회상하지만 당시에는 엄청난 충격을 가져다준 안타깝기 그지없는 사고였다. 바로 이러한 배경에서, 위험한 모터사이클보다는 일상에서 손쉽게 애용할 수 있는 접이식 자전거의 발명이 그에게 운명과도 같은 과제로 다가왔던 것이다.

처음에는 그의 전임 교수가 상당히 부정적인 반응을 보였다. 1세기도 전에 나와 인류와 함께해온 자전거라는 사물에 얼마나 혁신을 덧댈 수 있겠느냐는 것이었다. 그러나 그는 크게 실망하기보다는 교수의 지적을 기꺼이 받아들였다. 자신의 접이식 자전거가 '정말로 필요한 물건'이 될 수 있도록, 실제로 다른 접이식 자전거들에 비해 확실한 특장점을 갖추도록 하는 데 더욱더 열중했다. 사실 당시에 나와 있던 접이식 자전거들 중에는 제대로 된 제품이 거의 없었다. 몸집이 육중한 데다 사실상 '반만 접히는' 못생긴 제품이 대부분이었다.

마크 샌더스는 완벽하게 접히는 효율적인 접이식 자전거의 구조를 착안하기 위해 그야말로 수없이 많은 스케치와 실험을 마다하지 않았고, 마침내 스트라이다의 트레이드마크와도 같은, '우아하게 삼각형으로 접히는 꼴'을 만들어내는 데 성공했다. 무게 9.97킬로그램의 매끈한 접이식 자전거는 1년 반 뒤, 시장에 내놓자마자 호응을 끌어냈다. 이처럼 디자인과 기술, 비즈니스 아이디어가 멋진 하모니를 이룬 히트작을 선보였지만 그는 개인적으로 큰 부를 얻지는 못했다. 20대 초반의 청년에게는 제조업에 뛰어들 만한 자금이 없었기 때문이다. 지금 스트라이다에 대한 모든 지적재산권은 대만 업체인 밍 사이클에 귀속돼 있다.

그렇지만 각종 디자인 상을 휩쓴 스트라이다의 성공은 최소한 직업적인 발명가로서의 행보에 물꼬를 터주었다. 마크 샌더스는 왕립예술학교, 임페리얼 시절에 체득한 '디자인과 기술의 우아함'이라는 신조를 이어가며 다른 영역에도 도전했다. 그중 또 하나의 흥미로운 작품은 '접이식 도마 No-Spill Chopping Board'다. 양쪽 날갯죽지를 안으로 접으면 식재료가 쏟아지지 않게 잘 모아주는 이 유용한 도마는 심심찮은 인기를 끈 것은 물론이고 디자인의 참신성을 인정받아 뉴욕 현대미술관 MoMA에 소장되는 영예를 안았다. 현재 이 도마의 후속 버전인 '춉투포트 Chop2Pot'는 국내에서도 쉽게 접할 수 있는 주방용품 브랜드 조셉조셉 JosephJoseph의 베스트셀러다. 이 밖에 손쉽게 통조림 캔을 열 수 있는 도구인 '원터치 캔 오프너 One touch Can Opener'도 큰 성공을 거둔 또 다른 주방 용품이다. 연두색 버튼만 누르면 자동으로 돌아가며 캔 뚜껑을 따주는 유용성으로 인해 수천만 개가 팔려나간 히트작이다.

그래도 '탈것' 디자인이 제일 좋다

어떤 프로젝트에 임하든 그의 지향점은 '보다 많은 사람들의 삶에서 실제로 도움이 되는 제품을 빚어내는 것'이다. 그렇지만 역시 '자전거'에 가장 마음이 끌린다. "아무래도 제 자신이 사이클링을 즐기는 사용자이니까요. 대중의 다양한 수요에 맞춘, 아니 보다 폭넓은 층을 끌어들일 수 있는, 더 나은 자전거를 계속 만들고 싶어요. 또 그럴 거고요."

마크 샌더스는 2008년 대만 업체와 손잡고 'iF모드'라는 또 다른 접이식 자전거를 내놓았다. 무려 5년간의 시간이 소요됐다는 그의 역작으로 덩치가 작은 스트라이다와 달리 바퀴가 큰 보통 자전거도 간편하게 접을 수 있는 신기술을 적용한 제품이다. 이 자전거 역시 유로바이크, iF 디자인 어워드 등 각종 디자인 상을 휩쓸었다. 그는 착착 접어서 여행 가방이나 유모차처럼 바퀴를 굴려 이동시키는 이 제품이 자전거에 대한 선입견을 해소하는 데 기여하기를 바랐다. '자전거를 타려면 라이크라 소재의 옷을 착용해야 한다', '접이식 자전거는 바퀴가 작아 우스꽝스러워 보인다', '자전거는 열혈 바이크족이나 차를 살 형편이 안 되는 이들을 위한 대체 수단이다' 등……. 사이클링을 사랑하는 팬의 한 사람으로 이러한 편견들이 못내 싫었다는 것이다. 그가 지난해 한라그룹 계열 자동차 부품 업체 마이스터의 요청으로 디자인을 담당한 '만도 풋루스Mando Footloose'는 아마도 이 같은 고정관념을 뒤집는 데 더욱 근본적인 공을 세울 수 있는 '탈것'이 될지도 모르겠다. 마크 샌더스의 손길이 닿아 물 흐르듯 유연한 디자인을 자랑하는 이 전기 자전거는 만도의 자동차 분야 내공을 바탕으로 최초로 페달과 바퀴를 연결하는 체인을 없앤 '시리즈 하이브리드 시스템Series Hybrid System'이라는 기술을 성공적으로 적용한 작품이다.

    몸체에 내장된 배터리를 통해 전자 모터에 동력을 제공하는 방식을 쓰는 만도 풋루스는 3~4시간 충전하면 최대 40킬로미터를 주행할 수 있다. 자동차의 심장으로 여겨지는 전자제어유닛ECU을 비롯해 이중권선모터, 얼터네이터 등 정밀하고 견고한 내부 시스템 덕분에 제어가 간편하다. 땀에 흠뻑 젖거나 기름 때를 묻히지 않고서도 유유자적 돌아다닐 수 있게 한다는 맥락에서 '움직임을 자유롭게 한다'는 뜻의 '풋루스Footloose'라는 이름을 달고 나왔다.

    그렇다고 해서 페달이 '장식품'은 아니다. 주행 시 페달을 밟으면 자가발전에 의

≫ 바퀴가 큰 자전거도 편리하게 접을 수 있는 기술을 적용한 접이식 바이크 iF 모드(2008).
Photo from Mark Sanders

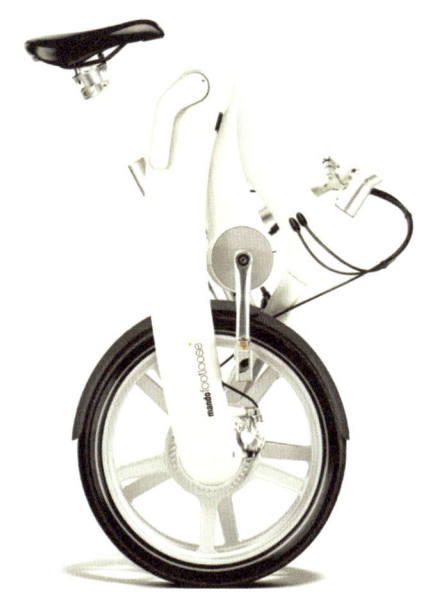

≫ 자동차의 내공을 담은 첨단 접이식 전기 바이크
만도 풋루스(2012). Photo from Mando/Meister

해 어느 정도 충전이 되는 효과가 나타난다. 따라서 굳이 힘을 빼고 싶지 않다면 스로틀throttle을 당겨 제품을 구동시키면 되고, 다리 근육에 자극을 주고 싶다면 페달을 택하면 된다. HMI Human Machine Interface 라 불리는 전자단말기로 페달의 무게감 조절까지 가능한데, 편안하게 밟으면 충전과 동시에 마치 헬스클럽의 '짐 바이크gym bike' 같은 운동 효과도 누릴 수 있다.

좋아하는 일에 열정을 쏟아야 행복하다

시중에 나온 상당수 '전기 자전거' 사이에서 만도 풋루스가 유독 돋보이는 이유는 첨단 기술과 디자인, 발상의 참신성이라는 삼박자를 골고루 갖췄기 때문이다(물론 자동차 기술이 접목된 '하이엔드 이동 수단'인 만큼 사실 가격은 만만찮다). 이러한 디자인과 기술,

아이디어의 '절묘한 궁합'은 전 세계에서 찬사를 이끌어내고 있다. 런던올림픽이 열리는 기간에 해로즈 백화점에서 최초로 공개된 만도 풋루스는 세계 최대 자전거 박람회인 2012년 유로바이크에서 '자전거계의 아이폰'으로 일컬어질 만큼 긍정적인 화제를 불러일으켰다. 또 올해에는 세계3대 디자인 상으로 꼽히는 'iF 디자인 어워드'에서 본상을, '2013 레드닷 디자인 어워드'에서는 최고의 영예인 '베스트 오브 베스트 상'을 거머쥐기도 했다.

이 프로젝트에서는 디자인 영역만을 담당했지만, 만도 풋루스는 마크 샌더스에게도 여러모로 특별한 의미를 주는 '물건'이다. 그는 만도의 프로젝트 팀과 2011년 유로바이크 전시회에서 만나 체인 없는 전기 자전거에 대한 계획을 처음 소상히 들었다면서, 불과 1년여 만에 상품으로 구현한 불굴의 추진력에 '천재적'이라는 단어를 써가며 진심 섞인 듯한 감탄사를 쏟아냈다. "사실 하이브리드 시스템을 적용해 이런 물건을 상용화한다는 게 정말로 만만치 않거든요. 컴퓨터로 제어할 정도로 정교함을 갖추는 것도 그렇지만 실제로 안락한 승차감을 갖추도록 하는 게 참 어려워요."

그는 만도 프로젝트 팀과 일하기 위해 한국에 체류할 때, 자신을 이른 아침에 픽업해 온종일 작업을 하고 저녁 식사를 맛나게 한 뒤(그는 아삭한 배를 얹은 육회의 열렬한 팬이다), 다시 회사로 돌아가 자정까지 일하는 일과를 반복하는 팀원들을 보고는 놀랐다고 했다. 하지만 그저 '일벌레'라는 비판적인 생각이 든 게 아니라 '탄복'에 가까운 놀람이었다. "솔직히 그들은 전혀 개의치 않는 것처럼 보였거든요. 저는 자신이 사랑하는 일을 택해 열정적으로 하는 이들을 정말로 좋아해요."

일종의 '동지 의식'이 발동했는지, 그는 상기된 얼굴로 미소 지었다. 아마도 '그저 좋아서' 누가 시키지도 않은 '물건'들을 밤새도록 구슬땀 흘리며 만들어내는 발명가의 길을 묵묵하게 걸어온 마크 샌더스 자신의 경험담과 자못 닮은 구석이 많았기 때문이리라.

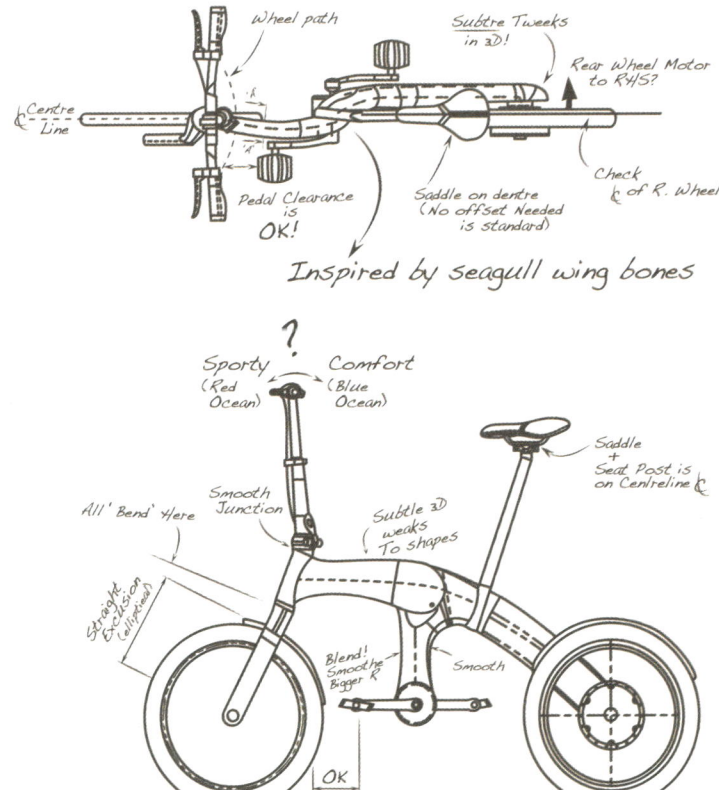

≫ 마크 샌더스가 살고 있는 잉글랜드 남부 풀. 뒤편으로 그의 스튜디오이자 자택이 보인다(위). Photo by Doh Lee
마크 샌더스의 만도 풋루스 스케치(아래). Photo from Mark Sanders

자유롭게 생각할 수 있는 라이프 스타일을 누리다

한참 얘기를 나누다 보니 마크 샌더스의 왕립예술학교 선배이자 엔지니어 배경을 지닌 제임스 다이슨이 자연스럽게 화제에 올랐다. 그는 자신과 제임스 다이슨이 입지를 다지기 전에 방송을 활용한 원격 교육인 오픈 유니버시티 Open University 강의를 같이 다니곤 했다는 기억을 떠올렸다.

"그런데 나중에 알고 보니 당시 강의를 하고 있던 어느 시점에 사실은 그가 송사와 빚에 시달리며 매우 힘든 시기를 보내고 있었더군요. 한데 그는 전혀 그런 기색을 드러

≫마크 샌더스는 더 좋고, 더 편리하고 더 아름다운 자전거를 만드는 일에 가장 끌린다고 한다.
Photo by Doh Lee

내지 않았고, 오히려 침착하고 자신감 있어 보였지요. 생각하면 참 대단해요. 결국 그런 어려움을 딛고는 엄청난 성공을 거뒀지요."

하지만 그는 자신의 '작은 홀로서기'에 대한 후회나 큰 부나 명예에 대한 부러움은 별로 없다고 했다. 1인 기업의 삶이 때로는 외롭고 고단할지라도 멀리서 온 손님과 거의 하루를 같이 보내면서 담소를 나눌 수 있는 여유, 그리고 골똘히 일에 집중하다가도 때때로 자전거나 배를 타면서 유유자적 노닐거나, 바닷가 마을의 고요함 속에서 오롯이 진정으로 즐기는 '창조적 발상과 작업'에 집중할 수 있는 라이프 스타일을 누릴 수 있기를 언제나 바라왔고, 그러한 가치관에 상응하는 선택을 스스로 했기 때문일 것이다.

어느덧 어둑어둑해지고 곱디고운 노을이 저녁 바다를 물들이기 시작했다. 집 앞뜰에 있는 창고에 스트라이다와 iF모드, 그리고 만도 풋루스 등 온갖 종류의 '탈것'들을 간직해둔 그는 갑자기 사이클리스트의 본능이 솟구쳤는지, 자전거에 사뿐히 올라타더니 해맑게 웃으며 동네를 한 바퀴 돌았다.

토머스 헤더윅 발명가의 호기심과 예술가의 감수성을 지닌 크리에이터
앨러스데어 윌리스 데이비드 베컴의 스타일 구루
토르트 본체 우아하고 정교하게 디테일을 살리다
조너선 반브룩 디자인계의 아나키스트
더릴 비숍 & 톰 헐버트 스마트한 세상을 만들어나가는 인터랙션 디자인 듀오

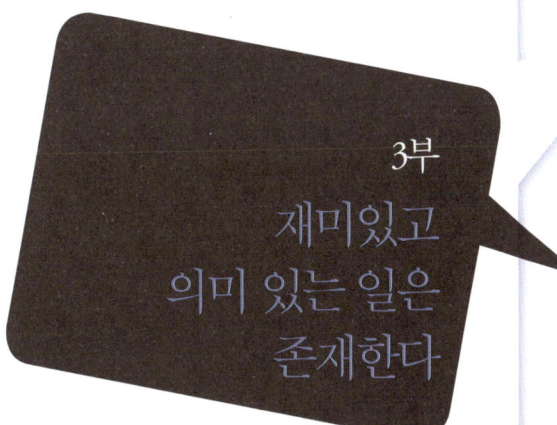

3부
재미있고 의미 있는 일은 존재한다

인생을 살면서 최고로 삼는 가치는 무엇인가? 마지막까지 잃고 싶지 않은 자신의 모습은 어떤 것인가? 어린 시절의 감상을 표현해내려는 토르트 본체, 영국적인 브랜드에 대한 갈망을 품은 앨러스데어 윌리스, 일상용품에 풍부한 경험을 덧입히는 더럴 비숍과 톰 헐버트… 재능에도 방향이 있다. 당신은 어디에 가치를 두고 방향을 정할 것인가?

> Photo from Elena Heatherwick

Thomas Heatherwick

사 소 한
아이디어는 없다
토 머 스 헤 더 윅

2012년 런던올림픽이 열릴 시점, 빅토리아 앤드 앨버트 뮤지엄에서는 40대의 창조적인 도전가 토머스 헤더윅의 작품 세계를 조명하는 전시회가 열렸다. 올림픽 기간에 런던의 명당 자리에서 젊은 크리에이터의 단독전을 대대적으로 개최한다는 건 그만큼 런던이 내세울 만한 인물이라는 방증일 것이다. 토머스 헤더윅은 소규모 건축물부터 조각, 제품 디자인, 명품 백, 교량 디자인에 이르기까지 실험적이고 다양한 영역에 도전해 일각에선 '영국의 레오나르도 다빈치'라고 불릴 만큼 명성을 날리고 있는 '팔방미인'이다. 패딩턴의 명물인 돌돌 접히는 다리 '롤링 브리지', 런던의 상징과도 같은 빨간색 이층버스의 새로운 하이브리드 버전 디자인, 그리고 2010년 상하이에서 열린 세계무역박람회에서 선보인 '브리티시 파빌리온'도 그의 작품이다. 런던이 그의 창조적인 손에서 변화하고 있는 것이다.

런던이 사랑하는 레오나르도 다빈치

롱샴Longchamp은 간편하고 실용적이면서도 멋스러운 제품을 내놓는 프랑스 브랜드로 잘 알려져 있다. 특히, 쓱쓱 접으면 손바닥만큼 작아져 간편하게 들고 다닐 수 있는 '르 플리아주Le Pliage, '접기'라는 뜻의 프랑스어'는 한국에서도 거의 '국민 장바구니'처럼 오랫동안 인기를 끌어온 나일론 소재의 가방이다. 이처럼 특유의 독특한 실용미로 대중의 심리를 꿰뚫는 '틈새시장'을 창출한 롱샴은 1940년대 가죽 제품 사업을 시작으로 장인 정신의 전통을 이어온 가족 기업이다. 외부 디자이너를 고용하지 않는 원칙을 고수해오던 롱샴이 최초로 30대 중반의 젊은 수장이 이끄는 런던의 스튜디오에 가방 디자인을 맡겨 탄생시킨 제품이 있다. 이름하여 '지퍼 백Zip Bag'이란 제품이다. 기다란 지퍼가 나선의 줄무늬 모양으로 몸통을 칭칭 휘감고 있는 이 가방은 지금은 생산되지 않지만 2004년 등장했을 당시 화제를 불러일으키며 베스트셀러 목록에 올랐다. 지퍼를 끝까지 열면 가방 크기가 두 배로 커지면서 숨은 속옷이 드러나듯 '포인트 색상'이 밖으로 드러나는 게 특징이다.

롱샴 지퍼 백의 주인공은 1970년생인 토머스 헤더윅Thomas Heatherwick이다. 그는 영국 맨체스터 메트로폴리탄 대학과 왕립예술학교에서 3차원 디자인과 가구 디자인 등을 공부했는데, 소규모 건축물부터 조각, 제품 디자인, 교량 디자인에 이르기까지 다양한 영역에 도전해 일각에선 '영국의 레오나르도 다빈치'라고 불릴 만큼 명성을 날리고 있는 '팔방미인'이다. 영화 〈해리 포터〉 시리즈의 촬영지로도 유명한 런던 킹스크로스 역 근처에 위치한 헤더윅 스튜디오는 3.5미터 높이의 훤한 천장과 햇살이 잘 스며드는 큰 창문이 인상적인 데다가 언제든지 직원들의 '굶주림'을 해결할 수 있도록 넓고 깔끔한 주방까지 갖춘 멋진 공간이다. 1994년 스튜디오를 설립한 이래 토머스 헤더윅이 빚어낸 온갖 작품들의 모형, 사진, 그림 등이 곳곳에 놓여 있고 롱샴 지퍼 백도 한편에 전시되어 있다.

≫ 롱샴의 지퍼 백(위). 라 메종 유니크(아래)는
롱샴의 뉴욕 플래그십 스토어다. Photo from Longchamp

사소한
아이디어는 없다

설익은 아이디어도 간직하라

"아, 이 가방을 본 적이 있나요?" 다소 느릿한 말투와 어색하게 수줍은 미소가 특징인 토머스 헤더윅은 롱샴 지퍼 백을 알아채는 내 눈초리를 보더니 반가워했다. "사실 지퍼 백의 아이디어는 왕립예술학교 대학원 시절 우연히 얻은 것입니다. 어느 날, 200미터 길이로 판매되는 지퍼를 보고선 나선 모양으로 길게 감는 방식으로 연결하면 뭔가 근사한 게 나오지 않을까 하는 생각이 떠올랐던 겁니다. 원래 시도했던 작품은 가방이 아니라 옷이었지만요. 여성용 드레스를 만들었죠. 그런데 입고 벗는 데 한 시간이 넘게 걸려서 드레스로는 썩 실용적이지 못했답니다. 하하!"

그로부터 10여 년이 흐른 뒤 그는 자신의 스튜디오를 운영하던 중 '지퍼 드레스' 아이디어를 응용해 가방을 디자인했다. 그리고 견고한 품질의 제품을 만들면서 전 세계에 판매망을 가지고 있는 좋은 이미지의 브랜드를 찾아 헤매다가 롱샴으로 발길을 향했다. 가족 기업인 롱샴의 장 카세그렝 사장과 그 딸을 만났는데, 반응이 좋았다. 당시 롱샴으로서도 외부 디자이너와 손잡고 일한 예외적인 사례였다.

토머스 헤더윅의 작품이 카세그렝 사장의 마음에 쏙 들었던 건 명백하다. 롱샴은 토머스 헤더윅에게 뉴욕 소호에 자리 잡은 플래그십 스토어 '라 메종 유니크^{La Maison Unique}'의 매장 디자인을 맡겼다. 55톤 무게의 강철판을 구부려 만들었다는 주황빛 계단이 구불구불 물결치듯 2층까지 올라가는 독특한 구조의 매장은 까다로운 뉴요커들 사이에 회자될 정도로 긍정적인 반응을 얻었다. 리듬감이 절로 느껴지는 계단을 닮은 그의 또 다른 작품으로 잉글랜드 남부 해안을 길고 아름답게 수놓은 '이스트비치 카페^{East beach cafe}'(2007)를 빼놓을 수 없다. 리본처럼 유려한 맵시를 뽐내는 강철의 곡선이 인상적인 이 카페는 관광객들이 즐겨 찾는 명소로 등극했다.

≫ 지역의 명소로 자리 잡은 이스트비치 카페. Photo by Henry Tsang

발명가의 호기심과 예술가의 감수성

롱샴 지퍼 백과 뉴욕의 매장 디자인을 비롯한 토머스 헤더윅 작품의 공통분모는 독특한 엔지니어링이다. 기술과 예술, 발상의 곡선들이 절묘하게 교차한 것이다. 이러한 삼박자의 내공을 수렴한 작품 세계의 백미로는 2005년 런던 패딩턴 지역의 명물로 등장한 '롤링 브리지Rolling Bridge'가 꼽힌다. 이 다리는 평소엔 펼쳐져 있다가 배가 지나갈 땐 양수기의 힘으로 한쪽 끝이 점차 둥글게 구부러지면서 다른 쪽 끝과 만나 팔각형의 원통이 된다. 그해 '영국 철조 디자인상'을 받기도 했다. 보수 기간을 갖기도 하지만 대개 매주 금요일 정오에 가면 이 매력적인 다리가 돌돌 말리는 모습을 구경할 수 있다.

토머스 헤더윅의 가계도를 살펴보면 이 같은 엔지니어적 성향이 외가 쪽 유전자 덕분일 것이라고 추측할 수 있다. 20세기 초에 태어난 그의 외조부 마일스 토멀린은 시인이자 극작가였는데 당시 '해가 지지 않는 나라'로 통했던 대영제국의 건설 열풍에 굉장한 관심을 갖고 있었고, 기계나 토목 분야의 혁신적인 엔지니어링 지식과 자료를 풍부하게 보유했다. 더욱 흥미로운 인물은 그의 고조부다. 다시 말해 외조부 마일스의 할아버지인 루이스 토멀린은 125년 역사를 자랑하는 영국의 유서 깊은 명품 패션 브랜드 예거Jaeger의 창업자다. 별도로 패션 디자인이나 경영을 배우진 않았지만 따지고 보면 토머스 헤더윅의 피에는 발명가적 유전자뿐만 아니라 창업자의 기질, 그리고 '패션 DNA'도 한데 섞여 있는 셈이다.

"외할아버지는 공산주의자였기 때문에 예거를 물려받지 않으셨죠. 전 경제적으로 풍성한 혜택을 누리고 자라진 못했습니다. 하지만 제 양친이 예술 계통에 종사하셨기 때문에 창의성을 중시하는 분위기에서 성장했고, 늘 뭔가를 만들곤 했죠. 어머니는 구슬 공예 전문가로 활약했고, 아버지는 음악가로 활동하셨거든요."

그의 작품 중 무려 14만 2,000개의 유리구슬을 동원해 런던의 10층짜리 웰컴 트

≫ 다리가 둥글게 말렸다가 펼쳐지는 독특한 구조를 지닌 롤링 브리지. ⓒ Steave Speller

러스트Wellcome Trust 재단 건물에 설치한 우아한 조형물 '블라이기센Bleigiessen'은 구슬 커튼 등 자신의 모친이 자주 만들었던 작품에서 영감을 얻은 것이다. 디자인 자체에 직접적인 영향력을 행사한 건 아니지만 '어머니의 세계를 여행하는 느낌으로 한 작업'이라고 묘사한 토머스 헤더윅의 표현에서 알 수 있듯이 모친이 전수한 구슬 공예의 기법과 유머 감각 등이 녹아 있는 작품이다. 토머스 헤더윅은 부모님의 영향 때문인지 어릴 때부터 창조적인 일을 할 것이라 믿어 의심치 않았다고 했다. 사람들이 흔히 겪는다는 소위 '정체성의 위기'라는 것이 전혀 없었다는 것이다.

≫ 블라이기센은 30미터 높이의 조형물로 14만여 개의 원형 구슬을 이어 만든 것이다.
Photo by SY Ko

자신감이란 과정 속에서 생겨나는 것

　자신의 창의적 재능에 대해 의구심을 품은 적이 없다는 자신감의 표현일까? 그는 고개를 가로저었다. "아뇨. 그런 건 아닙니다. 사실, 자신감이란 건 굉장히 재미있는 요소 같아요. 전 언젠가부터 자신감이 절대적인 속성이 아니란 걸 깨달았죠. 제 경우엔 프로젝트를 하면서 자신감을 얻는 편이거든요. 일을 진행해 나가는 과정에서 없던 자신감도 생겨나곤 한답니다."

　그가 처음 자신의 창조성에 대해 자긍심을 가진 계기는 학부 시절에 찾아왔다. 당시 그는 지도 교수의 도움과 기업의 후원을 받아 모형이 아닌 진짜 건물을 짓는 값진 경험을 하게 됐다. 작은 건물이었고, 스스로 위대한 디자인이라고 생각하지 않지만 그에게는 굉장히 의미 있는 작품이었다. 이유인즉슨 그때 처음 '아이디어를 현실로 구현한다'는

》 스펀 체어^{Spun Chair}(2011). 앉으면 의자가 고정되지 않고
마치 팽이처럼 360도 회전하는 독특한 디자인이 흥미롭다.
Photo by Tom Vack Photo from Magis

데 엄청난 흥미를 갖게 되고 성취감을 느꼈기 때문이다. 그는 자랑스러운 듯 자신의 휴대폰에 저장된 실물 사진을 직접 보여주기까지 했다.

"사실은 주위에서 비꼬는 시선도 보냈어요. '디자인 전공자면서 왜 감히 건축의 영역에 덤비느냐. 그건 건축이 아니다'라고 비아냥거리는 사람들이 분명히 주변에 있었거든요. 하지만 디자인도 뭔가를 '만들어내는' 일이잖아요. 세상에서 가장 큰 걸 '만드는 게' 건물이나 다리를 짓는 것 아닙니까? 그래도 정 비웃음을 사야 한다면 '그럼 사람들을 위한 커다란 수납장이라고 치지 뭐'라고 생각하기로 했죠."

우연한 만남이 성장의 방향을 마련하다

그렇게 해서 싹튼 자신감 덕분이었을까? 토머스 헤더윅은 대학원 시절, 학생 기준에선 시쳇말로 '대박'을 터뜨렸다. 그 기회를 만들어준 배경에는 '평생의 은인'이 있었다. 바로 디자인, 식료품, 인테리어 등을 망라하는 영국 리빙 업계의 제왕과도 같은 존재인 테렌스 콘란이다(디자인 문화에 알토란 같은 역할을 해온 런던의 디자인 뮤지엄도 그의 전폭적인 후원 덕에 존재할 수 있었다).

"뭔가 잘 안 풀리던 시기였다고 기억해요. 어느 날, 교내 건물의 복도에서 콘란 경을 봤죠. 무슨 용기가 샘솟았는지 그에게 다가가 조언을 구했습니다. 그는 친절하게도 절 사무실로 불러 얘기할 기회를 줬어요. 전 처음엔 '5분만'이라고 했지만 결국엔 세 시간이나 열변을 토했고, 서로 친해졌죠. 그는 나중에 버크셔에 있는 자신의 별장에 초대해 장기간 머물도록 해줬습니다."

그는 결국 넉 달이나 테렌스 콘란의 자택에 머물면서 뜰에 '가제보Gazebo'란 이름의 건축물을 완성했다. 잠자코 지켜보던 테렌스 콘란은 이 작품을 사들였고, 지금까지 보존하고 있다. 테렌스 콘란은 토머스 헤더윅이 스튜디오를 차린 뒤에도 수차례 일을 의뢰한 진정한 '팬'이자 후원자였다. 토머스 헤더윅은 주변에 테렌스 콘란처럼 참신한 재능을 발견하고 지지해주는 편견 없는 눈을 지닌 선구자들이 있었기에 지금의 창조 도시 런던이 존재할 수 있었다고 힘주어 말한다.

그의 설명처럼 런던은 고답적이고 지루한 이미지를 떨치고 창조 도시로 거듭난 도시 혁신의 성공 사례다. 그도 어릴 때는 파리나 도쿄 등 다른 나라의 대도시를 부러워했다고 한다. "영국인들도 런던에 대해 늘 불평을 쏟아냈죠. 그런데 지금 보세요. 지난 10여 년간 런던엔 정말 놀라운 변화가 일어났고, 근사한 볼거리가 많아졌어요. 한국이요? 어느 나라든, 도시든 변할 수 있어요. 교육과 문화를 장려하는 열정이 있다면요. 그리고 시간이 필요하죠."

특별한 '무언가'를 일어나게 하는 힘

토머스 헤더윅은 과거 10여 년간 런던을 비롯해 영국의 주요 도시가 변화하는 모습을 목격했다는 점에서 스스로 행운아라고 느낀다. 사람들이 '뭔가 일을 벌이고 있을 때' 바로 그 장소에 있었다는 점에서 그렇다는 것이다. '뭔가를 일어나게 하는 것'은 토머스 헤더윅 자신의 신조이기도 하다.

그리고 그러한 혁신의 한 부분을 담당했다는 점에 대해서도 은근한 자긍심을 지니고 있다. 그는 실제로 공공 프로젝트나 보다 많은 대중의 눈을 즐겁게 하는 중·대형 프로젝트에 무게중심을 두었다. 대표적인 예로 2007년 마무리한 런던 브리지 근처의 가이스 호스피털 Guy's Hospital 프로젝트가 있다. 이 병원의 볼품없는 보일러 하우스 외관을 '환골탈태'시키는 게 과제였다. 그는 강철 끈이 씨줄과 날줄처럼 짜여 있고, 병풍처럼 건물을

≫ 보일러 하우스를 물결처럼 감싸는 강철 소재의 파사드가 낙후된 병원 건물의 분위기를 180도 바꿔놓았다.
　Photo by SY Ko

감싼 '보일러 수트Boiler Suit'로 낙후된 건물의 이미지를 180도 바꿔놓았다. 이곳을 지나는 사람들의 시선과 발길을 절로 멈추게 하는 성공작이었다. "왜 하필 보일러였냐고요? 제겐 그게 바로 매력 요소였어요. 보일러의 지루한 이미지를 쇄신하는 게 재미있잖아요. 또 유동 인구가 많은 런던 브리지 인근의 일반 병원이라는 점에도 끌렸죠."

이렇듯 창조적 도전 정신이 강한 탓에 '불가능'을 추구하는 과정에서 쓰라림도 있었다. 맨체스터 유나이티드 축구 경기장 근처에 그가 세운 상징적인 구조물인 '비 오브 더 뱅B of the Bang'은 높이 56미터에 무게가 180톤이나 나가 '중력의 법칙'에 도전했다는 평판과 함께 많은 사랑을 받았다. 하지만 안전문제로 해체 작업을 피할 수 없게 됐다.

그렇지만 그는 아랑곳 않고 여전히 자신의 한계를 시험하는 도전가다. 창조적 도전 의식을 불러일으킨다면 규모나 비용도 큰 문제로 삼지 않는다. 값비싼 재료를 쓸 수 없는 영세 프로젝트라 해도 마다하지 않는 이유다. 그가 2010년 완성한 웨일스의 에버리스트위스Aberystwyth 대학 부설 예술센터를 위해 지은 아담한 건물 여덟 채가 그 예다. 스테인리스 강철 대신 0.127밀리미터의 얇은 강철을 활용해 마치 알루미늄 포일을 구긴 듯 일정한 방식으로 주름을 만듦으로써 손상을 방지하고 단열 효과를 유도한 점이 특이하다.

새롭고 의미 있는 도전은 계속된다

인터뷰 당시 그가 심혈을 기울이고 있던 프로젝트는 2010년 상하이 세계무역박람회EXPO에 선보인 '브리티시 파빌리온British Pavilion'이었다. 6만 개의 가느다란 투명 아크릴 막대로 이뤄진 이 전시관은 낮에는 광섬유처럼 햇빛을 끌어들이고, 밤에는 조명 장치로 휘황찬란한 빛을 발하는 원리를 지녔다. 이 작품은 '작지만 창의적인 파빌리온'이라는 극찬을 받았다. 정원의 나라답게 '씨앗 대성당seed cathedral'이라는 개념을 내세웠다. 바람

≫토머스 헤더윅이 디자인한 런던의 하이브리드 버스는 겉모
습뿐만 아니라 손잡이, 계단의 구조 등 '내부 디테일'에 신경
을 썼다. ⓒ Iwan Baan
≫1층과 2층을 오르내릴 때에도 바깥 풍경을 조망할 수 있도록
설계한 창문 구조가 눈에 띈다. ⓒ Iwan Baan

이 불면 부드럽게 흔들릴 만큼 유연한 이 막대에는 하나하나 실제 씨앗이 담겨 있어 탄성을 자아냈다. 미국의 유력지 「타임」은 토머스 헤더윅의 영국관을 애플의 아이패드, 무인자동차 등과 함께 2010년의 50대 발명품으로 선정했다.

이러한 탁월한 독창성 덕분에 토머스 헤더윅을 향한 러브콜은 전 세계에서 쉴 새 없이 쏟아진다. 숨 돌릴 틈이 있을까 싶은 빡빡한 일정이지만 그는 끄떡없다고 고개를 젓는다. "어찌 보면 한 프로젝트를 진행하다가 다른 프로젝트로 옮겨가는 게 제게는 휴식 같습니다. 그런 과정에서 만나는 사람들도 제 틀을 깨는 데 도움을 주지요. 사실 제가 만난 사람 중 가장 창의적인 인물은 홍콩의 부동산 개발업자였어요. 비즈니스맨들이 창조적이지 않다는 생각은 편견이에요. 오히려 디자이너들이 사업가적인 창조성과 감각을 함께 키울 필요가 있다고 생각합니다."

≫브리티시 파빌리온. ⓒ Iwan Baan

　　다음은 도대체 어떤 행보를 펼칠지 자못 궁금해지는 '팔색조' 사나이 토머스 헤더윅. 그의 40대, 50대, 그리고 60대를 수놓을 작품들은 과연 어떤 식으로 오감을 자극할까. "글쎄요. 미래의 어느 날에는 경첩 같은 걸 만들고 있을지도 모르지요. 중요한 건 누군가 시도하지 않았던 방식으로, 독창성이 꿈틀거리는 아이디어로 새롭고 의미 있는 걸 창조해내는 겁니다. 그게 '뭐가 됐든' 말이지요."

≫ 런던 타워브리지. Photo by SY Ko

컬럼

우울한 런던, 창조적 도시로 탈바꿈하다

영국의 창조성은 독립성이 유달리 강한 섬나라 사람들 사이에서 오랫동안 전해 내려온 '전통적인 덕목'이다. __『스타일조선』과 나눈 폴 스미스 인터뷰 중에서

영국의 창조적 자산에 대한 폴 스미스의 견해에 설명을 덧대자면 역사적으로 영국인은 서유럽의 '대륙인'에 비해 바지런히 바깥세상의 동향에 눈과 귀를 열어야 했고, 뒤쳐지지 않기 위해서는 신중하면서도 적극적으로 외부 문물을 부지런히 흡수해야 했다. 프랑스 문호 앙드레 모루아가 집필한 『영국사』에 나오는 "섬나라이지만 고립되어 있지 않은……"이라는 구절과 사뭇 맥이 닿는 설명이다.

'경계 너머'를 볼 줄 아는 수평적 사고가 가능했고, 이는 창의력과 다채로운 개성이 넘치면서도 실용성이 뛰어난 문화를 발달시켰다. 따라서 이 나라에는 전통에 대한 자부심을 바탕으로 한 보수주의와, 파격적이고 자유분방한 기질이 절묘하게 조화를 이룬 독특한 '칵테일 문화'가 형성되었다. 그리고 이러한 문화는 다시 다문화적 개성을 아우르는 빼어난 창의력을 키우는 바탕이 되었다.

다문화적 토양 속에 세워진 빼어난 창의력

영국은 독특한 환경 덕에 기존의 틀에서 벗어나

애플 제품에 대한 영국인들의 자부심

그러나 영국인들 스스로도 애석해하는 점이 하나

있다. 개개인을 보면 대단한 '창조적 역량'을 보유했음에도, 우량 대기업들을 쏟아내는 성과를 이뤄내지 못했다는 것이다. '주식회사 아메리카Corporate America'라 불리는 미국의 인프라와는 무척 대조적이다. 역사에 남을 만한 창의적인 혁신과 발명을 무수히 일궈낸 바탕이 되고도 정작 수확의 단물을 국가적인 차원에서 맛보는 데는 실패한 경우가 많다는 얘기다. 소위 'i 시리즈'를 성공시킨 주역인 애플의 디자인 총괄 수석 부사장 조너선 아이브가 그 대표적인 예다. 지금은 고인이 된 스티브 잡스가 '정신적 파트너'라고 할 정도로 애지중지했던 조너선 아이브는 영국 출신이지만, 이 제품을 만들어 막대한 부를 창출해내고 음미하고 있는 회사는 미국의 애플사다.

하지만 수많은 영국인들은 애플 제품도 영국적인 창의성이 발현된 제품이라는 자부심을 지니고 있다. 2004년 조너선 아이브는 영국 국영방송 BBC가 실시한 여론조사에서 『해리 포터』 시리즈의 작가, J. K. 롤링을 제치고 영국 문화에 큰 영향력을 행사한 인물 1위로 선정되기도 했다. 물론 디자인을 전략의 중심에 놓고 조너선 아이브에게 힘을 실어준 스티브 잡스가 없었다면 아이팟과 아이폰의 탄생은 장담할 수 없었을 것이다. 반대로 조너선 아이브가 없었다면 스티브 잡스는 '날개 잃은

≫ 테이트 브리튼 Tate Britain . Photo by SY Ko

새'였을지도 모른다. 이러한 연유에서 '자이브^{Jive=Jobs+Ive}'라는 별칭까지 등장했을 것이다.

또 하나의 고민은 앞서 토머스 헤더윅이 회상한 '우울했던 런던'에 대한 대목에서도 비춰진다. 20세기 후반 들어 런던은 파리나 바르셀로나 같은 도시에 비해서 상대적으로 활기가 떨어지고 고루한 이미지를 가졌던 게 사실이다. 이같이 보수적이고 고루한 이미지에서 완전히 벗어나는 한편 '죽 쒀서 남 주는' 일을 방지하기 위해 영국 정부도 국가 브랜딩 재건에 소매를 걷어붙이고 나서고 있다. 물론 그 심장부는 런던이다.

환골탈태의 주역들

300여 개의 언어가 공존한다는 런던이 창의산업의 허브로 확실히 입지를 굳힌 데에는 테렌스 콘란처럼 디자인, 인테리어, 건축, 식품, 출판 등 그야말로 전방위적인 활약을 펼치며 업계를 좌지우지한 인물들이 있었다. 큐레이터이자 사치 갤러리의 소유주인 찰스 사치는 영악하게도 예술계 최고 슈퍼스타인 데미언 허스트를 필두로 한 'YBAs^{young British artists}' 그룹을 미술계의 핵으로 부상시켰다. 여기에 토니 블레어 전 영국 총리 같은 정치인도 큰 몫을 담당했다. 그는 1997년 '쿨 브리타니아^{Cool Britannia}'라는 슬로건을 내걸고 미디어, 디자인, 음악, 영화, 패션, 첨단산업 등 다양한 산업과 전 방위적 문화 영역에서 두각을 나타내는, 말 그대로 '멋진 영국'의 이미지를 뿌리내리기 위한 광범위한 국가 브랜드 이미지 전략을 밀고 나갔다. 템즈강의 밀레니엄 브리지 같은 새로운 '볼거리'를 제공하고 각종 문화 프로그램을 풍부하게 꾸려 관광객도 영양가 있는 '당근'을 듬뿍 선사했다. 이런 사업 중 하나로 배낭족을 비롯한 관광객에게도 영국 전역의 박물관과 미술관을 대부분 '무료로' 입장할 수 있다.

심지어 '미식의 불모지'라는 불명예스러운 꼬리표도 떼버리게 됐다. '지옥엔 독일인 경찰과 영국인 요리사가 산다'는 우스갯소리가 있을 정도로 형편없었던 런던의 식도락 풍경이 세계 각국의 음식 문화를 수용하고 고든 램지, 제이미 올리버, 니겔라 로슨 같은 세계적인 스타 요리사들의 등장과 함께 미식 문화에 대한 관심을 고양시키면서 급속도로 향상된 데 따른 성과다. 다각도의 노력에 힘입어 런던은 창의산업의 메카로 도약함과 동시에 브랜드 이미지 쇄신에도 성공했다. 이러한 이미지를 공고히 하는 방점을 찍은 계기는 이 도시를 중심으로 한 문화적 자산이 얼마나 풍부한지를 여실히 보여준 2012년 런던올림픽이었다. "창조 계급이 융성하기 위해서는 인재들을 끌어모으는 도시는 창의성의 중심지와 혁신의 지원 기구로 재등장했다"는 리처드 플로리다의 지적이 제대로 들어맞는 성공사례다.

≫ Photo from Alasdhair Willis

Alasdhair Willis

확고한 비전이
브랜드를 만든다
앨러스데어 윌리스

2005년, 가장 '영국적인' 색깔을 지닌 세계적인 컨템퍼러리 디자인 브랜드를 만들겠다는 비전 아래 설립된 이스태블리시드 앤드 선스는 이제 영국 전역을 비롯해 40개국에 진출해 세계적인 입지와 명성을 얻고 있다. 세계적인 디자인 잡지 월페이퍼의 공동 창업자인 앨러스데어 윌리스는 런던에서 알아주는 멋쟁이이자 패션 디자이너 스텔라 매카트니의 남편인 동시에 이 회사의 설립자다. 그는 자신의 평소 열망대로 영국적인 디자인 DNA를 지닌 컨템퍼러리 브랜드를 만든 데 이어 이제는 세계적인 축구스타 데이비드 베컴의 스타일을 만들어가고 창조적 혁신을 추구하는 기업들에게 좀 더 영감 어린 조언을 제공하는 '크리에이티브 컨설턴트'로 새로운 영역을 개척하고 있다. 얄미울 정도로 많은 이들이 부러워하는 '자유로운 영혼'이지만 도전에 임하는 매 영역마다 확실한 구두점을 찍기에 더욱 매력적인 그는 '절충주의 인생'의 근사한 표본을 만들어나가고 있다.

런던 최고의 멋쟁이이자 야심 찬 창업인

매년 4월, 밀라노 국제가구박람회 주간이 되면 시내 곳곳에서 낮뿐 아니라 밤을 무대로도 각양각색의 디자인 관련 행사가 펼쳐진다. 그중 가장 열망하는 '초대장'을 꼽으라면 많은 이들이 내로라하는 이탈리아 디자인 브랜드가 아닌 영국의 '이스태블리시드 앤드 선스Established & Sons'가 주최하는 파티를 언급한다. 언제나 가장 '쿨하다'는 손님들로 가득한 인기만점 행사이기 때문이다. 실제로 2010년 밀라노를 방문했을 때 찾아간 비아 팔레르모 근처에 있는 이 회사 전시장 입구에는 엄연히 초대장을 갖고도 줄 서서 기다리는 긴 행렬이 유독 눈에 띄었다. 이러한 현상은 해마다 9월에 개최되는 런던 디자인 페스티벌에서도 나타난다.

이 같은 뜨거운 인기의 배경에는 이 회사의 전 최고경영자이자 주요 주주인 앨러스데어 윌리스Alasdhair Willis가 있다. 소위 '차도남'들이 득실댄다는 런던에서도 멋쟁이로 소문난 앨러스데어 윌리스의 손길이 닿는 행사가 절대로 식상할 리 없다는 세간의 인식 덕분이다. 그리고 그의 파티에는 자신보다 훨씬 더 유명한 그의 부인 스텔라 매카트니가 거의 빠짐없이 동석해 화젯거리가 되곤 한다. 비틀스의 멤버 폴 매카트니의 딸이자 그 자신도 젊은 나이에 패션 디자이너로 이름을 알린 바로 그 스텔라. 이들 부부는 영국의 크리에이티브 업계를 대표하는 '젊은 피'로 부러운 시선을 받는 '한 쌍'이다. 요즘은 '다산 가정'의 모범으로도 꼽힌다(이들은 슬하에 아이 네 명을 두고 있다).

"첫째 아들은 밥 먹고 학교 갈 때 빼곤 그림만 그릴 정도로 미술에 빠져 있고 둘째인 딸은 패션에 관심이 많아요. 셋째는 축구를 좋아하고요. 넷째는 세상에 나오기를 기다리고 있어요(인터뷰 당시 스텔라 매카트니는 임신 중이었다)"

런던 시내 그린파크 인근에 위치한 이스태블리시드 앤드 선스의 쇼룸에서 만난 앨러스데어 윌리스는 외모로는 '젊은 오빠'에 가깝지만 아이들 얘기가 나오면 절로 입가

≫이스태블리시드 앤드 선스의 의자들. 바버 오스거비Baber Osgerby가 디자인한 드 라 워 파빌리온 체어De La Warr Pavillion Chair(2010)(위), 베르티안 포트Bertjan Pot가 디자인한 점퍼 체어Jumper Chair(2010)(아래).
Photo by Peter Guenzel Photo from Established & Sons

에 미소를 머금고, 유모한테서 전화가 오면 정색을 하고 서둘러 받는 확실한 '아빠'였다. 또 '태생이 저런 건가' 싶은 느긋한 자세와 여유로운 분위기를 마구 뿜어내지만 주제가 디자인이나 스타일로 바뀌면 가느다란 녹색 눈을 빛내며 누구 못지않게 진지하게 열변을 토하는 양면적인 매력의 향기를 풀풀 흘렸다.

그림만 알던 순수 미술학도, 비즈니스 세계로 뛰어들다

자유로운 영혼의 끼와 영민한 사업가의 기질이 동시에 느껴지는 앨러스데어 윌리스의 어릴 적 꿈은 '순수 아티스트'였다. 한국에서는 프리미어 리그의 축구 팀으로 잘 알려진 잉글랜드 미들즈브러의 중산층 가정에서 태어난 그는 윈체스터 예술학교에서 순수 미술을 전공했으며 UCL런던대학 계열의 명문 예술대인 슬레이드 Slade School of Fine Art에서 석사 과정을 밟았다. 실제로 졸업한 뒤 자신의 화실에서 열심히 붓과 씨름하면서 꿈을 향해 나아가기도 했다. 그러나 아티스트로서의 삶은 오래가지 않았다.

"화가의 길은 일찌감치 접었어요. 재능에 대한 회의 때문은 아니었어요. 저도 예술가 특유의 오만함을 어느 정도 갖고 있었으니까요. 그러나 그때는 상당히 조바심이 났었죠. '성공하려면 빨리 해야 한다'는 그릇된 강박관념을 품고 있었던 것 같아요."

화가로서 입지를 다지려면 시간이나 금전적인 측면에서 투자가 많이 필요한데 그런 식으로 5년이고, 10년이고 스튜디오에서 버틸 자신이 도저히 없었기 때문이다. 재정적 상황도 여의치 않았다. 그는 인생의 행보에 속도를 내고 싶었다. 마침, 이때는 그가 미디어나 비즈니스 세계에 매료되기 시작하던 시기였다. 다른 세상에 뛰어드는 동기를 충분히 부여받았던 것이다.

그리하여 그가 커리어의 첫걸음을 내딛게 된 분야는 미디어·출판 업계. 1995년

≫ 앨러스데어 윌리스(위). Photo by SY Ko
옐로, 핑크, 화이트 라이트 Yellow, Pink, White Light (2010)(아래). 숄텐 앤드 바이징스 Scholten & Baijings가 디자인한 이스태블리시 앤드 선스의 조명(아래). Photo by Peter Guenzel

그는 한때 폐간되는 불운을 겪은 「모던 리뷰 Modern Review」라는 문학 잡지의 재창간 사업에 가담했다. 이때부터 남다른 사업가 기질과 재능이 돋보였는지, 그는 어느 날 자신의 평판을 전해 들은 한 저널리스트로부터 연락을 받았다. 새로운 사업을 구상하고 있던 캐나다 출신의 저널리스트가 함께 일해보지 않겠냐며 손을 내민 것이다. 바로 지구상에서 가장 주목받고 있는 미디어 업계의 스타 중 하나인 타일러 브륄레 Tyler Brûlé였다.

「월페이퍼*」의 성공으로 사업의 밑천을 마련하다

그렇게 해서 세상의 빛을 보게 된 작품이 바로 잡지 업계의 작은 신화로 자리매김한 「월페이퍼*Wallpaper*」였다. 여행, 디자인, 패션 등을 두루 다루는 이 잡지는 탁월하게 세련된 감각으로 초반부터 독자와 광고주에게 폭발적인 호응을 얻었다. 타일러 브륄레, 앨러스데어 윌리스 등 창업 멤버들은 1997년에 미디어 업계의 거물인 타임워너 Time Warner에 사업체를 매각하는 영민함을 보였다. 이들은 지분을 넘기고 개인적인 부를 획득했지만 2002년까지는 「월페이퍼*」에 남아 매체의 브랜드 기반을 공고히 쌓아 올리는 데 심혈을 기울였다. 그러고는 각자의 길을 걸었다. 앨러스데어 윌리스는 디자인의 세계로 들어갔고, 뼛속까지 종이 매체를 사랑하는 저널리스트였던 타일러 브륄레는 영국의 또 다른 트렌드 잡지 「모노클 Monocle」을 창간하며 미디어 세상에 남았다. 「모노클」은 비즈니스, 디자인, 정치, 사회 등 다방면의 이슈들을 현장감과 감성의 고삐를 모두 놓치지 않고 다루며 대부분 종이 매체들의 허덕거림과는 대조적으로 고성장의 위업을 달성했다. 이 잡지의 발행인 타일러 브륄레는 현대카드의 '슈퍼토크'에서 강연을 맡아 한국을 찾은 적이 있다.

"타일러는 열정과 아이디어가 넘치는 정말로 멋진 사람이죠. 미디어·출판에 대한 사랑도 지극하고요. 제 친구인 제퍼슨 핵 영국의 유명 잡지 「데이즈드 앤드 컨퓨즈드」의 발행인도 그렇고

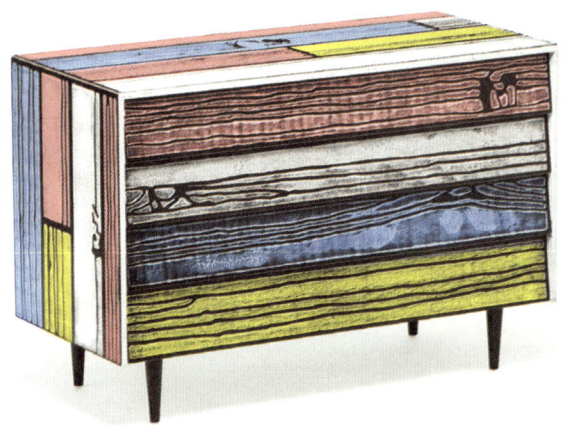

≫이스태블리시드 앤드 선스의 가구들. 리처드 우즈 앤드 서배스천 롱^{Richard Woods & Sebastian Wrong}이 디자인한 롱 우즈^{Wrong Woods}(위)와 숄텐 앤드 바이징스가 디자인한 암스테르담 아르무아르^{Amsterdam armoire}(아래).
Photo from Established & Sons

타일러도 그렇고, 그 세계를 떠나서는 살 수 없을 만큼 '글 세상'에 대한 진한 애정을 지닌 사람들이 있는 것 같습니다."

앨러스데어 윌리스 자신의 경우는 어떠했을까? 그는 끝없이 지평을 넓히며 새로운 영역에 도전하는 '모험가' 부류다. 미술에만 관심을 쏟고 살다가 「월페이퍼*」에 몸담은 것을 계기로 자연스럽게 그 연장선상에 자리한 또 다른 세계, 즉 가구 디자인, 패션, 여행 등 다방면에 걸쳐 지식과 안목이 늘게 된 것이다. 그리고, 더욱 중요하게는 디자인을 둘러싼 비즈니스 세계에 대해서도 흥미를 갖게 됐다. 특히 영국적인 디자인 브랜드를 구축하는 일의 가능성에 눈뜬 것이다. 이러한 배경에서 가구 사업에 뛰어들기로 결정했을 당시에 망설임은 별로 없었다고 그는 잘라 말했다. 그는 자신은 10년 계획을 전략적으로 짜는 부류가 아니고 '아, 이거다' 싶으면 바로 행동에 옮기는 편이라고 설명했다.

영국적인 가구 브랜드를 만들다

사실 2005년 그가 '영국적인' 색깔을 지닌 세계적인 컨템퍼러리 디자인 브랜드를 내놓겠다는 비전을 갖고 이스태블리시드 앤드 선스를 설립했을 때만 해도 회의적인 시선으로 보는 이들이 꽤 많았다. 영국은 분명 창의산업의 강점이 두드러지는 데다 수많은 스타 디자이너를 배출한 '인재의 산실' 역할을 해왔지만 모로소, 카펠리니, 비트라 등 '브랜드 강국'인 이탈리아에 대적할 만한 영국적인 가구 브랜드는 시도된 적도 별로 없었고, 실제로 무게 있는 존재감을 지닐 만큼 성공한 경우도 거의 없었으니 말이다.

그러나 설립한 지 불과 4~5년 만에, 이스태블리시드 앤드 선스는 영국 전역을 비롯, 40개국에 진출하는 등 세계 무대에서도 이름을 당당히 내밀 정도로 성장했다. 건축·디자인계의 '여제'로 불리는 콧대 높은 자하 하디드와 '아쿠아 테이블'을 내놓았으며,

≫이스태블리시드 앤드 선스는 촉망받는 신예 디자이너, 스타 디자이너들과의 작업으로 유명하다. 왼쪽 위부터 시계 방향으로 런던의 신성 샤이 알칼라이의 데뷔작 '스택Stack'(2008), 스페인 출신으로 런던에서 활동하는 하이메 아욘Jaime Hayon의 '튜더 캐비닛Tudor Cabinet'(2009), 건축가 어맨다 레베트의 드리프트 벤치(2006), 독일의 거성 콘스탄틴 그리치의 '베니니 컬렉션Benini Collection'(2010). Photo from Established & Sons

영국적인 미니멀리즘의 상징인 재스퍼 모리슨 등 내로라하는 영국 출신의 저명한 디자이너들과 잇따라 작업했다. 처음에는 디자이너의 이름 덕분에 시선을 끌었지만 점차 디자인의 질과 감성으로 더 확실한 눈도장을 받았다. 프랑스의 로낭과 에르완 부룰레크Ronan & Erwan Bouroullec 형제, 독일의 콘스탄틴 그리치치Konstantin Gricic 등 세계적인 스타 디자이너들을 끌어들이는 데도 성공하면서 브랜드 기반을 넓혀 나갔다. 오랜 역사와 내공을 지닌 이탈리아 브랜드들을 생각하면 '성공'을 운운하기에는 분명히 이르지만 대공황 이래 최악이라는 경기 침체기를 견뎌내며 꿋꿋하게 버텨낸 것이다. 적어도 브랜드의 존재감을 부각시키는 차원에서는 괄목할 만한 성과를 거뒀다.

"사실 영국에는 왕립예술학교 등 명문대를 거친 뛰어난 실력의 소유자들이 차고 넘치죠. 엄청난 숫자의 걸출한 디자이너들을 배출해온 '재능의 산실'이라고 할 수 있습니다. 단지 영국 혈통만을 말하는 게 아니라 터키든 한국이든 국적에 상관없이 영국에서 자라거나 교육을 받은, 다시 말해 영국의 영향을 받은 디자이너들을 포함해서 하는 말입니다. 개개인을 보면 그렇지만 정작 영국적인 정서를 대표할 만한 디자인 브랜드는 찾아보기 힘들었던 게 사실이었죠. 영국의 토양에서 자란 출중한 디자이너들이 항상 이탈리아와 같은 타국의 브랜드에서 일자리를 얻을 기회를 찾아야 했고요."

멀리 내다보라

디자인 세계에서는 이름값깨나 하는 디자이너들, 다시 말해 자신의 입지를 확실히 다진 '정평이 난established' 스타들을 끌어들이는 데 성공했지만 그가 의도했던 진정한 노림수는 영국적인 디자인을 계승할 수 있는 후예를 발굴하고 키우는 데 있었다. 그게 바로 '아들들sons'(후예들)이란 단어가 브랜드에 포함된 이유이기도 하다.

"「월페이퍼*」에서 일할 때 출중한 디자이너들을 많이 접했는데, 그들 대부분이 공통적으로 지닌 최고의 꿈은 이탈리아의 메이저 브랜드를 통해 자신의 작품을 선보이는 것이었어요. 영국 디자이너 에드워드 바버Edward Barber와 제이 오스거비Jay Osgerby '콤비'가 카펠리니에게 제안을 받았을 때 저도 같이 무척이나 기뻐해준 기억이 납니다. 그렇지만 '어째서 그런 재능을 소화해줄 우리의 플랫폼은 없는 것일까?' 하는 의문도 동시에 들었죠."

요즘 디자인 업계에서 촉망받는 이스라엘 출신의 샤이 알칼라이Shay Alkalay는 그가 그토록 열망했던 차세대 양성 프로젝트의 대표적인 예다. 앨러스데어 윌리스는 왕립예술학교 졸업 전시회에서 그의 작품에 단번에 반했다고 한다. 바로 스카우트를 감행했다. 그렇게 히트작이 된 '스택'(2008)은 서랍 문이 한 방향으로 열린다는 고정관념을 깬 재미난 서랍장이다.

솔직히 새로운 재능을 키운다는 게 쉽지는 않은 일이다. 잠깐 반짝이고는 끝날 재능인지, 아니면 지속적인 성장을 할지 알 수 없을뿐더러 스타 디자이너들과 달리 마케팅, 홍보 등에도 많은 공을 들여야 하기 때문이다. 앨러스데어 윌리스는 이스태블리시드 앤드 선스라는 브랜드를 결코 내세우지 않고 철저하게 디자이너들을 위한 PR 전략을 구사하기로 결정했다. 개개인을 위주로 한 브랜딩, 마케팅 전략은 상당히 품이 들어가는

≫ 부룰레크 형제의 '퀼트Quilt' 소파(2009), Photo from Established & Sons

일이지만 재능 있는 신성을 탄생시킬 수 있는 '묘책'이라 판단했기 때문이다. 그의 타고난 입담, 인맥을 활용하는 노하우 등이 십분 발휘됐다. 스스로 '난 카메라가 어디로 향하는지 안다'고 말할 정도로 자신하는 그의 홍보 전략은 젊은 디자이너들을 부각시키는 데 주효했고, 결과적으로 이스태블리시드 앤드 선스 브랜드의 입지를 세우는 데도 보탬이 됐다.

"신진 디자이너들이라 해도 너무 과하게 언론에 노출되어서도 안 되고 모든 인터뷰에 '예스'를 하게 해서도 안됩니다. 저는 그런 일에는 꽤 재능이 있는 것 같습니다." 그는 입꼬리를 슬쩍 올렸다. 게다가 보람도 무척 컸다. 이스태블리시드 앤드 선스를 통해 성공적으로 데뷔한 사이 알칼라이는 「파이낸셜 타임스」와의 인터뷰에서 그에게 연락을 받았을 때가 '최고의 순간'이었다고 말했다. 앨러스데어 윌리스는 이 얘기를 들었을 때 정말 기분이 좋았다고 힘주어 말했다. 「월페이퍼*」 시절 카펠리니의 전화를 받고 '꿈이 이뤄졌다'고 환호하던 바버와 오스거비 듀오를 바라보던 기억이 교차하면서 말이다.

디자인 감성에 대한 확고한 시각을 가져라

존재감 있는 영국적인 디자인 브랜드를 그토록 갈구했던 '자수성가형' 사업가에게 '영국다움'이란 어떤 의미일까? 그는 특유의 유머와 기지, 절충주의, 괴짜스러움 등을 '영국적인' 속성으로 꼽았다. 그리고 문화적인 다채로움을 강조하는 것을 잊지 않았다. 무역국으로서 바깥세상과 교류하고 소통해야 하는 역사적인 배경 때문에 영국, 그 안에서도 특히 런던이라는 도시는 세계 어느 곳보다 다문화적인 사회가 될 수밖에 없었다는 '태생적 구조론'을 그도 옹호했다.

하지만 좋은 디자인 브랜드는 다양함을 포용하면서도 고유의 색깔을 지녀야 하

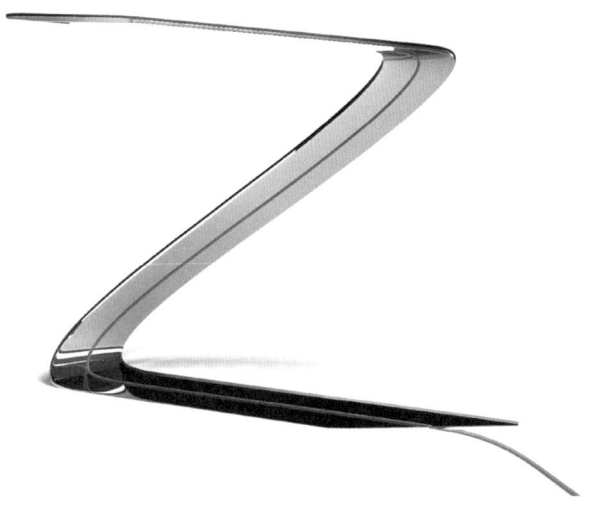

≫건축가 어맨다 레베트의 '에지Edge'(2011).
Photo from Established & Sons

는 법이다. 저마다 개성이 유별나게 강한 디자이너들을 두고 어떻게 그러한 일관된 정체성을 유지할 수 있을까? 자하 하디드와 재스퍼 모리슨처럼 스타일이 판이한 크리에이터들을 대하면서 말이다. 게다가 어느덧 이스태블리시드 앤드 선스는 영국 출신 디자이너들만이 아니라 '다국적 디자이너 진'을 꾸리게 됐다. 영국적임을 고수하면서 다양한 문화적 배경을 지닌 디자이너들, 그것도 고집도 센 스타 디자이너들과 일을 한다는 것은 흥미롭지만 결코 쉽지 않은 작업일 수밖에 없다. 그래서 앨러스데어 윌리스 말고도 이스태블리시드 앤드 선스의 디자인 감성을 대표하는 디자인 디렉터인 서배스천 롱Sebastian Wrong 같은 조직의 브레인들이 원활히 소통하고 조율하는 역할이 막중하다.

"우리는 본질적으로 일정 수준의 영국적인 요소를 가미한 작품을 꾸준히 내놓았다고 자부합니다. 하지만 영국 기반의 디자이너들만 고집하지 않게 된 건 그만큼 우리가 브랜드로 성장했다는 뜻도 되겠죠. 이스태블리시드 앤드 선스라는 브랜드의 존재 자체로 영국적인 상징성을 표현할 수 있으니까요."

그는 특히 다국적 디자이너와 일을 진행할 때 이스태블리시드 앤드 선스라는 브랜드와 '궁합'이 잘 맞는지 더욱 신중하게 고민한 뒤에야 선택한다는 얘기를 강조했다. 프랑스 출신으로 최근 디자인 업계의 '대세'인 부홀렉 형제를 좋은 예로 꼽았다. 부홀렉 형제는 이스태블리시드 앤드 선스와 일할 때는 이스태블리시드 앤드 선스만을 위한 디자인을 하는 데 충실한, '진정한 프로'라는 것이다. 고객 브랜드에 따라 저마다 다른 성격의 디자인을 선보이는, 전략적인 협력의 표본인 셈이다.

데이비드 베컴의 스타일 구루

"개인으로서의 제 강점은 창조적인 비전과 '결혼'하는 것이에요. 그게 한 점의 디자인 작품이든, 창의적인 비즈니스 구상이든 말이지요. 일정 수준의 사업 감각과 창의성을 결합시키는 것이죠. 그래서 저는 제 자신을 컨템퍼러리 디자인 가구 업체를 운영하는 사람으로 보지 않습니다. 절 흥분시키는 건 디자인이나 가구가 아니라 세계 무대에 역동성을 불어넣을 수 있는 브랜드를 구축하는 창의적인 프로세스 그 자체이니까요."

마치 이러한 자신의 발언을 증명이라도 하듯 앨러스데어 윌리스는 나와 인터뷰를 한 지 얼마 되지 않아 새로운 도전을 위해 이스태블리시드 앤드 선스를 떠났다. 주주로 남았기에 회사를 완전히 떠난 것은 아니지만 한곳에 머물지 않는 바람처럼 다른 세상으로 훌쩍 날아갔다. 영국 땅을 넘어선 세계적인 스포츠 스타, 동시에 최고의 스타일 아이콘 데이비드 베컴에게 퍼스널 브랜딩과 속옷 사업에 관한 다각도의 '훈수'를 두는 '크리에이티브 컨설턴트'라는 영역으로 이스태블리시드 앤드 선스를 맡고 있으면서 이미 자신의 컨설팅 회사를 따로 운영하고 있었던 그는 베컴을 비롯해 프리미엄 샴페인 브랜드 뵈브

≫ 이스태블리시드 앤드 선스의 크리에이티브 디렉터인 서배스천 롱의 '폰트 클럭Font Clock'(위). 12가지 서체 보여준다(2007). 영국의 실력파 디자이너 샘 헥트Sam Hecht의 '투 타이머Two Timer'(2008)는 문자반은 하나인데 두 개의 쿼츠 무브먼트로 두 곳의 시간을 알려주는 시계다. Photo from Established & Sons

클리코Veuve Clicquot, 럭셔리 남성 브랜드 던힐Dunhill, 미술품 경매의 원조 크리스티Christie's, 스포츠 브랜드 아디다스, 패션 장화로 유명한 헌터hunter 등 쟁쟁한 브랜드들을 고객 명단에 올렸다.

    과연 유유히 떠다니는 자유롭고 창조적인 영혼인지, 아니면 한 번 성공에 그치지 않고 계속 새 사업에 도전하는 '시리얼 안트러프러너serial entrepreneur: 연쇄 창업가'의 기질을 타고난 것인지, 양쪽 다인지는 잘 모르겠다. 한 가지 분명한 것은 그가 단지 스텔라 매카트니의 마음을 훔친 매력적인 '품절남'일 뿐만이 아니라 떠날 때는 훌쩍 떠나더라도 일단 자신이 머문 자리에는 확실한 족적을 남기는 '근성남'이라는 점이다.

≫Photo by Moroso Photo from Studio Tord Boontje

Tord Boontje

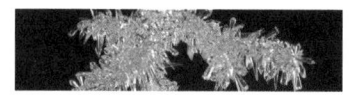

내면의 감성에 집중하라
토르트 본체

로맨틱하고 신비한 분위기, 하지만 그 바탕에 철저히 계산된 정교함의 미학이 깔린 고유의 디자인 세계를 구축한 네덜란드 출신의 디자이너 토르트 본체. 자연을 벗 삼아 서정시를 읊조리는 듯한 그의 디자인 세계는 고혹적이면서도 따뜻한 정감을 불러일으키며 보는 이들의 마음을 사로잡는다. 2012년, 하반기 인기를 끌었던 서울 대림미술관의 전시회 〈스파클링 시크릿—스와로브스키, 그 빛나는 환상〉에서 시선을 모았던 '아이스 브랜치 Ice Branch'라는 작품의 주인공이기도 하다. 2009년부터는 그는 세계 무대를 누비는 디자이너로 활약하면서 모교인 왕립예술학교의 교수로 재직하여 후학 양성에도 정열을 불태우기도 했다. 런던 사우스켄싱턴의 교정과 쇼어디치에 자리 잡은 스튜디오 그리고 프랑스 남부 전원을 배경으로 한 아틀리에를 오가며 정열적인 '듀얼 라이프'를 전개했던 '코즈모폴리턴 디자이너' 토르트 본체. 그는 4년 만에 다시 '전업 디자이너'로 돌아가겠다고 선언했다. 2013년 런던 디자인 페스티벌에 〈자기장 Magnetic Fields〉이라는 작품을 내놓으며 본격적인 디자인 행보를 펼치고 있다.

신부의 면사포를 떠올리게 하는 섬세함의 극치

품격 있는 디테일 속에 로코코 양식이 연상되는 실루엣이 돋보이는 섬세한 디자인, 그리고 자연에서 영감을 받은 풍부한 색감. 유럽을 주 무대로 활약하는 토르트 본체Tord Boontje의 디자인은 곱디고운 결과 우아한 무늬가 다양한 심상을 불러일으킨다. 신부의 면사포를 떠올리게 하는 신비함이 묻어나기도 하고, 크리스마스에 세례를 받는 아기의 눈망울을 생각나게 하는 순결함이 서려 있기도 하다. 그런가 하면 어릴 적 추억에 잠겨 입가에 미소를 머금게 하는 따뜻함이 배어나기도 한다. 그리고 국적 불명의 정제된 아름다움과 로맨틱한 기운이 느껴진다. 런던에서 오랫동안 활동하다 아름다운 전원을 찾아 프랑스 남부로 떠났다가 다시 돌아온 토르트 본체를 왕립예술학교 교정에서 만났다.

그가 프랑스에 터를 잡았던 곳은 부르 아르장탈Bourg-Argental이라는 리옹 근처의 호젓하고 아름다운 고장이다. "그곳의 스튜디오는 여전히 있어요. 조각가인 아내와 제가 공유하는 커다란 작업 공간이니까요. 그러고 보니 프랑스로 떠났던 것도 벌써 5년이 넘었네요. 워낙 지인이 많은 이곳이 꽤 그립기도 했어요. 처음에 공부를 하러 온 1992년부터 2005년까지 10년도 훨씬 넘게 런던에서 지냈으니까요."

어머니의 영향으로 품게 된 자수와 퀼트에 대한 사랑

사실 흩날리는 꽃송이나 잔잔하게 물결치는 나뭇가지 등을 소재로 삼는 그의 디자인만 보면 당연히 여성이라고 생각하는 이들도 적지 않다. 외모만 봐도 다분히 남성적인 면모가 강한 그의 디자인이 여성적인 정감이 담뿍 어린 디자인 색채를 띠게 된 데에는 어머니가 큰 영향을 미쳤다. 텍스타일 디자이너이자 미술사를 가르치는 교사였던 그의 어

≫미국 디자인 기업 아르텍니카와 작업한 조명 '탱글Tangle'(2011). 돔 형태의 글래스 '글로브' 안에 넣기도 한다(위). Photo from Studio Tord Boontje, 라르무아르 L'Armoire(2008). 클래식한 나무 장식장을 재해석한 작품이다(아래). Photo from Studio Tord Boontje

≫ 스와로브스키 '블로섬 레이스
Blossom Lace'. 블랙과 크리스털의
조화가 눈길을 끈다. Photo from
Studio Tord Boontje

머니는 아이들 셋을 홀로 키웠다. 어머니가 일하는 걸 보고 자란 그에게 바느질과 자수를 하는 광경은 아주 익숙했다. 게다가 미술사와 디자인 책이 가득한 집 안에서 독서에 빠지지 않기는 힘들었다. 그러다 보니 자연스럽게 그 방면에 호기심을 갖게 됐다. 이러한 성장 과정에서의 영향 때문인지 토르트 본체는 디자이너, 그의 누나는 화가가 되었다.

그러나 그가 자수나 퀼트 같은 수공예적인 요소들을 자신의 디자인에 접목한 것은 다분히 의도적이다. "아마도 2000년대 초반이었을 거예요. 그때는 자수 같은 여성적인 장식의 느낌을 내는 디자인이 별로 없었어요. 건축적이고, 남성적이고, 매끈하고, 차가운 느낌이랄까요. 하지만 저는 대량생산을 위한 디자인 용품에도 자수와 같은 수예를 연상시키는 서정적이고 포근한 감성을 불어넣고 싶었습니다. 다행히 반응이 나쁘지 않았죠." 덴마크의 텍스타일 전문업체 크바드라트Kvadrat와 작업한 커튼과 카펫 등 '패브릭 시리즈'나 스페인 카펫 브랜드 나니 마르키나Nani Marquina와 함께 선보인 '리틀 필드 오브 플라워스Little Field of Flowers' (2011) 등은 이처럼 곱고 세밀한 수공예 느낌이 물씬 묻어나는 작품들이다.

토르트 본체는 자신의 섬세한 스타일 작품에 첨단 기술을 접목하는 특유의 방식도 유연하게 구사한다. 손으로 그린 스케치를 디지털 프린팅이나 레이저 커팅 등을 이용해 화사하고 부드러운 느낌의 디자인으로 빚어낸다. HP와 손잡고 3D 상감 기법을 적용해 화사하면서도 깔끔하게 상판을 장식한 '토르트 본체표' 미니노트북을 한정판으로 선보이기도 했다. 두께 1인치에 무게가 1.06킬로그램인 이 제품은 새하얀 바탕에 꽃과 멸종

≫ 토르트 본체가 세계적인 카펫 브랜드 나니 마르키나와 함께 작업한 '리틀 필드 오브 플라워스' 시리즈(2011). 국내에서는 웰즈 www.wellz.co.kr 를 통해 접할 수 있다. Produced by Nani Marquina Photo by Albert Font

위기에 처한 동물 문양을 디자인 소재로 사용해 토르트 본체 특유의 느낌이 배어나는 그 야말로 '예쁜 노트북'이다.

내면의 감성에 집중하라

자연을 벗 삼아 사색을 하고 조용하고 넓은 스튜디오에서 작업하는 일상을 사랑한다는 그가 느린 말씨로 자분자분 설명하는 것을 듣자니 평생 굴곡 한 번 없이 순조롭고 평탄하게 살아왔을 것만 같았다. 하지만 실제로 그의 성공은 금세 이뤄지지 않았다. '세상에 급할 것 없다'는 듯한 찬찬한 말씨만큼은 아니지만, 상당히 느리게 찾아왔다.

1994년에 왕립예술학교를 졸업한 그는 여느 디자이너 지망생들처럼 '홀로서기'를 하기는 힘든 상황이었다. 따라서 런던에서 그림도 그리고, 디자인도 하고, 시장 조사 프로젝트도 떠맡는 등 이것저것 가리지 않고 일하면서 생계를 꾸려나갔다. 1996년에 스튜디오를 차리긴 했지만, 1990년대 말까지는 줄곧 그렇게 살아나갔다. 그가 '아르바이트형' 삶을 접고 오롯이 디자인에만 집중할 수 있을 정도로 입지를 다지고 두각을 나타내게 된 것은 2000년대 중반에 이르러서였다.

그리고 그 전환점을 마련해준 대상은 이탈리아의 명품가구 브랜드 모로소[Moroso]였다. 그가 영국의 대중적인 라이프스타일 브랜드인 해비탯[Habitat]과 함께 선보인 '갈런드 라이트[Garland Light]', 그리고 스와로브스키와 작업한 샹들리에 '나이트 블로섬[Night Blossom]'을 보고는 구애 의사를 보낸 것이다. 두 작품은 느낌은 비슷하지만 목표로 하는 시장이 굉장히 달라 더욱 흥미로워했던 것 같다는 게 그의 해석이다. 전자는 명품이었고, 후자는 상대적으로 좀 더 대중적인 제품이었으니까.

그는 지금도 미국의 대형 유통 기업 타깃[Target]과 일하는 동시에 모로소, 메타[Meta]

≫ 우아하면서도 실험적인 이탈리아 가구 브랜드 모로소의 클로저 체어 Closer Chair(왼쪽 위), 일상의 소재들을 담백하면서도 여성스럽게 담아낸 '수요일 컬렉션 Wednesday Collection'의 크로 체어 Crow Chair(오른쪽 위), '레인 Rain' 테이블과 의자(아래). Produced by Moroso, Studio Tord Boontje Photo from Studio Tord Boontje

같은 프리미엄 고객층을 겨냥한 고급 브랜드와 작업하는 걸 즐긴다. 그런데, 만약 하나를 선택해야 한다면 어떨까? 이 질문에 그는 약간은 곤란한 듯한 표정으로 "두 가지 다 하면 안 되느냐"고 되묻더니 잠시 고민에 빠졌다.

"음, 굳이 하나를 골라야 한다면 아마도 대중을 선택할 것 같네요. 사실 균형을 맞출 수 있다면 그게 최상이겠지요. 메타에서 선보인 '무화과 잎 옷장 Fig Leaf Wardrobe' 같은 경우는 아마도 제가 여태까지 디자인한 작품 중 가장 비싼 가구일 텐데, 분명히 이런 작업은 예술가로서의 감성을 일깨워주는 자양분이 되거든요."

토르트 본체만의 느림의 미학

앨프리드 히치콕 감독의 팬이라는 그는 책, 영화, 요리, 산책 등 취미가 다양해 지루할 틈이 없다고 했다. 그리고 여러 가지 종류의 사람들과 호흡하고 공명하면서 흥미로운 요소를 찾아내는 걸 매우 즐긴다. 창조적 영감이 온갖 상황에서 자연스럽게 떠오른단다. 예를 들어 말馬이 있다고 치자. 배경이 서로 다른 사람들에게 말은 다채로운 이야기 보따리를 풀어놓을 수 있는 소재겠지만, 그와 동시에 어릴 적 추억에 얽힌 공통 분모로서의 보편적 속성도 가지고 있다. 본체는 바로 이러한 점에 주목하고, 여기에서 받은 영감을 디자인으로 풀어내는 것이다.

그러나 작품으로 승화시킬 만큼 뚜렷한 개념을 잡을 때까지는 역시 시간이 필요하다. "제 경우는 보통 상당히 느리게 진척되죠. 저는 창작 작품의 개념을 잡는 데 꽤 오래 걸리거든요. 한없이 시간을 보내는 것 같지만 어느 날 뭔가가 반짝하고 떠오르면 아침에 일어나서 그림을 그리기 시작하죠. 일단 개념이 머리에 자리 잡히면 실제 작업은 굉장히 빨리 하는 편입니다." 실제로 그는 길이 2~3미터가 넘는 작품을 거의 밤을 새워가며 일

≫ 무화과 잎 옷장(2008). 나뭇잎으로 뒤덮힌 문 안에 옷걸이가 숨어 있다(오른쪽).
Produced by Meta Photo from Studio Tord Boontje

주일에 걸쳐 완성한 경험이 있다.

　　토르트 본체는 자신의 창작 과정이 한국 기업의 정서와는 많이 다른 것 같다는 말도 덧붙였다. 그는 한국 기업들은 여러 가지 면에서 굉장히 다르다고 느낀다. 규모가 큰 첨단 기업의 특성에서 비롯된 것일 수도 있겠지만 빠른 시간 내에 개념을 잡는 것이 놀랍다고 했다. 어떤 개념을 생각해내기 위해서는 초기에 머리를 싸매며 꽤 오랜 시간을 보내야만 하는 자신과는 대조적임을 강조했다. 이처럼 '시동'을 거는 데는 꽤나 느린 자신과 달리 한국 기업들은 굉장히 결단력이 있지만 실제로 작업을 하는 데는 시간을 많이 투자하는 것 같다는 지적을 덧붙였다.

영혼의 동반자이자 작업 파트너인 조각가 아내

　　1990년대를 돌아보며 잠시 회상에 빠진 그의 눈빛을 보니 토르트 본체를 만나면 꼭 잊지 말고 묻고 싶었던 질문이 생각났다. 영국 디자인 뮤지엄과 나눈 인터뷰 기사에 연도별로 정리된 주요 경력이 빼곡히 실렸는데, 1993년에는 "굉장히 좋은 한 해를 보냈다 had a great year"라고 간단히 적혀 있었다. 그게 못내 궁금했던 것이다. "하하, 그랬나요? 음, 1993년이 특별한 건 내 아내 때문일 겁니다. 왕립예술학교 학생이었지만 미국에 교환학생으로 갔다가 돌아와 처음 만나게 되어 사귀게 된 게 그해였거든요."

　　조각가인 부인 에마 우펜든 Emma Woffenden 이야기를 입버릇처럼 자주하는 그는 '애처가'임을 자인했다. 왕립예술학교 커플로 만나 졸업한 뒤 스튜디오를 차리고 디자인 작업을 하는 토르트 본체의 인생 여정에는 항상 그의 아내가 함께했다. 일에서도, 가정에서도 절대적으로 소중한 동반자 역할을 해온 것이다. 미국 디자인 기업 아르텍니카 Artecnica 와 손잡고 빚어낸 유리 공예품인 '트랜스글라스 Transglass'(2005)도 토르트 본체와

≫미국 디자인 기업 아르텍니카의 유리공예품 트랜스글라스. Photo from Studio Tord Boontje

에마의 초기 공동 작업으로 탄생한 1997년도 작품에 기반을 둔 것이다. 재활용 유리병에 다채로운 색감과 형태를 입혀 만든 이 근사한 시리즈는 과테말라 유리 공예 장인과의 합작으로 만들어졌다.

그는 2009년 아내와 덴마크 에벨토프트 유리 박물관Ebeltoft Glass Museum에서 〈아니마 아니무스Anima Animus〉라는 주제로 공동 전시회를 열기도 했다. 아니마는 독일어의 '영혼seele'에서, 아니무스는 '정신geist'에서 빌려온 라틴어 용어로 각각 남성의 무의식 속에 있는 여성성, 여성의 무의식 속에 있는 남성성을 뜻한다고 했다.

"사실 제 아내와 저는 스타일이 굉장히 달라요. 제 디자인은 여성스러운 면이 강한 데 비해 그녀는 굉장히 남성적인 데가 있죠. 그 때문에 서로를 보완해줄 수 있는 것 같아요. 그래서 전시회 제목도 〈아니마 아니무스〉로 정했고요."

런던의 다양성과 프랑스 시골의 서정성을 동시에

런던과 프랑스가 제2, 제3의 보금자리가 된 지 이미 오랜 시간이 흘렀지만, 그의 모국은 네덜란드다. 1968년생인 그는 엔스헤더Enschede라는 네덜란드 동부의 도시에서 자랐고 학부 과정을 위해 에인트호번 디자인 아카데미에서 산업디자인을 공부했다. 왕립예술학교에서 석사 과정을 밟기 위해 영국으로 건너온 그는 아내로 맞이한 동창생뿐만 아니라 런던이라는 도시와도 단번에 사랑에 빠졌다. 그가 흠모하는 런던의 치명적인 매력은 다문화적인 면모와 역동성이다. 국제적인 도시로 유명한 암스테르담에도 머물렀지만 런던만큼 다양성이 넘치진 않았다.

토르트 본체는 '코즈모폴리턴'을 자처하는 만큼 국적이나 시민권 등으로 자신의 정체성이 규정되는 걸 꺼리는 편이다. 하지만 네덜란드인 특유의 개방적인 태도가 그의

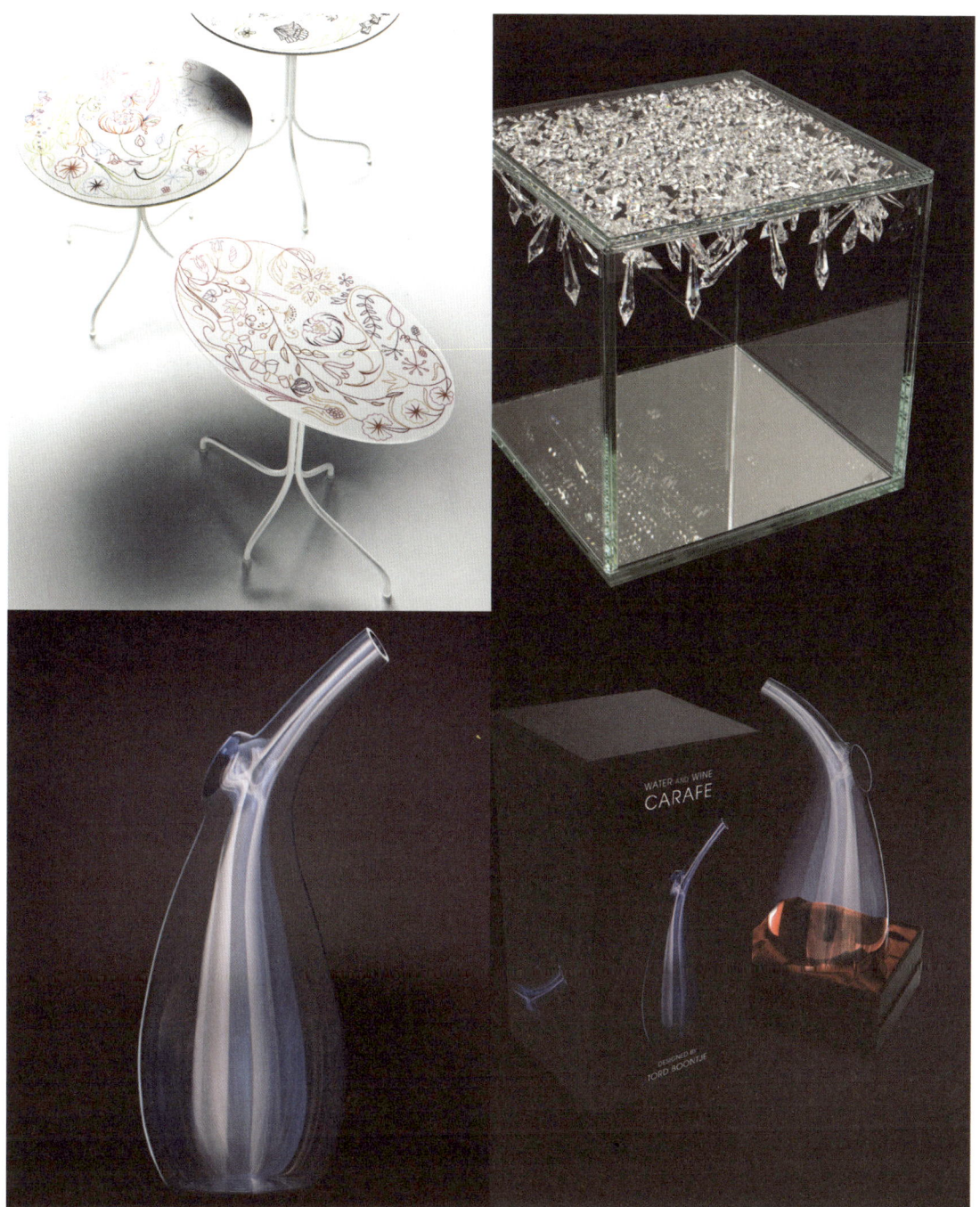

≫ 왼쪽 위부터 시계 방향으로 인조대리석 상판과 레이저 커팅으로 만든 강철 프레임의 조화가 아름다운 '봉봉Bon Bon 테이블'(2006), 스와로브스키의 '아이스 벤치Ice Bench'(2009), 와인이나 물을 담는 유리병(2011). Photo from Studio Tord Boontje

사해동포주의에 어느 정도 영향을 주지는 않았을까? 그는 수긍했다. "아마도요. 네덜란드 사람들이 개방적이고 사교적인 편이며 민주주의 성향이 강한 건 사실입니다. 하지만 어느 나라 출신이라는 게 뭐 그리 중요합니까? 경계를 짓고 편을 가르는 건 아무런 의미가 없어요. 저는 온갖 문화가 혼재되어 있고 활기가 넘치는 런던에도 매력을 느끼지만, 프랑스 남부 시골의 작업실에서 산을 벗 삼아 영감을 받으면서 일하는 것도 좋아하죠."

토르트 본체가 4년이란 세월에 걸쳐 왕립예술학교에서 강의만 하는 게 아니라 학과장 직책까지 맡았던 이유 중 하나도 다양한 국적의 재능 넘치는 학생들과 보다 밀접한 관계를 맺으며 어울릴 수 있기 때문이었다. 프로 디자이너로서 작업을 꾸준히 하면서 교수 역할까지 맡아왔기에 몸이 열 개라도 모자랄 지경이었지만, 은근히 즐긴 순간이 더 많았다. 학생들과 함께 열정을 쏟았던 새로운 시도의 프로젝트도 소중한 자산이자 추억이다. 그 하나는 해마다 4월에 열리는 지구촌 최대의 디자인 행사인 밀라노 가구박람회에서 왕립예술학교 학생들과 전시를 하는 일이다. 또 하나는 매년 9월에 개최되는 런던 디자인 페스티벌에 일부 우수한 졸업생의 작품을 선정해 시장에 내놓을 수 있는 상품으로 키우는 프로젝트다. '왕립예술학교 디자인 프로덕츠 컬렉션RCA Design Products Collection'이라는 이름을 단 참신한 시도였다. 소량일 수도, 대량생산일 수도 있지만 왕립예술학교 학생들의 가치 있는 작품을 상업화한다는 것 자체에 의미를 두었다.

실제로 그가 왕립예술학교와의 동거에서 학생들에게 불어넣고 싶었던 새 기운은 '현실세계와 보다 맞닿아 있는 디자인'을 고민하는 것이었다. 서구 사회에서 선망되는 '디자인 갤러리용 작품'이 아니라 사회적, 산업적, 환경적인 관점에서 디자인을 바라보고, 현실적인 고민을 토대로 한 디자인을 하도록 이끈다는 포부였다. 그렇게 4년을 보내고 그는 자신의 디자인에 집중하겠다고 결단을 내렸다. 결코 쉽지 않은 결정이었다. 「디세뇨Disegno」라는 디자인 잡지와 가진 인터뷰에서 교단에서 쌓은 특별한 추억과 도전, 그리고 미래에 대한 열망이 교차하는 그의 생각이 엿보였다.

"왕립예술학교에서 굉장히 창의적인 환경을 만들 수 있었던 것을 뿌듯하게 생각합니다.(…) 학생들이 자유롭게 실험하고 도전해볼 수 있는 동시에 제조업자, 고객 등을 대하면서 교정 밖에 있는 '진짜 세상'과도 접할 수 있는 환경이죠.(…) 현실 감각을 갖도록 하는 것입니다. 이러한 '균형'을 북돋워준 시도는 정말로 훌륭하다고 자부합니다." 그리고 그는 상대적으로 짧은 4년이란 기간을 마치고 교정을 떠나는 것 아니냐는 일각의 시선에 대해 이렇게 말했다. "현직 디자이너로서 교직을 겸하는 (그것도 굉장히 강도 높은) 생활을 4년 동안 한다는 건 꽤 긴 시간이라고 생각합니다. 또 정체되지 않고 변화를 시도하는 게 좋다고 생각해요. 변화는 창조성의 중차대한 부분이니까요."

이와 같은 맥락에서 그는 젊은 '후학'들에 대해서도 '정체되어 있지 말라'는 뼈 있는 조언을 유난히 강조했다. 단지 학업에만 열중하지 말고 여행을 다니고 혼자만의 실험적인 프로젝트를 시도해보고, 책을 읽거나 엔지니어링 지식을 쌓는 식으로 의미 있는 변화를 도모하라는 것이다. '한번 스승은 영원한 스승'이라는 구절이 떠오르는 면모다.

≫ 왕립예술학교 동창생들로 구성된 3인조 랜덤인터내셔널(위)과
LED 조명을 활용한 벽 '앰플리튜드Amplitude'(아래). 사람의 움직임에 반응해 빛의 명암이 바뀐다.
Photo from Fendi

· 컬럼

창의성의 맥을 잇는 왕립예술학교 아이들

내 작업은 늘 낭만과 기술 사이 그 어딘가에 자리 잡고 있다.
__2006년 11월 「모코 로코 MoCo Loco」와 나눈 인터뷰 중에서

재기 넘치는 감각으로 떠오른 일본의 디자인 스튜디오 넨도Nendo는 런던에 대해 '굉장히 역동적이지만 여러 면모를 지닌 모호한 얼굴의 도시'라고 표현한 적이 있다. 해가 거듭될수록 '팔색조' 매력이 더 잘 살아나는 런던 특유의 창의성을 떠받치는 원천 중 하나는 바로 그 다면성이 아닐까 싶다. 참신한 다채로움이 나올 수 있는 원동력은 물론 각국에서 모여든 '새싹'들에서 나오게 마련이다. 그리고 런던에서 가장 땅값이 비싼 동네 중 하나인 사우스켄싱턴의 명당 자리에 위치한 대학원 왕립예술학교는 창의적 인재의 전당이라고 할 수 있다. 누군가는 '왕립예술학교의 저력은 풍수지리학적으로 월등한 위치에서 나오는 것이라고도 한다. 하지만 이스라엘 출신으로 영국에서 활동해온 슈퍼스타급 디자이너 론 아라드, 그리고 토르트 본체처럼 현업에서 알아주는 인사들을 '스승님'으로 삼을 수 있는 곳이라면 인재가 몰릴 수밖에 없을 것이다.

런던을 창조적 영혼의 도시로 만드는 힘

'세계 무대를 좌지우지하는 디자이너들 중 절반은 왕립예술학교 출신'이라는 말은 결코 헛된 말이 아니다. 대부분 이미 출중한 재능과 실력을 갖춘 상

태로 입학을 하기에, 이곳 학생들은 주로 자신의 개성을 더욱 계발하고 '나만의 창조 방식'을 체계화하는 데 열중한다. 왕립예술학교 졸업 전시회에는 관련업계의 거물들이 모여들기에 눈도장만 잘 받으면 바로 발탁이 되거나 '스타'로 발돋움하는 경우도 있다. '즉석 데뷔'까지는 아니더라도 젊은 크리에이터들의 신선한 감각과 샘솟는 영감을 뒷받침해주려는 '큰손'들의 제안도 곧잘 날아든다. 이탈리아의 명품 패션 브랜드인 펜디는 해마다 세계적인 디자인 박람회인 디자인 마이애미와 손잡고 '젊은 피'를 양성하는 프로젝트를 후원한다. 이탈리아 국적에 한정하지 않고 세계 곳곳의 유명한 디자이너들을 초청해 장인 정신을 되새기면서 독창적인 작품 세계를 펼칠 수 있도록 하는 매우 흥미로운 기회의 장이다. 밀라노에서 열린 2010년 행사에서는 최종 선정된 참가 그룹 세 팀이 모두 왕립예술학교 출신의 풋풋한 디자이너들이었다. 2010년 밀라노의 전시 주제는 '디자인 버티고 Design Vertigo'였는데, '현기증 Vertigo'이라는 단어가 말해주듯 패션, 디자인, 건축, 음악, 미술 등 다양한 분야가 서로 융합되고 경계가 무너지고 있는 현 시대의 혼돈을 다룬 것이었다.

≫2010년 밀라노에서 열린 디자인 마이애미 행사에서 사이키델릭한 공간 디자인으로 주목받았던 작품 '베타 스페이스'. 사진 속 여성은 디자인 마이애미의 공동 설립자로 2010년 행사 총괄 큐레이터를 맡았던 암브라 메다 Ambra Medda. Photo from Fendi

왕립예술학교라는 공통분모

당시 크게 주목을 받았던 작품인 '앰플리튜드'는 디지털 기술과 아트의 만남을 추구하는 3인조 팀 랜덤 인터내셔널 rAndom International의 프로젝트였다. 펜디 전시장 문턱을 넘자마자 가장 먼저 등장했던 이 작품은 LED 조명을 활용한 벽이다. 특별한 프로그래밍 기술을 적용해 방문객의 움직임에 따라 조명이 반응한다. 사람의 움직임에 따라 LED 막대 조명의 빛이 바뀌면서 마치 '춤추는 벽'과 같은 느낌을 주는 것이다. 이 작품은 펜디의 본사가 위치한 로마의 매장에 실제로 설치되기도 했다.

랜덤 인터내셔널은 2002년 왕립예술학교에서 만난 스튜어트 우드 Stuart Wood, 플로 오르트크라스 Flo Ortkrass, 그리고 한네스 코흐 Hannes Koch 등 세 명의 동창생으로 구성된 다국적 디자인 그룹이다. 미술과 디자인, 과학을 아우르는 실험적인 디자인 프로젝트를 추구하겠다는 공통의 비전을 품고 런던에 랜덤 인터내셔널을 설립했다. "디지털에 기초를 두면서도 인간적인 손길이 느껴지는, 그리고 실험적인 동시에 미학적인 작품을 하는 데 기쁨을 느낍니다." 랜덤의 멤버인 한네스 코흐가 직접 설명하는 이들 삼총사의 디자인 언어다. 그로부터 불과 수년 만에 랜덤 인터내셔널은 디자인 업계의 스타로 각광받으며 맹활약을 펼치고 있다. 물론 예술과 디자인, 첨단 기술을 접목한 이들의 디지털 창조물에 반한 수많은 '팬'들이 랜덤 인터내셔널에 '러브콜'을 보낸 덕분이다.

당시 디자인 마이애미 행사에서 시각적인 재미로는 가장 신선하다는 찬사를 받았던 또 다른 작품인 '베타 스페이스 Beta Space'. 종이 가면을 착용한 채 바닥, 벽 등이 온통 흰색과 검은색의 각종 무늬로 도배되다시피 한 탁 트인 공간을 바라보면 세상이 훨씬 더 입체적으로 보이는 환상적인 체험이 가능하다. 이같이 사이키델릭한 공간을 창출해냈던 주인공들은 베타 탱크 Beta Tank라는 2인조 크리에이터들이었다. 베를린에 근거지를 두고 있지만 왕립예술학교 동창생으로 만나 '듀오'를 이룬 미헬레 가울러 Michele Gauler와 이얄 버스타인 Eyal Burstein이었다. 2012년 6월 스위스 바젤에서 열린 디자인 마이애미 행사에는 이얄 번스타인이 스와로브스키의 부스를 단독 프로젝트로 이끌고 있는 모습을 발견할 수 있었다. 장기 경기침체로 인한 교육재정 위기 논란이 들끓고 있는 것이 최근 영국의 현실이긴 하지만, 확실히 왕립예술학교 출신들의 고무적인 활약은 단지 '졸업장'이나 '운'으로 치부하기에는 특별한 뭔가가 있는 것 같다.

≫ Photo from Jonathan Barnbrook

Jonathan Barnbrook

모든 디자인은 메시지가 된다
조너선 반브룩

영국인들이 가장 사랑하는 당대의 그래픽디자이너로 꼽히는 조너선 반브룩. 그는 정적인 서체 디자인에 고전미와 현대미가 조화를 이룬 생명력뿐만 아니라, 정치사회적 맥락이 살아 숨 쉬는 역동성을 불어넣은 창조적 반골이다. '메이슨', '프로작'과 같은 자신만의 색깔이 묻어나는 서체로 조명을 받기 시작한 그는 데미언 허스트와의 북 디자인 작업으로 만천하에 이름을 알리게 됐다. 하지만 유명세에 크게 연연하지 않은 채 묵묵히 자기만의 방식으로 '크리에이터답게' 자본주의를 비판하는 한편 디자이너로서 이룰 소임에 최선을 다하고 있다. 서체, 포스터, 책, 영상 등 다양한 시각디자인 영역을 넘나들 뿐 아니라 디자이너의 사회적 역할을 고민하고, 진화하는 세상을 추구하는 문화 활동가로 활약하고 있는 조너선 반브룩을 가리켜 그의 팬들은 '행동하는 젊은 양심'이라 부른다.

디자인계의 아나키스트

예쁘장한 치즈케이크의 포장지, 고풍스러운 호텔의 로고, 서사적이면서 역동적인 느낌이 묻어나는 게임 타이틀 등에 사용된 간결하면서도 특색 있는 글씨체. 우아한 아름다움을 지닌 서체로 둘째가라면 서러워할 '메이슨 Mason'은 전 세계적으로 가장 많은 사랑을 받아온 서체 중 하나다. 일반인들에게는 주로 '불법 복제'라는 형태로 애용돼왔다는 사실이 못내 안타깝지만 말이다. 메이슨은 그리스의 건축 양식과 르네상스 시대의 필사체에서 영감을 받아 고안했다. '석공'이라는 뜻의 영문 동음어에서 그 이름을 따왔다고 하면 쉽게 납득이 가겠지만, 이 이름에는 사실 알고 보면 웃지 못할 사연이 따로 있다.

1990년대 초 영국의 그래픽디자이너 조너선 반브룩 Jonathan Barnbrook은 이 서체를 만들면서 원래 미국의 연쇄살인범 '찰스 맨슨'을 본떠 '맨슨 Manson'이라는 이름을 붙였다. 하지만 이 디자인 작업을 의뢰한 '에미그레 Emigre'라는 회사는 이 명칭이 지나치게 파격적이라 생각했는지 임의대로 '메이슨'이라는 이름으로 바꿔버렸다. 이에 상처받은 조너선 반브룩은 다른 이의 압력 없이 자신의 서체를 제작하고 보급하기 위해 직접 회사를 차렸다. 이것이 바로 1997년 '바이러스 제조 공장 Virus Foundry'이라는 스튜디오가 탄생하게 된 배경이다.

"제 스튜디오 이름은 서체도 컴퓨터 바이러스처럼 확산될 수 있고 파괴력을 지닐 수 있다는 유사성을 염두에 두고 지

≫ 소수 기업들의 영향력 행사에 반하는 소비자 운동을 전개하는 단체이자 이 단체가 발행하는 광고 없는 잡지 「애드버스터스 Adbusters」와의 컬래버레이션.
Photo from Jonathan Barnbrook

≫ 조너선 반브룩의 스튜디오에서. Photo by Yoneda Tomoko

었죠. AIDS, 정치적 혼란 등의 의미도 내포돼 있답니다." '이단적', 혹은 '반미학적'이란 꽤 강한 어조의 수식어가 따라 붙는 인물인 만큼 재기 발랄하거나 반항기 넘치는 강렬한 인상의 소유자일 거라 생각했는데 웬걸, 예상과 딴판이었다. 구불구불한 머리에 고개를 약간 숙인 채 총을 갖다 대고 찍은 그의 프로필 인물 사진이 실제 모습을 제대로 담아낸 게 전혀 아니었던 모양이다. 조너선 반브룩의 차분한 말씨와 조용한 분위기는 '은둔형 샌님'을 연상케 했다.

서체에 정치사회적 숨결을 불어넣은 이단아

런던 중심가 소호Soho에 자리한 그의 스튜디오도 주인을 닮아서인지 소박했다. 아니, 이름값을 생각하면 허름한 쪽에 가까웠다. 흔히 '폰트font'라고 불리는 서체 디자인은 '메이슨 사건'을 계기로 조너선 반브룩을 유명하게 만들었지만 그의 주업은 아니다.

≫ Photo from Jonathan Barnbrook

≫ 다양한 반브룩표 글꼴. 왼쪽 위부터 시계 방향으로
모론, 배스터드, 프로작, 메이슨.
Photo from Jonathan Barnbrook

그는 분명 당대의 촉망받는 서체 디자이너이지만, 서체 디자인으로 생계를 유지하지는 않는다는 의미다. 앞서 언급했듯이 서체란 것은 불법으로 이용되는 경우가 다반사이기 때문이다.

"그래요. 거의 30종을 개발했을 정도로 폰트에 많은 시간을 투자했지만, 서체 디자인은 제 '밥벌이'는 아닙니다. 서체 디자인은 제가 좋아서 하는 거고, 의미 있는 작업이지요. 서체엔 뭐랄까, 시대의 실험적인 정신이 배어 있다고 생각해요. 사회의 변화상이 드러나지요."

본디 서체 디자인은 정적인 영역으로 치부된다. 하지만 '반브룩표' 글꼴엔 정치사회적인 관점이 녹아 있다. 맨슨을 비롯해 '배스터드bastard' 같은 욕설, '프로작Prozac' 같은 우울증 약 이름을 딴 것도 있을 만큼 조너선 반브룩은 범상치 않은 명칭을 즐겨 사용하는데, 이 역시 그의 정치사회적 성향과 무관치 않다. 세태를 관찰하다 떠오르는 영감을 자신의 서체에 담기 때문이다. 분명한 건 그의 디자인이 논란을 불러일으킬 만큼 흥미로운 정치사회적 맥락을 갖추고 있기도 하지만 시각적으로도 출중한 매력을 지니고 있다는 것이다.

자신만의 철학을 좇아 작업하다

그의 독창적인 감각은 서체뿐 아니라 광고, 포스터, 책, 기업 이미지CI, 영상 등 다양한 영역의 상업적 그래픽으로 빛을 발하고 있다. 그는 영국의 사치 갤러리, 일본의 모리 미술관, 미국의 LA 현대미술관 등 세계 유수의 갤러리와 프로젝트를 함께 진행했다. 기네스흑맥주, 마쓰다자동차, 고든 진술 등을 위한 쟁쟁한 광고 캠페인에도 그의 손길이 스쳐 갔다. 일본 기업과는 잡지와 직물, 시계 디자인 프로젝트도 진행했다. 또 〈히

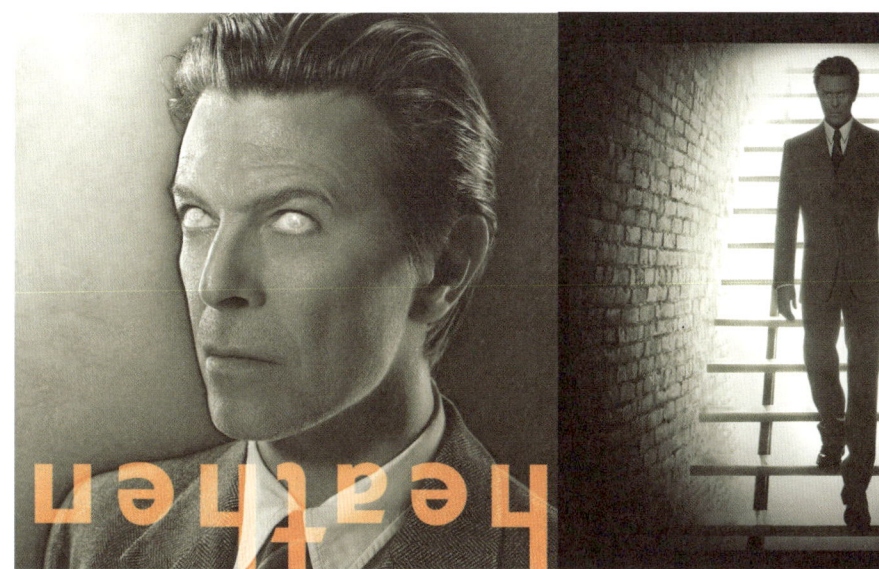

≫ 조너선 반브룩이 작업한 데이비드 보위 커버 이미지들.
Photo from Jonathan Barnbrook

든Heathen〉(2002)과 〈리얼리티Reality〉(2003) 등 데이비드 보위의 앨범 커버 작업도 수차례 맡았다. 반달리즘Vandalism, 문화나 예술을 파괴하려는 경향을 표현하기 위해 기묘한 표정의 얼굴을 싣고 글자를 거꾸로 뒤집어 배치한 커버 디자인히든과 데이비드 보위의 눈동자를 마치 만화 캐릭터의 그것처럼 '블링블링'하게 묘사한 커버 디자인리얼리티은 사뭇 대조적으로 탁월하다. 사실 음악 관련 작업은 그에게 매우 특별한 의미를 지니고 있다. 조너선 반브룩 자신도 밴드 활동을 디자인 일처럼 열정적으로 해나갈 만큼 음악을 사랑하는 뮤지션이기도 하기 때문이다.

그를 스타 디자이너 반열에 올려놓은 작품은 서적이었다. 특히 늘 화제를 몰고 다니는 영국 미술계의 기린아이자 세계적인 아티스트 데미언 허스트Demien Hirst와 함께한 북 디자인 작업이다. 긴 제목이 인상적인 허스트의 1997년도 작품집은 둘이 함께 빚어낸 공식적인 첫 창작물이다. 뉴욕 아트디렉터스 클럽의 최고상을 비롯해 각종 상을 휩쓴 화제작이다. 『그래픽 디자인을 뒤바꾼 아이디어 100』이란 책에도 언급되지만, 브루스 마우, 렘 콜하스 등과 더불어 조너선 반브룩의 작품은 팝업, 책 속의 책, 간지, 다이컷 등 여러 기법이 망라되어 책의 한계를 실험함과 동시에 오브제로서 책이 어떤 것인지를 새롭게 정의했다는 평가를 받고 있다.

조너선 반브룩과 데미언 허스트의 인연은 2000년 뉴욕의 가고시안 갤러리에서 열린 허스트의 전시회에서도 이어졌다. 조너선 반브룩은 이 전시회의 초청장, 포스터 등 각종 인쇄물 디자인을 맡았다. 그는 이어 2001년엔 사치 갤러리 주도로 기획한, 데미언 허스트에 대한 책의 디자인도 담당했다. 데미언 허스트가 현대사회의 공포와 불안을 엽기적인 형태로 표현하는 것으로 유명한 만큼 이 둘의 궁합이 제법 잘 맞았다는 게 주위의 평가다.

"데미언은 유머 감각이 좋고, 자신의 예술 작업에 대해 굉장히 열려 있는 사람이었어요. 우리는 서로 뭔가 기존의 틀을 깨는 참신한 시도를 한다는 점을 잘 이해하고 있었

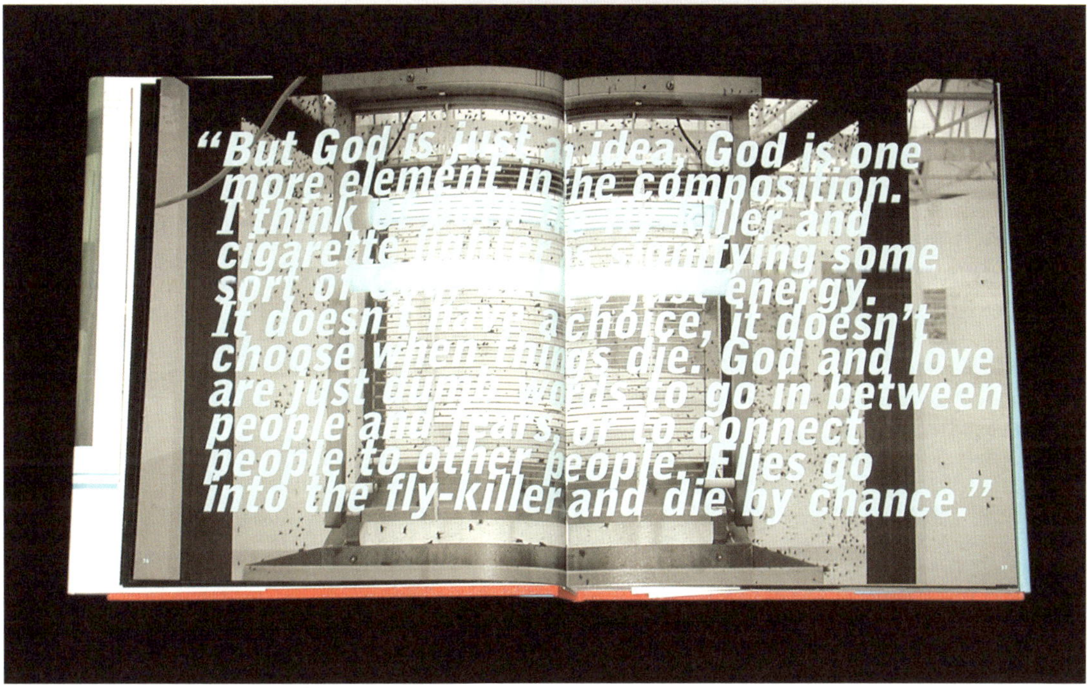

> 세계 미술계의 스타 데미언 허스트와의 책 작업은 인쇄물이 창의력을 마음껏 펼치는 토양으로 활용된 좋은 예로 꼽힌다.

Photo from Jonathan Barnbrook

지요."

하지만 그는 데미언 허스트처럼 마케팅 감각이 출중하고 쇼맨십이 강한 부류는 전혀 아니다. 그리고 자신의 유명세를 그리 달가워하지도 않는다. 줄곧 비양심적인 대기업과 브랜드를 비판해온 그로서는 자신의 이름이 디자인 세계에서 하나의 브랜드로 자리 잡는 게 다소 껄끄럽다. 조너선 반브룩은 자신의 데미언 허스트와 작업한 것은 지명도를 높이기 위해서가 아니라 개인적으로 그의 예술 작품에 의미가 있다고 판단했기 때문이라고 강조했다. 그렇지 않았다면 절대로 하지 않았을 것이라는 말도 덧붙였다.

삶을 변화시키는 디자인을 향한다

대중이 자신의 작품을 정당하게 평가해주고 자신의 목소리에 귀 기울여주기를 원하는 마음, 그리고 유명해지길 바라는 마음은 묘하게 교차할 수 있다. 확실한 건 그가 싫어하는 단어 목록에는 '대기업, 브랜드, 자본주의' 등이 올라와 있다는 점이다. 이러한 성향을 뒷받침하듯 그는 각종 비영리적 활동에 '생계형' 디자인 작업 못지않게 많은 시간을 할애하고 있다. 사람들을 의미 없는 소비 중독으로 몰아가는 세태를 비판하는 문화 운동 네트워크이자 잡지인 「애드버스터스 Adbusters」와 협력해 비상업적 프로젝트를 진행하고 있으며, 정치사회적 부정을 풍자하는 각종 전시회를 부단히 개최하고 있다.

한국과도 인연이 있다. 2004년 서울에서 세계화의 병폐, 브랜드 숭배, 북한 문제 등 시대의 모순에 대해 통렬한 일침을 가한 〈내일의 진실〉이라는 그의 전시회가 열렸다. 이 개인전 제목은 "오늘의 이단은 내일의 진실 Today's heresy becomes tomorrow's truth"이라는 문구에서 따온 것이다. 세계화, 즉 '글로벌라이제이션 globalization'과 '평범한'의 뜻을 가진 단어 '버널 banal'을 결합해 '세계화라는 것은 모든 걸 평범하게 만든다'는 비판적인 시각을 담은

≫ 조지 부시와 맥도널드 이미지를 변형하여 메시지를 주기도 했다.
Photo from Jonathan Barnbrook

영상물 '글로버날라이제이션globanalization', KFC의 샌더스 대령을 북한의 지도자로 대체한 그래픽 등 재치와 유머가 섞인 그의 작품들은 실소를 금치 못하게 했다. "디자인은 우리 삶에 녹아 있잖아요. 뭔가를 변화시킬 수도 있지요. 저는 사회적인 효용을 지니는 디자인에 열정적으로 반응하게 됩니다. 디자이너들에게는 사회적 책임이 있다고 생각하니까요." 그는 덤덤하게 자신의 생각을 말했다.

조너선 반브룩이 이처럼 남다르게 정치사회적 의식을 갖고 행동하는 디자이너가 된 데에는 그의 성장 과정도 한몫했다. 잉글랜드 중남부의 루턴Luton이란 도시에서 자란 그는 가난한 가정 형편 때문에 노동계급에 대한 착취 문제에 대해 일찍부터 눈을 떴다. 그의 어머니는 자동차 공장에서 일했는데 육아에 힘쓸 시간이 별로 없었다. 그는 자신이 디자인 계통에서 일할 것이라고는 전혀 생각하지 못했다. 그런데 그의 학교 은사가 "너는 그래픽디자이너가 되어야 한다"고 꼭 짚어 조언을 해준 것을 계기로 디자인 업계에 들어섰다.

자신감 부족한 빈민층 소년이 꽃피운 재능

하지만 조너선 반브룩이 실제로 디자이너가 되기까지의 과정은 전혀 순탄치 않았다. 일단 그에게는 진학 과정 자체가 쉽지 않았다. 내성적인 데다 자신감이 부족하고 몹시 진지한 편이었던 그는 세상과 교감하고 소통하는 법을 잘 몰랐다. 대학에 지원했지만 계속 낙방했다. 성격 문제가 컸다. 쓸모없는 존재라고 느낄 정도로 자신감이 없어서인지 면접에서 자꾸 떨어졌던 것이다. "세월이 흐르고 디자이너로 사람들과 많이 접촉하며 일을 하게 되면서 그런 면은 많이 나아진 편입니다. 소통 능력은 일에서 절반의 비중을 차지할 만큼 중요하더군요."

≫ 도쿄의 대표적인 복합문화공간인 롯폰기힐스의 CI 작업(2003). Photo from Jonathan Barnbrook

수차례의 좌절 끝에 또래 아이들보다 좀 늦긴 했지만 영국 예술계의 명문으로 손꼽히는 세인트센트럴마틴에 들어갔다. 뒤이어 최고 명문 대학원인 왕립예술학교 합격 통지서를 손에 쥐게 되는 일련의 행보는 지금 생각해도 기적과도 같다고 한다. 더욱이 조너선 반브룩은 이미 재학 시절에 주목받을 정도로 두각을 나타냈다. 언론에서 먼저 그를 주목했다. 왕립예술학교 시절, 우연히 작품을 본 어떤 기자의 마음에 들었던 것이다. 사실 그는 자신의 작품을 누구한테 보이는 일을 좀 부끄러워했다.

이렇게 수줍은 인재가 애초에 예술적 재능은 어떻게 발견하고 키웠을까? 그는 빙그레 웃었다. 그림 그리기에 관심을 가진 건 일곱 살 정도, 아마도 재능은 모친한테서 물려받은 게 아닐까 싶다고 했다. 그의 어머니는 공장 근로자로 일하긴 했지만 예술적 기질이 다분한 여성이었다. 덕분에 모친이 10대 초반에 미술 숙제를 가끔 대신해줄 정도로 아들의 예술 교육에는 열성을 보였다고 한다.

"제 과제물이 형편없는 걸 용납하지 못하셨으니까요(웃음). 저는 어머니의 기대 수준을 맞추기 위해 노력했고, 나름의 스트레스도 있었지요. 그래도 저소득층 가정 출신이라 학교는 다 공짜로 다녔어요. 운이 좋았지요. 공장에서 일하는 것보단 좋아하는 디자인 작업을 하는 게 훨씬 나았으니까요."

행동하는 젊은 양심, 진화하는 세상을 꿈꾼다

어쨌거나 그는 이미 상당한 상업적 성공을 거뒀고, 그에게 일거리를 주는 '고객'은 영리 목적의 기업이 많다. 저소득층 자녀를 배려하는 교육제도에 일차적인 수혜를 입었으니 자본주의의 틀 안에서 혜택을 받은 것이 사실이다. 이 때문에 상업 프로젝트로 생활을 영위하면서 반자본주의, 반브랜드를 외친다는 게 다소 모순적이라는 시각에서

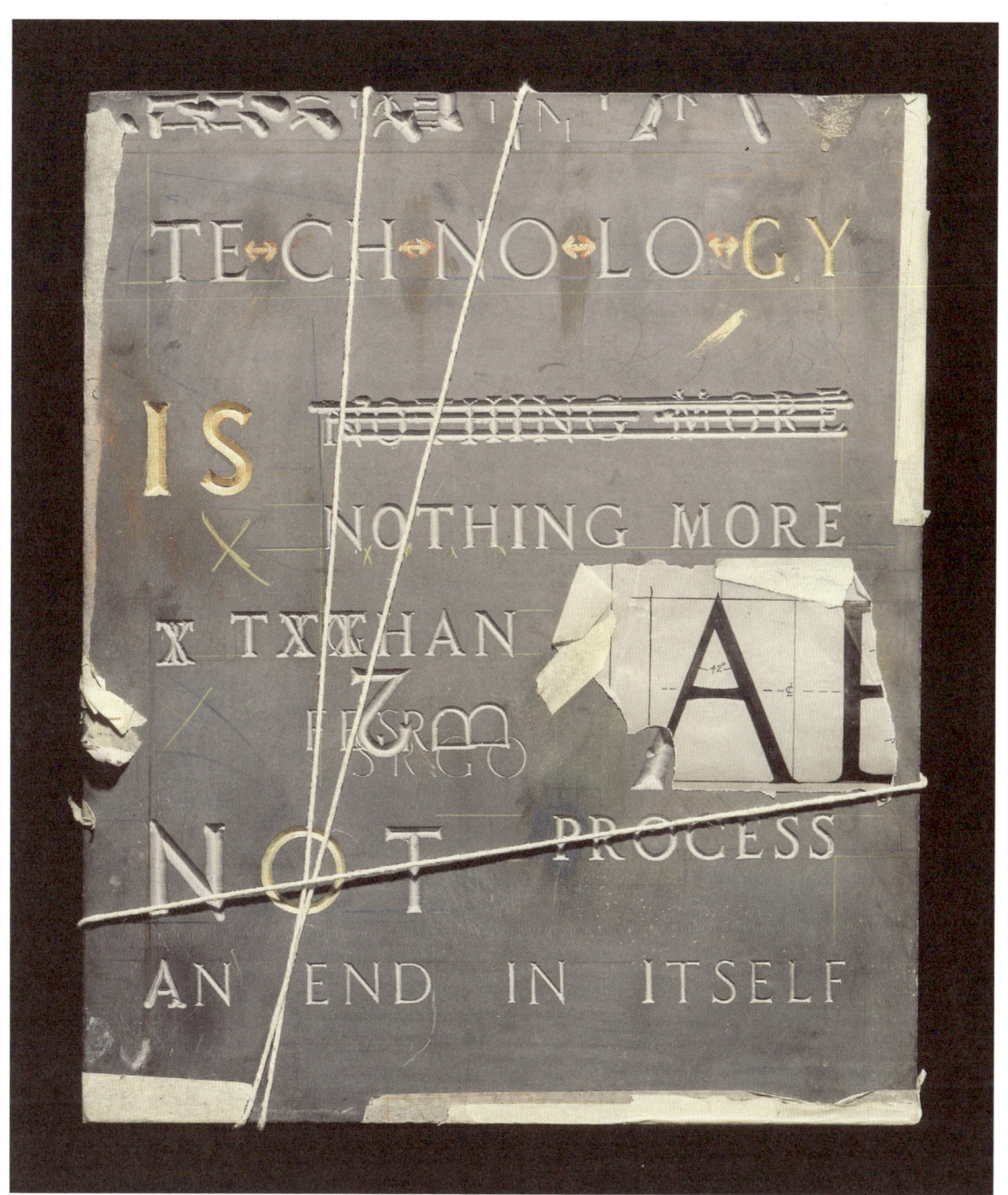

≫ 석조 Stone Carving (1998). Photo from Jonathan Barnbrook

그도 자유롭지는 않은 것 같다. 그 역시 많은 고민을 한 흔적이 역력했다. 그는 이렇게 말한 적이 있다.

"런던은 내가 성장한 루턴에서 약 48킬로미터밖에 떨어져 있지 않지만 (현실적인 환경에선) 수백만 킬로미터의 차이가 있다. 그런데 이젠 나 자신이 노동력을 지배하는 사람들과 함께 일을 하고 있는 데다 돈이 어떻게 흘러 다니는지 보노라면 화가 나기도 한다."[23] 자신은 디자인이라는 탈출구를 찾았지만 이 세상엔 온갖 제약에 둘러싸여 살아가는 사람들이 너무나 많다는 사실을 잘 알기 때문에 느끼는 분노이리라.

그는 한 영국 언론과의 인터뷰에서 이와 비슷한 맥락의 질문에 대해 "위선자라는 사실을 받아들여야겠죠"라고 대답하기도 했다. 이따금씩 보이는 그의 쓸쓸한 미소는 자본주의 시스템 안에서 삶을 영위해나가면서도 언제나 양심의 거울에 비춰 자신을 되돌아보는 듯한, 자조적이고 자성적인 면모를 드러낸다. 그는 그럼에도 자신의 생각을 표현하고 실천하는 데 주저하지는 않는다. 적어도 '행동하는 양심'이고자 하는 것이다. 그리고 '돈이 안 되는 것'에도 그다지 연연하지 않는다. 아무리 스케일이 큰 일이라도 자신의 신념과 부합되지 않으면 과감히 거절하겠다는 의지를 다지고 있다. 일례로 그가 환경을 오염시키는 물질을 사용해왔다는 이유로 코카콜라의 프로젝트 제의를 퇴짜 놓은 일화는 업계에서 꽤 떠들썩하게 화제가 되기도 했다.

'유토피아엔 장벽이 필요 없다Real utopias don't need walls!'. '디자인계의 아나키스트'라고도 불리는 조너선 반브룩은 자신의 전시회에서 이런 문구를 사용한 적이 있다. 자본주의든 공산주의든, 보수든 진보든 상관없이 인간에게 보다 완벽한 세상을 바란다는 마음이 담긴 말이다. 그리고 정치가도 권력자도 아닌 자신이 세상을 바꿀 수 있다고 여기지도 않는다. 그는 다만 좋은 인간, 좋은 디자이너로서 진화하는 세상의 일부가 되고 싶어할 따름이다. 그는 시대를 대표할 정도로 뛰어난 디자이너는 그냥 가르친다고 될 수 있는 문제는 아니라고 생각한다. 물론 세부적인 기술을 연마하는 시간이 절대적으로 필요하지만, 디자이너로서의 감각은 본능적으로 자리를 잡게 되는 것 같다는 의견이다.

하지만 디자이너로서의 의식은 다른 차원의 문제다. 이는 IDEO의 CEO 팀 브라운이 언급했던 '디자인 능동주의'와 맥락이 통하는 이야기일 것이다. 사회적 책임을 지고 있다는 사명감으로 뭉친 디자이너들이 의식 있는 행동으로 기여할 수 있는 몫을 기꺼이 맡고 실천하는 자세를 말한다. "사실 간호사가 될까 생각하기도 했습니다. 직접적으로 누군가를 도울 수 있는 직업이니까요. 하지만 지금도 괜찮아요. 디자이너로서도 사회에 기여할 수 있는 길이 있다고 믿습니다."

조너선 반브룩이라는 인간을 가장 잘 표현해주는 매개체는 역시 서체가 아닐까 싶다. 언뜻 들으면 도발적인 목소리를 내지만 얼굴을 보면 인상적인 아름다움이 돋보이고, 그 내면을 들여다보면 정제된 열정이 꿈틀거리기 때문이다.

> Photo from Luckybite

Durrell Bishop & Tom Hulbert

재미와 의미로
경계를 뛰어넘다
더럴 비숍 & 톰 헐버트

애플 아이폰, 삼성전자 갤럭시가 첨예하게 대립하고 있는 '스마트'한 세상의 스마트폰 열풍에 힘입어 날이 갈수록 점점 각광받고 있는 인터랙션 디자인. 기술과 사람 사이의 유기적인 대화 창구를 만들어내는 작업이 지닌 강렬한 매력은 스승과 제자로 첫 인연을 맺은 두 디자이너가 세대 차이를 넘어 손을 잡게 만들었다. 그 주인공은 인터랙션 디자인 업계의 실력자 더럴 비숍과 톰 헐버트다. 예술가들의 동네로 통하는 런던 이스트엔드의 한 귀퉁이에서 작지만 흥미로운 회사를 운영하고 있는 사제 디자이너 듀오는 아기자기한 '인터랙션 디자인 이중주'를 연주하며 '찰진' 상호작용의 진수를 몸소 보여주고 있다.

미래를 디자인하는 인터랙션 디자인

언젠가부터 일상에도 빈번히 등장한 인터랙션 디자인$^{interaction\ design}$이라는 용어는 컴퓨터와 인간 사이에서 일어나는 쌍방향적 상호작용을 뜻한다. '인터랙션'이라는 단어에는 상호작용뿐만 아니라 '대화', '접촉'이라는 사전적 의미도 담겨 있다. 단어 자체에 역동적이면서도 친밀한 움직임이 내포된 것이다. 인터랙션 디자인의 대부로 통하는 영국 출신의 디자이너 빌 모그리지는 이러한 역동적인 상호작용을 빗대 "명사^{noun}가 아니라 동사^{verb}를 디자인하는 것"이라고도 표현했다.

요즘 현대인의 일상을 잠식하다시피 한 스마트폰 때문에 최근 관심도가 급격히 높아진 분야 중 하나가 바로 인터랙션 디자인이다. '손 안의 PC'로 불리면서 각광을 받는 아이폰이나 갤럭시 같은 스마트폰의 인기는 앱스토어를 통해 사용자의 개성에 맞춰 편리하게 쓸 수 있는 수많은 응용프로그램을 제공하는 데 크게 힘입었다. 인터랙션 디자인이 궁극적인 목적, 다시 말해 혁신적인 기술을 자랑하기 위한 과시가 아니라 사용자와 대화하듯 기술과 사람 사이에서 가교 역할을 하면서 편의성을 끌어올리고 감성적인 즐거움을 선사하는 역할을 어느 정도 해내고 있는 것이다. 이러한 인터랙션 디자인의 매력에 흠뻑 빠져 흥미로운 시도를 하고 있는 디자이너 듀오가 있다.

월리스와 그로밋을 연상케 하는 사제의 특별한 인연

왕립예술학교에서 스승과 제자로 만난 인연을 바탕으로 러키바이트$^{www.luckybite.com}$라는 인터랙션 디자인 회사를 설립한 더럴 비숍$^{Durrell\ Bishop}$과 톰 헐버트$^{Tom\ Hulbert}$. 이들 '사제 듀오'의 아담한 아지트는 디자인, 미술, 음악가 등 문화계 인사들이 몰려드는 곳

≫이동통신업체 O2의 런던 옥스퍼드 스트리트 매장에 설치된 거품 모양의 LED 디스플레이 벽(오른쪽).
Photo from Luckybite

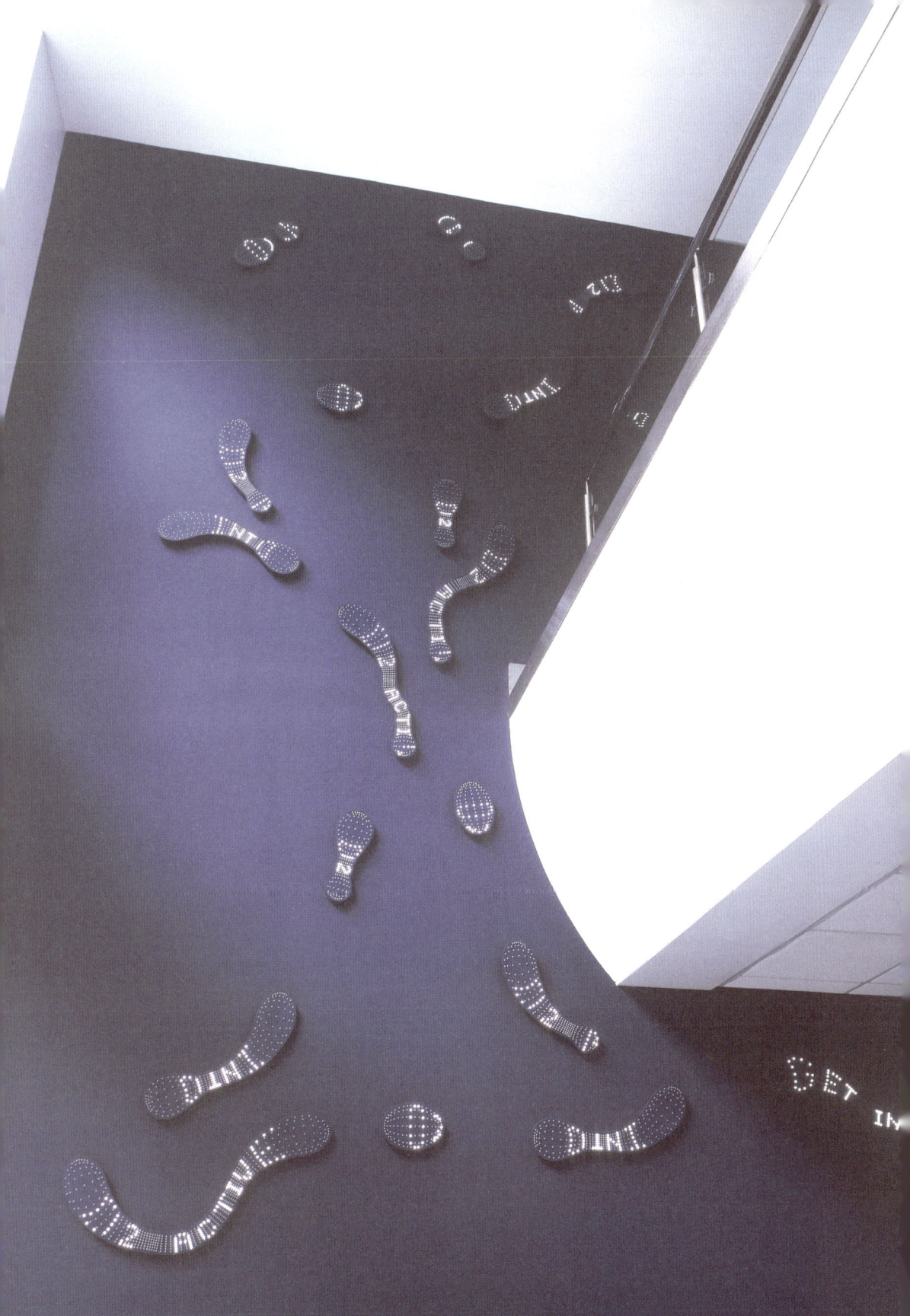

으로 유명한 런던 동쪽 혹스턴Hoxton 지역에 자리하고 있다.

"'인터랙션 디자인'이라는 단어는 사람들로 하여금 인간의 행동이 제품을 구성하는 매우 중요한 부분이라는 점을 인식하게 해준다는 점에서 유용한 표현일 수 있습니다. 하지만 아쉽게도 이 용어는 보다 전체론적인 관점에서 디자인을 바라보는 걸 저해하는 요소로도 작용해온 것 같아요. 인터랙션 디자이너로서 저희의 주된 관심은 사회에서 행해지는 인간의 행동을 제대로 담아내는 디자인을 연구하고, 이를 통해 사람들이 무형의 시스템을 잘 파악하고 즐겁게 활용할 수 있도록 도와주는 것입니다."

스승인 더럴 비숍은 10년 이상 왕립예술학교에서 학생들을 지도한 경험을 반영하듯 인터랙션 디자이너로서의 정체성과 철학이 풍부하고 선명했다. 고객을 위한 프로젝트를 진행함과 동시에 실험적이고 재미있는 시도를 이것저것 해보고 싶어서 회사를 차렸다는 그는 원래는 제품 디자인을 전공하고 세계적인 디자인 컨설팅 기업인 IDEO 등 현장에서 경력을 쌓았다. 그러다가 인터랙션 디자인에 매료돼 '늦깎이 학생'으로 왕립예술학교로 돌아가 이 분야의 석사학위를 취득했다. 그가 톰 헐버트를 처음 만난 건 1990년대 말, 왕립예술학교에서 강의를 할 때다. 당시 더럴 비숍은 우리 사회에서 볼 수 있는 인간의 행위들을 어떻게 하면 적합한 커뮤니케이션의 형태로 표현할지를 연구했는데, 그 과정에서 인터랙션에 대한 고민을 자연스럽게 많이 나누게 됐다.

인연의 끈이 질겼던지 톰 헐버트는 2001년 IDEO에서 일을 하게 됐고, 자신이 공동 디렉터로 일하던 ITCH라는 회사가 IDEO에 매각된 것을 계기로 더럴 비숍도 합류했다. 사제에서 동료가 된 것이다. 그리고 3년 뒤인 2004년, '자유롭게 하고픈 일에 도전하면서 삶도, 직업도 창조적으로 살아보자'며 의기투합한 이 둘은 IDEO를 떠나 러키바이트를 설립했다. 띠 동갑을 뛰어넘는 나이 차에도 절친한 친구처럼 손발이 척척 맞는 '사제 2인조'는 애니메이션 영화의 발명가 콤비 월리스와 그로밋을 떠올리게 한다. 단지 좀 더 수더분한 모습이라는 점이 다르다. '월리스'에 비견되는 또 다른 인물인 제임스 다

≫아이폰 '알람 시계' 기능이 장착된
버드박스 BirdBox 애플리케이션.
Photo from Luckybite

이슨이 '영웅' 같은 이미지라면 이와 다르게 이들은 동네 정비공 같다. 편안한 작업복을 걸치고 자신들이 '재미있다'는 주제에 대해 도란도란 대화를 나누는 모양새가 참으로 훈훈하다.

재미와 의미를 바탕으로 경계를 뛰어넘다

러키바이트에서 개발한 아이폰 애플리케이션인 '버드박스 BirdBox'를 보면 이들이 추구한다는 인터랙션 디자인을 둘러싼 '재미주의'를 엿볼 수 있다. 이는 새소리를 활용한 알람 시계로 작동하는 소프트웨어, 얼마든지 공짜로 내려받을 수 있는 무료 앱으로 제작된 작품이다. 일반 애플리케이션과의 차이점은 마분지로 간단히 만들 수 있는 '종이 새장'을 별도로 구입해 아이폰이나 아이팟 터치를 그 안에 쏙 넣는다는 점이다. 이렇게 해

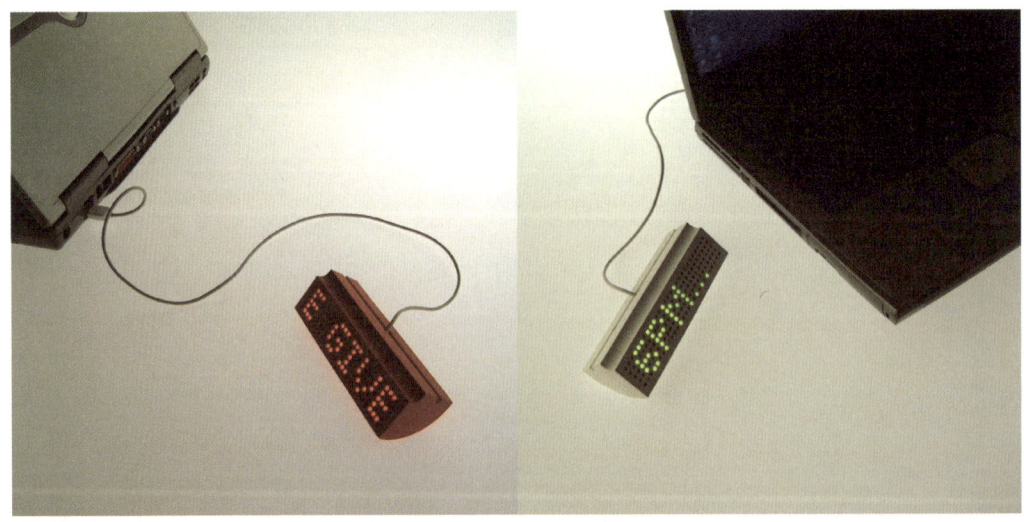

≫USB 포트로 연결된 디스플레이를 사용해 서로 디지털 커뮤니케이션을 할 수 있는 작품. Photo from Luckybite

서 앙증맞은 새장 모양의 시계로도 활용할 수 있다는 것이다. 하드웨어와 소프트웨어가 결합된 작품인 셈이다. 단순한 아이디어지만 사용자들에게 소소한 재미를 줄 수 있는 요소를 지니고 있다. 새장의 가격도 7~8파운드 정도로 부담스럽지 않다.

이 앱에는 '사제 듀오'가 강조하고 싶은 메시지도 담겨 있다. 하드웨어와 소프트웨어, 인터랙션 디자인 등 디자인의 경계를 나누는 걸 지양하라는 것이다. 일반적으로 기업이나 학교에서조차 이런 식으로 구분을 짓는 경향이 있는데, 사실 사용자들 입장에서는 의미 없는 얘기라는 점을 제품을 통해 말하고 싶었다고 한다.

이 작품이 더욱 의미를 가지는 건 톰 헐버트가 심혈을 기울여 제작한 프로그래밍 방식을 활용한 결과물이기 때문이다. 자바 기반의 오픈소스 소프트웨어를 활용해 아이폰 앱을 보다 손쉽게 제작할 수 있는 또 다른 방식을 창안해낸 것이다. "아이폰의 응용프로그램을 제작하려면 오브젝티브-C라는 컴퓨터 언어에 통달해야 하는데, 이 분야의 전문가가 아니라면 상당히 어려운 편이죠. 그래서 디자이너들이 굳이 이 골치 아픈 프로그래밍 언어를 배우지 않고도 아이폰 앱을 개발할 수 있도록 머리를 써본 거죠." 톰 헐버트의 설명이다.

난독증을 겪던 소년, 프로그래밍하는 디자이너가 되다

인터랙션 디자인의 세계는 럭셔리 가구 디자인 같은 화려함을 맛보지는 못한다. 게다가 '고수'가 되려면 내공이 꽤나 많이 쌓여야 한다. 이들 2인조도 두 가지 기본 관문은 반드시 통과해야 한다고 인정한다. 프로그래밍 언어와 전자공학에 대한 지식이다. 더럴 비숍의 경우에도 거의 30대에 접어들어 다시 교정으로 돌아가 2년을 투자해가면서 이 두 가지를 습득했다. 실제로 두 가지를 다 잘 다루는 디자이너가 흔하지는 않다고 한다.

하지만 사실은 대단히 높은 수준이 요구되지 않는 경우가 많기 때문에 도전해보지도 않고 '어려울 것'이라는 생각하는 고정관념은 버릴 필요가 있다고 이들은 입을 모아 강조했다. "일단 문을 열면 길은 얼마든지 있습니다. 세상은 사람들이 생각하는 것보다 훨씬 더 활짝 열려 있거든요."

사실 더럴 비숍에게는 컴퓨터 언어에 맞닥뜨리기도 전에 인간의 언어 때문에 괴로워했던 씁쓸한 경험이 있다. 중고등학교 시절 난독증으로 고생하면서 읽기는 물론 글을 쓰는 데에도 어려움을 겪었기 때문이다. 당시 그의 선생님들은 맞춤법을 판별하지 못하는 것과 글의 맥락을 이해하지 못하는 것의 차이를 이해하지 못했다. 더럴 비숍은 형태와, 문맥, 행동 등에서 잠재적인 의도를 읽어내는 데 유독 관심을 갖게 된 데에는 난독증도 한몫한 것 같다고 분석했다.

그가 글이 아닌 디자인 영역의 시각적인 언어에 남다른 재능을 지닌 건 그의 '가족력'을 보면 전혀 놀랄 일이 아니다. 10대 시절부터 건설업계에서 잔뼈가 굵었던 그의 아버지는 뒤늦게 그래픽디자인을 공부해 프로 디자이너가 됐을 만큼 재능과 배포를 지녔던 사나이였고, 어머니는 사진가였다. 어린 시절에 두 분이 항상 같이 작업을 하셨던 기억이

≫리모컨으로 로봇을 조종해 그림을 그리는 제품. Photo from Luckybite

난다는 더럴 비숍은 지금도 아버지의 스케치북을 간직하고 있다.

모험적인 삶이 좋다

톰 헐버트는 왕립예술학교 제품 디자인 과정을 밟으면서 유달리 인터랙션 분야에도 관심을 쏟게 된 경우다. 미국의 카시오 연구센터를 발판으로 경력을 쌓기 시작한 그는 인터랙션 디자인 업계의 여장부로 유명한 길리언 크램프턴 스미스가 이끄는 이탈리아의 연구소에서 1년을 보내면서 이 분야에 더욱더 눈을 뜨게 됐다. 그리고 IDEO로 옮긴 2001년, 스승인 더럴 비숍과 만나게 됐다. 코드가 통했던 이들은 사용자 인터페이스에 관련된 각종 프로젝트를 신나게 접수했다. 그 당시 IDEO는 창업자 중 한 명인 빌 모그리지의 영향으로 상당히 실험적인 요소가 짙은 흥미로운 프로젝트를 많이 진행하고 있었다. 이 중에서도 더럴 비숍과 톰 헐버트는 특히 인터랙션 디자인을 주로 다루는 프로젝트에 포함되면서 빈번하게 한 팀이 되어 일했다.

이들의 마음에 강하게 남은 프로젝트 중 하나는 2001년 이동통신업체 오렌지Orange가 후원하는 런던의 한 클럽을 위해 '인터랙티브 테이블'을 디자인하는 일이었다. "테이블에는 예쁘게 인쇄된 일반적인 형태의 메뉴가 있고, 회사 브랜드를 상징하는 환한 오렌지색을 내는 인터랙티브 글라스interactive glass가 놓여 있죠. 잔 밑부분을 보면 글씨가 떠다녀요. 그걸 보고 원하는 품목의 번호를 고른 다음에 '구매buy' 단추를 누르면 무선 인터넷의 도움으로 주문이 바에 전달되는 겁니다." 당시로서는 첨단 기술을 이용한 인터랙티브 디자인을 일상생활에 접목한 흔치 않은 행사였기에 이 재미난 테이블은 상당한 호응을 얻었다.

그렇게 역동적인 즐거움을 만끽했던 일터, 그것도 디자인 컨설팅 업체로 세계 최대의 명성과 규모를 자랑하는 IDEO를 떠난 이유는 무엇이었을까? "글쎄요. 아무래도 회사가 성장해가면 신명 나는 재미를 주던 소규모 프로젝트는 자꾸 없어지게 마련이잖아요. 생계를 유지하는 것만이 목적이 아니라 우리 머릿속에 떠오르는 다채로운 아이디어를 직접 시도해보고 싶었고, 사람들에게 무형의 시스템이야말로 가장 편리하고 즐겁게 쓸 수 있다는 걸 보여주고 싶었죠." 둘은 서로를 바라보며 한 목소리를 냈다.

다행히 이들은 BBH, 노키아, 파나소닉, BBC 등 고객들을 섭렵하면서 자신들이 지향하는 삶을 차분하게, 착실하게 일궈나가고 있다. 구체적인 프로젝트의 성격이 어떻든 간에 이들의 근본적인 초점은 하나에 맞춰져 있다. 바로 '인간의 행동을 관찰, 이해하고 이를 바탕으로 한 디자인 언어를 엮어내는 것'이다. 하지만 인터랙티브 작업의 영역은 빠른 속도로 진화 중인 만큼 놀라울 정도로 변화무쌍하고 다채로운 편이다. 이들 2인조도 아기자기한 게임이나 아이폰 앱을 만들기도 하지만 생명과학, 남성의 임신과 같은 무게 있는 주제를 다루며 영역의 확장을 꾀하기도 한다. 예컨대 2008년에는 맡았던 '디너 테이블Dinner Table'이란 프로젝트는 '나의 식생활이 글로벌 수급에 비춰볼 때 타인에겐 어떤 영향을 주는가'라는 주제의 갖가지 질문에 대해 10대들이 진지하게 생각해보도록 유도할 수 있는 인터랙티브 도구를 만드는 일이었다. 가상 세계와 현실을 접목한 생생한 시각적 디자인을 활용한 이 인터랙티브 테이블로 하여금 자칫 지루해질 수 있는 주제 의식을 담은 메시지를 효과적으로 전달하도록 고안한 이 작품은 2009년 브릿 인슈어런스 디자인 어워즈Brit Insurance Design Awards '올해의 디자인상' 후보에 오르기도 했다.

2인조 디자인 그룹의 의미 있는 도전

두 명이 감당하기에는 힘든 구석이 있는 건 엄연한 사실이다. 워낙 빠르게 진화

≫ 스스로 주문한다는 발상이 담긴 인터랙티브 테이블. Photo from Luckybite

하는 '스마트한' 영역이다 보니 난제들이 불거질 수밖에 없다. 만약 첨단 인터랙션 디자인을 다루는 굴지의 미국 기업이나 환상적인 인프라를 갖춘 연구소 같은 데에서 일을 했으면 어땠을까? 분명히 프로젝트가 잘 풀리지 않을 때는 이러한 생각을 떨치기가 쉽지 않다. 하지만 이러한 상상의 외도는 잠시뿐, 이들은 러키바이트를 포기하기엔 자신들의 스튜디오가 자리한 '이스트런던'의 '개성'과 '끼'가 충만한 분위기를 무지막지하게 사랑한단다.

잔심부름을 하는 직원 하나 두지 않은 소박한 사무실 환경 속에서 교감 충만한 '인터랙티브 작업'을 해나가고 있는 스승과 제자. 특별한 경우가 아니면 두 명으로 충당할 수 있으므로 비용 구조의 경쟁력이 있지 않겠느냐며 소탈한 웃음을 지어 보인다. 더럴 비숍과 톰 헐버트의 작업이 시너지를 발하는 건, 이들 사제의 관계가 그야말로 '인터랙티브'한 조합을 이뤄내기 때문이 아닐까.

≫ 영국 과학박물관의 〈사이언스 오브 서바이벌〉이라는 전시회를 위해 제작된 작품 '디너 테이블'. 가상 세계와 현실을 접목한 생생한 시각적 디자인을 활용해 '나의 식생활이 글로벌 수급에 비춰볼 때 타인에겐 어떤 영향을 주는가'와 같은 진중한 메시지를 던지는 작품(왼쪽). Photo from Luckybite

≫ 세계에서 주목받고 있는 박혜연과 미스터 클록 스케치.
Photo from Hye Yeon Park

*컬럼

박혜연, 러키바이트의 자유로운 정신을 닮은 한국인 제자

시계처럼 고정관념이 강한 영역에 디자이너가 참신한 터치를 하기란 쉽지 않다고 생각한다. 하지만 '새로움 자체를 의식적으로 추구하면 새로움이 나오기 힘들다. 오히려 평범함 속에 새로움이 있다'는 소신을 가지고 디자인 작업에 임했다. 그런 과정의 결과로, 관람객들이 몇 분 동안이나 시계를 관찰하면서 즐거워하는 걸 보는 게 참 즐거웠다. 실제 시계 속의 시간이 가는 걸 10초 이상 지켜보는 경우가 드물지 않은가. __「스타일조선」과의 인터뷰 중에서

2010년 가을, 런던 디자인 페스티벌 기간에 디자인 애호가들 사이에서 은근히 입소문이 난 전시회가 열렸다. 왕립예술학교 출신 젊은 디자이너들의 우수 작품을 선정해 '왕립예술학교 디자인 프로덕츠 컬렉션 RCA Design Products Collection'이라는 이름으로 선보이는 자리였다. 일회성 행사가 아니라 뛰어난 디자인 아이디어를 시장성 있는 상품으로 키워내자는 전략적인 취지의 기획이다. 1회 컬렉션에 선정되는 영예를 안은 디자이너는 모두 13명. 이 중에는 '사이 시계 In-betweening Clock'라는 디지털 시계를 출품한 한국 출신의 왕립예술학교 졸업생 박혜연 디자이너도 포함됐다.

시간이라는 주제를 참신한 디자인 사고로 풀어내다

'사이 시계'는 두 개의 이미지를 부드럽게 연결해 변환하는 그래픽 기능인 모핑 morphing 작업을 통해 숫자가 초 단위부터 변하면서 시간이 흘러가는 과정을 보여준다. 맨 오른쪽에 있는 초 단위의 숫자가 움직이다가 60초를 채울 시점에는 분 단위의 숫자가 변하는 식이다. '시간을 표현하는 물체'라는 의도로 기획됐다는 이 작품으로 2011년 영국에서 '올해의 디자인상' 후보에도 올랐던 그는 러키바이트의 창업자 더럴 비숍이 왕립예술학교에 몸담았던 시절의 제자다. 홍익대학교에서 산업디자인을

전공한 뒤 2008년 영국으로 건너가 2010년 왕립예술학교를 졸업한 박혜연 디자이너는 더럴 비숍의 영향과 격려를 받아 한국에서는 생각지도 않았던 인터랙티브 디자인을 응용한 작품을 탄생시킨 것이다.

"디지털 시계를 보면서 '10시 27분 57초야'라고 말하는 순간, 10시 28분이 되어 있을 수도 있잖아요. 지금까지 흘러온, 현재도 째깍째깍 흘러가고 있는, 그리고 앞으로 흘러갈 유수와 같은 시간을 숫자라는 기호로 표현하는 대신 '자연스러운 흐름'을 나타내려고 숫자의 모핑을 시도했습니다."

앳된 얼굴로 이렇게 또박또박 설명했던 그는 이듬해인 2011년 가을, 런던 템스 강변에 자리한 디자인 뮤지엄에서 다시 한 번 빛을 발했다. 빼어난 창의성을 지닌 유망 디자이너로 선정된 '신진 4인방' 중 유일한 한국인으로 이름을 올린 것이다.

천의 얼굴을 가진 변화무쌍한 매력의 시계

박혜연의 작품은 이번에도 시계였다. 디자인 뮤지엄의 한쪽 벽면을 장식하고 있는 '미스터 클록Mr. Clock'이 그것이다. 주변에 사람이 없다는 걸 센서로 인지해 다양한 패턴을 나타내는데, 단순한 기호도 있고, 웃는 이모티콘도 있고, 'good', 'bye' 등 단어도 있다. 물론 사람이 다가서면 시간도 제대로 보여준다. 그 배경에는 '시계도 우리가 보지 않을 때는 놀 수 있다!'는 시선이 깔려 있었다. 그렇다. 시계라고 해서 한시도 쉬지 않고 일하는 것처럼 보일 필요는 없지 않은가!

≫ 센서를 내장해 시각 정보뿐만 아니라 이모티콘, 단어 등 변화무쌍한 모습을 보여주는 '미스터 클록'.
Photo by SY Ko

이 세상에 새로운 시선을 보태는 창조작

"시계와 인연이 있나 봐요(웃음). 시간과 인간의 관계, 그리고 시각적으로 표현할 수 있는 방식에 대해 고민한 것이 바탕이 되었죠. 우리는 세상을 인간에게 편리하도록 조정하는 도구로서의 디자인을 통해 완전함을 추구하지만 시간만은 예외잖아요. 인간의 지시 없이도 움직이는, 제어하기 힘든 메커니즘이니까요." '숫자'와 '사람'에 대해 많은 생각을 쌓아왔고, 그러한 단상들을 스케치로 옮겨왔다는 그는 시계 디자인을 통해 체득한 노하우와 개념의 일부분을 응용해 달력과 카드를 생산할 계획도 갖고 있다.

적어도 런던이라는 도시는 이러한 의지가 배어든 작품 세계를 충분히 납득하고 그의 등을 토닥토닥 두드려주고 싶어하는 모양이다. 박혜연은 2012년 가을, '디지털 크리스털 Digital Crystal '이라는 주제로 스와로브스키와 협업으로 이루어진 디자인 뮤지엄의 전시회에서 다시 한 번 스포트라이트를 받았다. '디지털 시대에 기억의 의미를 모색'한다는 취지로 기획된 이 전시회에서 론 아라드, 트로이카, 랜덤 인터내셔널 등 쟁쟁한 인물들과 어깨를 나란히 했다. 그가 내민 작품은 북극곰의 감춰진 실루엣을 드러내는 듯한 원형의 크리스털 조각들로 '작지만 강력하다'는 평을 받았다. 홀로 차근차근 독자적인 영역을 구축해가고 있는 이 창조적 영혼의 행보가 주목되는 건 끊임없이 자신과의 싸움을 하며 세상에 호기심의 실마리를 제공하는 외유내강의 기개와 개척정신이 엿보이기 때문일 것이다.

그는 2013년 12월부터 2014년 3월 말까지 상하이에서 열린 디자인 전시회 〈나이트 타임-드림 리얼 Night time-Dream real〉에서 요시오카 도쿠진, 마크 뉴슨, 샘 헥트 등 당대의 기라성 같은 작가들과 함께 또 한번 자신의 작품 세계를 펼쳐보였다.

작가 홈페이지 주소 www.hyeonpark.com

≫ '언퍼밀리어 매스 Unfamiliar Mass'. 실제로는 북극곰을 한 번도 본 적 없는데도 만화영화나 인터넷과 같은 디지털 미디어로 인해 '기억하고 있다고 착각한다'는 생각에서 출발한 작품이다. 그런 발상을 바탕으로 북극곰을 '어색한 덩어리 unfamiliar mass'로 표현한 새치가 눈보인다. Photo By Hye Yeon Park

주

1 Terence Conran, 'The very height of fashion: Profile', 「The Independent」, 9.18.1999.
2 Paul Smith, 『You can find inspiration in Everything*: (*And if You Can't, Look Again)』, Violette Editions, 7. 3. 2009.
3 중국 시장에는 2005년 진출했다가 철수한 이력이 있다. 폴 스미스는 조선일보 위클리비즈와의 인터뷰에서 너무 일찍 뛰어들었다며 폴 스미스 제품에는 큰 로고가 없는데, 중국인들은 로고가 크게 박힌 옷과 가방을 들고 싶어한 것이 원인 중 하나라고 분석했다.
4 Edwin Heathcote, 'Collecting special: Everywhere and nowhere', 「Financial Times」, 3. 27. 2011.
5 임근혜, 『창조의 제국: 영국 현대미술의 센세이션, 그리고 그후』, 지안, 2009.
6 Natalie Rudd, 『Peter Blake』, Tate, 2003.
7 임근혜, 앞의 책.
8 Mary Reid, 『Anthony Caro: Drawing in Space』, Lund Humphries, 10.1. 2009.
9 Nobert Lynton, 『The Story of Modern Art』, Phaidon Press, 1994. pp. 279-80.
10 임근혜, 앞의 책.
11 Mary Reid, 앞의 책.
12 Mary Reid, 위의 책, p.32.
13 Alex Needham, 'Anthony Caro sculptures go on display at Chatsworth House', 「Guardian」, 3. 28. 2012.
14 제임스 다이슨은 대학을 갓 졸업한 새내기를 환영하는 기업이다. 경력직이 우선시되는 다른 기업과는 사뭇 차별되는 면모를 보인다. 대학에 다니고 있던 자신을 채용하고 격려했던 멘토 제러미 프라이의 정신을 이어받은 채용 정책이다. 다이슨에서 일하는 직원의 평균 연령대는 20대 후반이다.
15 해외 판매업체 직원들이나 일부 방문자들도 이 흥미로운 체험을 맛보는 행운을 종종 거머쥔다.
16 뉴욕 현대미술관(MoMA)의 큐레이터로서 디자인 업계에서 가장 큰 영향력을 발휘하는 인사 중 하나로 손꼽힌다.
17 http://designmuseum.org/design/ross-lovegrove
18 Elizabeth Grice, 'My greatest regret is that I didn't make peace with him in life', 「The Telegraph」, 3. 11. 2009.
19 d-innovation은 팀 브라운의 저서 『디자인에 집중하라』를 한국어로 옮길 당시 'design'과 'innovation'을 합친 신조어로 역자가 제시한 것이다.
20 팀 브라운 지음, 고성연 옮김, 『디자인에 집중하라』, 김영사, 2010.
21 Tim Brown, 'Design Thinking', 「Harvard Business Review」, 2008. 6.
22 라이언 나단에서 보낸 마지막 2~3년은 화려하진 않았다. 이 시기에는 보수성과 위험을 회피하려는 성향이 강해졌던 것 같다고 케빈 로버츠 스스로 고백한 적도 있다. 하지만 라이언 나단은 그를 광고업계의 품으로 인도하는 매개체 역할을 했다.
23 Brendan Staunton, 'An interview with J. Barnbrook', type.co.uk, 1997.

참고문헌

김신, 『고마워 디자인』, 디자인하우스, 2011.
김지원, 『런던 디자인 산책』, 나무수, 2012.
리처드 플로리다, 『신창조 계급』, 이길태, 북콘서트, 2011.
마르코 메네구초, 『현대미술: 대중성과 다양성의 예술』, 노윤희, 마로니에북스, 2010.
로버트 루트번스타인·미셸 루트번스타인, 『생각의 탄생』, 박종성, 에코의서재, 2007.
사카이 나오키, 『디자인의 꼼수』, 김향·정영희, 디자인하우스, 2008.
스티븐 헬러·베로니크 비엔느, 『그래픽 디자인을 뒤바꾼 아이디어 100』, 이희수, 시드포스트, 2012.
임근혜, 『창조의 제국: 영국 현대미술의 센세이션, 그리고 그후』, 지안, 2009.
정경원, 『욕망을 디자인하라』, 청림출판, 2013.
조선일보 위클리비즈 팀 3기, 『위클리비즈 인사이트: 미래의 목격자들』, 어크로스, 2011.
진중권, 『진중권의 현대미학 강의』, 아트북스, 2003.
캐서린 베스트, 『디자인 매니지먼트』, 정경원·남기영, 럭스미디어, 2008.
케빈 로버츠, 『러브마크: 브랜드의 미래』, 양준희, 서돌, 2005.
케빈 로버츠, 『시스모』, 이상민, 서돌, 2006.
톰 켈리·조너선 리틀맨, 『유쾌한 이노베이션』, 이종인, 세종서적, 2002.
폴 스미스·피터 하워스, 『Inside Paul Smith』, 대림미술관, 2010.
폴 스미스·올리비에 위케르, 『폴 스미스 스타일』, 김이선, 아트북스, 2012.
허버트 리드, 『예술의 의미』, 임산, 에코리브르, 2006.
허버트 리드, 『간추린 서양 현대조각의 역사』, 김성희, 시공아트, 2000.

Andrew Causey, 『Sculpture Since 1945』, Oxford, 1998.
Bob Seelert, 『Start with the Answer』, Wiley, 2009.
Claudie Hellmann, 『50 Designers You Should Know』, Prestel, 2012.
Design Museum, 『Design in Britain』, Conran Octopus, 2010.
Gemma Curtin, Fiona MacCarthy, Deyan Sudjic, 『Kenneth Grange: Making Britain Modern』, Black Dog Publishing, 2011.
James Dyson, 『Against the Odds』, TEXERE, 2000.
Jonathan M. Woodham, 『Twentieth-Century Design』, Oxford University Press, 1997.
Kukje Gallery, 『Anthony Caro』, Kukje Gallery, 2011.
Marco Livingstone, 『Peter Blake: One Man Show』, Lund Humphries Publishers Ltd., 2009.
Martina Margetts, 『Tord Boontje』, Rizzoli, 2007.
Miles Pennington, 『Royal College of Art 2010-30 Innovation Design Engineering』, IDE Royal College of Art, 2010.
Naoto Fukasawa·Jasper Morrison, 『Super Normal』, Lars Muller, 2007.
Natalie Rudd, 『Peter Blake』, Tate, 2003.
Nobert Lynton, 『The Story of Modern Art』, Phaidon Press, 1994.
Tom Kelley·Jonathan Littman, 『The Ten Faces of Innovation』, Currency, 2005.
UK Trade & Investment, 『Creative Industries UK』, 2007.
Zahid Sardar, 『100 Best Bikes』, Laurence King Publishers, 2012.

영국의 크리에이터에게 묻다
좀 재미있게 살 수 없을까?

초판 1쇄 인쇄 2013년 11월 6일
초판 3쇄 발행 2016년 1월 27일
지은이 고성연
펴낸이 정중모
펴낸곳 도서출판 열림원

등록 1980년 5월 19일(제406-2000- 000204호)
주소 경기도 파주시 회동길 121 (문발동)
전화 031-955-0700 | 팩스 031-955-0661~2
홈페이지 www.yolimwon.com | 이메일 editor@yolimwon.com

© 2013, 고성연
ISBN 978-89-7063-779-2 13320

* 책값은 뒤표지에 있습니다.